JN412467

세상을 변화시키는 52주 구역공과

하나님의 은총이 임하는 구역

편찬위원회 지음

아가페문화사

하나님의 은총이 임하는 구역

구역부흥은 교회부흥

구역

이름

주소

교회 전화

하나님의 은총이 임하는 구역
성장하는 교회

교육 이념

1. 하나님의 영광을 높이는 구역

2. 하나님의 교회를 섬기는 구역

3. 하나님의 사랑을 실천하는 구역

4. 행복한 가정을 이룩하는 구역

5. 변화하는 시대를 선도하는 구역

구역공과 일러두기

교회의 부흥은 복음 선포를 위한 지상명령의 목표입니다. 교회의 양적부흥은 질적 부흥과 더불어 병행되어야 합니다. 따라서 구역부흥은 교회부흥의 시작이며 중요한 사역이기에, 형식적인 구역예배가 아니라, 실질적이고 살아있는 신앙 교육부터 봉사와 친교까지 다 아울러야 하는 막중한 과제가 있습니다. 초대 예루살렘 교회는 핍박 속에서도 사명을 다하여 가는 곳마다 성령의 역사와 함께 복음의 뿌리를 내리고 열매를 맺어 부흥되었습니다. 오늘날 속회나 구역운영은 교회부흥 전략의 모판이기에, '믿음, 소망, 사랑이 넘치는 구역' 으로 만들어야 합니다.

본 구역공과는 연구실에서 쓴 공과가 아니라, 일선 목회자가 목회현장에서 필요 충족을 위해 만들어진 공과입니다. 따라서 중 · 소 · 대교회마다 쉽게 적용할 수 있는 '초교파 구역공과' 로, '체계적이고 실제적인 구역공과' 입니다. 금년에 17번째 공과로, 구역 및 속회 원들을 하나로 묶고, 교제할 수 있는 구역공과 '하나님의 은총이 임하는 구역' 이 출간되었습니다. 이 책은 영적생명이 움트고 믿음의 열정이 솟아나 놀랄만한 부흥 성장으로 이끌어줄 것입니다.

요즘 양적부흥이 주춤한 것 같지만, 구역부흥과 교회부흥의 원초적인 동력은 교회를 태동케 하신 '성령' 하나님께 있기에 간절히 부르짖고 사모해야 합니다.

교회 부흥은 한 마디로 '일꾼을 잘 키우고, 잘 세워 새 힘을 부어 파송하면' 반드시 부흥하게 될 것입니다. 필자는 그간 절찬리에 다루었던 '말씀의 생활화' 구현을 위한 12년 커리큘럼으로 성경통독을 유도하고, 주간 경건의 시간(Q.T.) 본문을 설정하여, 연중 구역공과를 편찬했었습니다. 그것은 다음과 같습니다.

[1]「부흥」· [2]「생동」· [3]「전진」· [4]「결실」· [5]「일꾼을 키움」· [6]「파송」· [7]「건강」· [8]「화목」· [9]「치유」· [10]「칭송」· [11]「생명을 살림」· [12]「주님과 동행」· [13]「성령 충만」· [14]「섬김과 전도로 부흥」· [15]「사랑으로 위로하는 구역」· [16]「주님으로 새 힘을 얻는 구역」입니다. 이 공과를 사용한 교회들은 큰 결실을 얻었으며, 귀한 '내실 성장' 의 계기로 만들어 주었습니다.

이제 '안정된 교회와 성장 내실화' 를 위해서 구역 부흥과 교회성장을 위해 농사짓듯 사랑과 헌신적으로 돌보시기 바랍니다.

영적 풍년 농사는 첫째, 좋은 종자(복음福音). 둘째, 좋은 땅(마음誠心). 셋째, 꼼꼼한 보살핌의 손질(양육養育)이 필수적입니다. 현명하신 목회자들께서 구역이나 속회의 텃밭을 소중히 여기시고, 좋은 교재를 선택하여 말씀의 씨앗을 잘 준비하여, 셀 모임 · 구역에서 셀 리더 · 구역 인도자 · 속회 임원들을 잘 훈련시키십시오. 셀 모임이나 구역 · 속회가 활성화되어서 열심 전도! 구역 · 속회 원들을 교육 · 훈련 · 양육시키신다면, 한 해의 영적인 농사는 틀림없이 안정과 내적 성장을 보장해 줄 것입니다. 그룹 리더들에게 '내가 곧 교회부흥의 주역이다' 라는 책임감을 심어 주시는 것이 중요합니다. 아래는 '구역리더 지침' 입니다.

첫째, 하나님의 말씀을 날마다 겸손히 듣고(행 10:33),
둘째, 말씀을 매일 양식처럼 먹으며(신 17:19),
셋째, 말씀을 체계적으로 공부하십시오(행 17:11; 딤후 2:15).
넷째, 요절 성구를 암송하십시오(시 119:11).
다섯째, 성경본문을 깊이 묵상하십시오(수 1:8).

본 교재는 평신도 지도자가 목회하는 심정으로 일 년 열 두 달 매월 신앙성장목표를 설정하여, "한 주간의 묵상 자료"(Q.T. 가정 예배 자료)와 교회절기, 가정예식 공과를 통해 기독교문화를 선도해가도록 시도한 최초의 구역공과입니다. 이 공과는 신년 · 고난절 · 부활절 · 감사절 · 중추절 · 성탄절, 임종 · 입관 · 장례식 · 하관(안장) · 추모예배 등 교회절기 자료와 가정 예식, 가정예배자료를 총망라했습니다. 각 구역 · 가정에서 쉽고 간편하게 인도자와 온 구역원이 함께 사용하도록 집필했고, 혹 출타시에나 직장, 병원, 어디서나 예배자료 및 설교나 강론을 급하게 준비 할 때, 이 책 한권이면 해결할 수 있게 했습니다. 이 교재를 통하여 말씀의 생활화로 '성경을 배워, 예수님의 좋은 일꾼' 으로 성장시키시기를 기도드립니다.

2015년 11월
구역공과 편찬위원회 책임위원 신소섭 목사

구역공과 교재 사용법

– 찬송 · 묵도 · 신앙고백(사도신경) · 찬송 · 기도 –

1. 먼저 '성경' 본문을 찾아 함께 읽으십시오.
2. '요절' 을 3회 큰 소리로 함께 읽고 암기합시다.
3. 공과 '교재의 목표' 를 읽고 마음에 새기십시오.
4. '시작하는 말' 은 구역공과 인도자가 읽음으로 함께 이해하십시오.
5. '오늘의 말씀' 은 한 대지씩 구역원이 돌아가면서 읽으십시오.
6. '함께 읽어요' 는 모든 구역원이 한 목소리로 읽으십시오.
7. '정리하는 말' 은 구역공과 인도자가 읽으십시오.
8. 구역원 모두에게 성령께서 함께 하사 기도로서 말씀을 우리의 생활에 적용할 수 있도록 하십시오.

–합심기도, 헌금, 가정을 위한 기도, 새 구역원 소개, 찬송, 주기도문
–※ **상기 사용법 4, 5, 6, 7번은 각 교회의 구역지침에 따라 진행하십시오.**

구역부흥은 교회부흥

성공적인 구역 운영 요령

1. 효과적인 개인전도 7가지 방법

- 영혼을 사랑하는 마음을 가져라.
- 전도 대상자를 확실히 정하라.
- 상대를 위하여 충분한 기도로 준비하라.
- 인격적인 교제를 가져라.
- 상대에게 무엇이 필요한가를 파악하라.
- 문제점에 대하여 간증으로 권유하라.
- 결신 후 최소한 3개월간을 영적으로 보살펴라.

2. 구역배가를 위한 5가지 기도제목

- 믿지 않는 가족을 위한 기도
- 병든 자를 위한 기도
- 개인이나 가정의 문제 해결을 위한 기도
- 각자의 소원 응답을 위한 기도
- 성령 충만을 위한 기도

3. 효과적인 구역원 상담의 5가지 방법

- 상대에게 되도록 많이 말할 기회를 주라
- 관심을 주변 환경에서 신앙생활로 전환시켜라
- 말씀에 입각하여 근원적인 해답을 제시하라
- 함께 기도하고 상담을 마무리 하라
- 확신을 갖고 말로 시인케 하라

4. 구역 운영 3가지 주의사항

- 이단 사설에 현혹됨을 예방하라
- 성도간의 금전 문제에 주의 하라
- 신앙적인 이야기 외에 무익하고 부덕한 말을 피하라

구역공과 교육과정(제 1, 2학기)

학기	월	목표	과	제 목	본 문	요 절	경건의 시간
1 학기	1	은총 사모의 달	1	믿음의 은총을 입자	단 1 : 1 - 21	단 1 : 8	단 1 : - 6 :
			2	지혜의 은총을 입자	단 1 : 17 - 21	약 1 : 5	단 7 : - 12 :
			3	용기의 은총을 입자	단 6 : 1 - 27	단 6 : 13	약 1 : - 벧전 2 :
			4	주님의 크신 은총을 입자	단 9 : 3 - 27	단 9 : 23	벧전 3 :-요일 1 :
			5	사랑의 은총을 입자	요일 4 : 1 - 21	요일 4 : 7	요일 2:-요삼1:, 유1:
	2	은총 간구의 달	6	사생결단으로 간구하라	에 4 : 1 - 17	에 4 : 16	에 1 : - 7 :
			7	부림절을 지켜라	에 9 : 17 - 32	에 9 : 31	에 8 : -욥 4 :
			8	싸매시며 고치시는 하나님!	욥 5 : 1 - 27	욥 5 : 18	욥 5 : - 11 :
			9	나의 증인이 되시옵소서!	욥 16 : 1 - 22	욥 16 : 19	욥 12 : -18 :
	3	생명 은총의 달	10	화목하고 평안하라	욥 22 : 12 - 30	벧전 3 : 10-11	욥 19 : - 25 :
			11	전능자의 숨결을 구하라	욥 32 : 1 - 22	욥 32 : 8	욥 26 : -32 :
			12	까마귀를 먹이시는 하나님	욥 38 : 16 - 41	욥 38 : 41	욥 33 : -39 :
			13	위엣 것을 찾으라	골 3 : 1 - 11 빌 3 : 3, 12-15	골 3 : 1	욥 40 : -골 4 :
2 학기	4	영적 은총의 달	14	영광의 형상 보이소사!	겔 1 : 1 - 28	겔 1 : 26	겔 1 : - 7 :
			15	한 맘과 새 영을 주옵소서	겔 11 :14 - 25	겔 11 :19	겔 8 : - 14 :
			16	언약과 은총의 줄로 매소서	겔 20 : 1 - 22	겔 20 : 37	겔 15 : - 21 :
			17	하나님의 마음 회복하소서	겔 28 : 1 - 19	겔 28 : 17	겔 22 : - 28 :
	5	가족 은총의 달	18	주여! 파수꾼으로 삼으소서	겔 33 : 1 - 24	겔 33 : 19	겔 29 : - 35 :
			19	생기를 넣어 살리소서	겔 37 : 1 - 21	겔 37 : 5	겔 36 : - 42 :
			20	예배하는 우리 가정	겔 46 : 1 - 24	겔 46 : 3	겔 43 : - 시 118 :
			21	하나님을 경외하는 가정	전 5 : 1 - 20	전 5 : 1	전 1 : - 7 :
			22	청년의 때, 창조주를 기억하라	전 11 : 9 - 10 전 12 : 1 - 14	전 12 : 1-2	전 8 : -아 2 :
	6	애국 은총의 달	23	주님의 전을 건축하라	스 1 : 1 - 11	스 1 : 2	스 1 : - 7 :
			24	금식하고 자복하는 은총	스 8 : 15 - 23	스 8 : 23	스 8 : -느 4 :
			25	나라 위해 싸우며 일하자	느 4 : 7 - 23	느 4 : 17	느 5 :- 11 :
			26	이 성을 주셨느니라	수 6 : 1 - 24	수 6 : 16	느 12 :- 수 5 :
교회 절기	신년절		53	새해! 강하고 담대하라	수 1 : 1 - 18	수 1 : 6	수 6 : - 12 :
	고난절		54	엘리 엘리 라마 사박다니	마 27 : 45 - 56 막 15 : 21 - 47	마 27 : 46	마 26 : - 27 :
	부활절		55	무덤에서 살아나셨네!	막 16 : 1 - 20	막 16 : 6	막 10 : - 16 :
	감사절		56	기업주이신 하나님께 감사	수 14 : 1 - 15	수 14 : 14	수 13 : - 19 :
	중추절		57	오늘부터 너희에게 복을 주리라	학 1 : 1 - 15	학 2 : 19	수 20:-24:, 학 1:-2
	성탄절		58	큰 감격의 기쁜 소식	마 2 : 1 - 18 눅 2 : 8 - 21	눅 2 : 10	마 1 : - 7 :

* 교회절기 교육내용은 분문내용 마지막 부분에 있습니다.

구역공과 교육과정(제 3, 4학기)

학기	월	목표	과	제 목	본 문	요 절	경건의 시간
3학기	7	교육 은총의 달	27	은혜와 진리가 충만한 주님	요 1 : 1 - 18	요 1 : 14	요 1 : - 7 :
			28	최선을 다한 영생 교육	요 5 : 19 - 39	요 5 : 39	요 8 : - 14 :
			29	참된 양식, 참된 음료	요 6 : 47 - 68	요 6 : 55	요 15 : - 21 :
			30	주님의 희생으로 맺어진 열매	요 12 : 12 - 36	요 12 : 24	민 1 : - 7 :
	8	규례 준수의 달	31	나실인의 절제와 규례	민 6 : 1 - 21	민 6 : 3	민 8 : - 14 :
			32	성령의 인도에 따라 진행하라	민 9 : 9 - 23	민 9 : 21	민 15 : - 21 ::
			33	안식일 규례를 지키라	민 15: 32 - 41	민 15 :41	민 22 : - 28 :
			34	하나님의 절기를 지키라	민 28 : 16 - 31	민 28 : 26	민 29 : - 35 :
			35	기다릴 줄 아는 지혜	합 2 : 1 - 20	합 2 : 3	민 36:-합1:-3:, 습1 :-3:
	9	말씀 은총의 달	36	믿음의 법으로 정진하라	롬 3 : 1 - 30	롬 3 : 28	롬 1 : - 7 :
			37	믿음의 말씀을 전하라	롬 10 : 1 - 21	롬 10 : 8	롬 8 : - 14 :
			38	여호와의 말씀대로 일어나라	욘 3 : 1 - 10	욘 3 : 3	롬 15:-16:, 옵, 욘 1:-4:
			39	만군의 여호와의 말이니라	슥 1 : 1 - 21	슥 1 : 16	슥 1 : - 7 :
4학기	10	선교 실천의 달	40	진리의 성읍 예루살렘	슥 8 : 1 - 23	슥 8 : 3	슥 8 : - 14 :
			41	복음에 죽도록 충성하라	계 2 : 1 - 11	계 2 : 10	계 1 : - 7 :
			42	증언하는 말씀으로 이기라	계 12 : 1 - 12	계 12 : 11	계 8 : - 14 :
			43	예언의 말씀을 지키도록 하라	계 22 : 1 - 21	계 22 : 7	계 15 : - 21 :
	11	은총 감사의 달	44	등이요, 빛이신 주님께 감사	시 119 : 97 - 105	시 119 :105	시 119 : 9-64
			45	영원한 의, 진리에 감사	시 119 : 137 - 144	시 119 :142	시 119: 65-150
			46	의로운 규례로 찬양과 감사	시 119 : 161 - 168	시 119 :164	시 119: 121-176
			47	기쁨의 단을 거두는 감사	시 126 : 1 - 6	시 126 : 6	시 120 : -126 :
			48	수고한 대로 주심을 감사	시 128 : 1 - 6	시 128 : 2	시 127 : -133 :
	12	한해 결산의 달	49	전력투구의 인생 결산	시 138 : 1 - 8	시 138 : 1	시 134 : -140 :
			50	미래의 번영과 축복의 찬양	시 144: 1 - 15	시 144 : 3	시 141 : -147 :
			51	항상 기쁨으로 찬양하는 삶	시 148 :1 - 14	시 148 : 1	시 148 : -잠 4 :
			52	하나님을 기쁘시게 하라	잠 6 : 6 - 19	잠 6 : 6	잠 5 : - 11 :
가정 의례	임종예배		59	복된 야곱의 임종	창 47 : 27 - 31	창 47 : 31	창 43 : - 49 :
	입관예배		60	영혼을 하나님께 부탁	행 7 : 51 - 60	행 7 : 59	행 1 : - 7 :
	장례예배		61	죽음 후 영원한 세상으로	살전 4 : 13 - 18	살전 4 : 13	살전 1 :-살후 2 :
	하관예배		62	편안하게 안장된 요셉	창 50 : 22 - 26	창 50 : 26	창 37:-42:, 50:, 히 11:
	추모예배		63	여호와를 경외하는 복	시 128 : 1 - 6	시 128 : 1-2	시 122 : - 128 :

* 가정의례 교육내용은 분문내용의 마지막 부분에 있습니다.

하나님의 은총이 임하는 구역
성장하는 교회

하나님의
은총이 임하는 구역

하나님의 은총이 임하는 구역

구역부흥은 교회부흥

제1과 믿음의 은총을 입자

찬송 / 438, 488, 516 / 통일 495, 539, 265
성경 / **다니엘 1:1-21**
요절 / **다니엘 1 : 8**

"다니엘이 뜻을 정하여 왕의 음식과 그가 마시는 포도주로 자기를 더럽히지 아니하리라 하고 자기를 더럽히지 아니하도록 환관 장에게 구하니"

목표 / 새해는 먼저 믿음의 은총을 힘입어 살아가도록 한다.

시작하는 말

새해가 밝았습니다. 믿음으로 한 해를 시작하시기 바랍니다. 첫 단원은 다니엘서를 공부합니다. 망국의 설움이 짙게 깔린 시대적인 아픔을 가슴에 안고, 이역만리 생전 처음 가본 바벨론에 잡혀갔던 유다 소년이 선발되어 궁실에서 왕을 받드는 일을 하기 시작했습니다. 다니엘은 '뜻을 정하여' 왕의 지정한 음식과 포도주로 자기를 더럽히지 않기 위해 힘썼습니다. 그 모습이 얼마나 아름답습니까? 험난한 시대의 격동 속에서 귀한 신앙을 잉태하게 한 근원을 본 단원을 통해 살펴보겠습니다.

오늘의 말씀

1. 나라가 망한 상황에 처해 있었습니다(단 1:1~5).

유다 나라는 본문의 여호야김 왕 때부터 바벨론의 침공을 받아 예루살렘 성전은 폐허가 되고, 성전 기명과 기구들이 적국의 신전으로 옮겨졌습니다. 북쪽 이스라엘은 이미 앗수르앗시리아에 무너져버렸습니다. 유다와 하나님의 성전마저 적군들에게 포위당하고 노략을 당해 성전 기둥들만 덩그러니 볼썽사납게 서 있었을 것입니다. 망국의 처절한 모습입니다. 선지자들마저 백성들 속에 파묻혀 할 말을 잃어버렸습니다.

· 함께 읽어요 : 다니엘 1장 2절

"주께서 유다 왕 여호야김과 하나님의 전 그릇 얼마를 그의 손에 넘기시매 그가 그것을 가지고 시날 땅 자기 신들의 신전에 가져다가 그 신들의 보물 창고에 두었더라."

2. 소년 다니엘은 신앙을 위해 양보하지 않습니다(단 1:6~16).

다니엘은 왕이 내려 주는 음식과 포도주로 자기를 더럽히지 않으려고 거절하고, 환관장에게 특별 부탁을 합니다. 왕이 주는 음식과 포도주는 이방 우상 신상들 앞에 차려 놓았던 제물이었기 때문입니다. 그는 이런 음식과 포도주를 도저히 받아들일 수 없었던 것입니다.고전 10:20

환관장은 왕의 명령을 어긴 이들 소년이 초췌해질 것을 염려하고, 자기 직위에 위협을 느꼈습니다. 그래서 처음에는 거절했지만 간곡한 부탁에 못 이겨 원하는 음식을 은밀하게 제공해 주었습니다. 그런데 어쩐 일인지 다른 소년들보다 더 좋아보였습니다.

사랑하는 성도 여러분! 세상 풍조나 시대적인 유행에 따라 변하는 것은 진실한 신앙이라고 할 수 없습니다. 오직 하나님의 말씀과 진리에 맞지 않으면 단호하게 거절할 줄 알아야 합니다. 다니엘의 돋보이는 믿음은 바로 불 신앙적인 요소를 거절할 줄 아는 용기였던 것입니다.

· 함께 읽어요 : 고린도 전서 10장 20절

"무릇 이방인이 제사하는 것은 귀신에게 하는 것이요 하나님께 제사하는 것이 아니니 나는 너희가 귀신과 교제하는 자가 되기를 원하지 아니하노라."

3. 진정한 '용기'는 하나님의 은총입니다(단 1:17~21).

세상 사람들은 중용지도中庸之道라고 해서 모자라지도 않는 것이 중中이요, 늘 평상심을 유지하는 것이 용庸이라고 해서 '중용지도'를 귀중하게 여깁니다. 그러나 성경에서는 라오디게아 교회처럼 행위가 차지도 아니하고 뜨겁지도 아니하여 미지근한 신앙을 꾸짖었습니다.계 3:16

신앙생활이 뜨듯 미지근해서는 안 됩니다. 요즘은 대부분 아이들이 너무 영리하고 약아서 어른이 무슨 일을 시키면 "예 알았어요."라고 대답하면 끝입니다. '한다는 것인지? 안한다는 것인지?' 자기 맘대로 알아서 하겠다는 이야기입니다.

본문의 다니엘은 자신의 처지나 거처를 문제 삼지 않았습니다. 그 결과가 어떠하리라는 것조차 염두에 두지 않습니다. 다만 이 일과 이것이 참 신앙에 옳으면 무조건 OK인 것입니다. 현대를 살아가는 우리 신앙인들에게도 이런 자세가 진정 필요한 것입니다.

여러분! 다니엘처럼 '용기 있는 신앙'은 '하나님의 은총'으로 주어지는 것입니다. 이러한 신앙이 세상을 바꿀 수 있습니다.

그러한 '용기 있는 신앙'의 결과는?

① 환관장의 마음을 움직였습니다.단 2:9

② 하나님의 능력의 역사가 나타났습니다.단 2:15

③ 하나님께서 다니엘과 세 친구에게 지혜와 총명을, 다니엘에게는 환상을 깨닫는 지혜까지 주신 것입니다.단 2:17 세상에서 어렵고 힘들겠지만 참고 견뎌 나가면서 하나님의 은총을 덧입는 여러분이 되시기를 바랍니다.

· 함께 읽어요 : 요한계시록 3장 16절, 다니엘 1장 15절

"16네가 이같이 미지근하여 뜨겁지도 아니하고 차지도 아니하니 내 입에서 너를 토하여 버리리라." "15 열흘 후에 그들의 얼굴이 더욱 아름답고 살이 더욱 윤택하여 왕의 음식을 먹는 다른 소년들보다 더 좋아 보인지라."

정리하는 말

성도 여러분! 하나님은 유다 백성의 형식적인 예배와 죄악을 책망하고 꾸짖었으나 반성할 줄 몰랐습니다. 때문에 성전은 파괴되고, 백성은 바벨론에 포로로 잡혀가도록 내버려 두셨습니다. 세상이 어렵고 힘들지만 참된 '신앙의 용기 회복'으로 오직 믿음, 오직 말씀, 오직 은혜를 갈구하며 금년에도 하나님의 은총을 누리며 복된 삶을 살아가시기를 간절히 소원합니다.

평가와 결심

1. 불순종의 결과 유다와 예루살렘이 어떻게 되었습니까?
   (단 1:1~5, 성전은 불타서 폐허가 되고, 백성은 포로 잡혀감)
2. 유다 소년 다니엘은 어떠했습니까?
   (단 1:6~16, 왕의 음식과 포도주를 거절하고 자기를 더럽히지 아니함)
3. 하나님의 은총의 결과가 무엇입니까?
   (단 1:17~21, 네 소년은 지혜와 총명 줌, 다니엘은 환상을 깨닫게 하심)

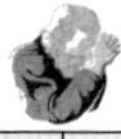

주간 경건의 시간 <1> · 날마다 말씀과 함께

요일 / 내용	주일/월(Mon)	화(Tue)	수(Wed)	목(Thu)	금(Fri)	토(Sat)
찬송	21동 / 27동	10 / 34	34 / 45	86 / 86	433 / 490	432 / 462
성경	단 1: / 단 2:	단 3:	단 4:1-18	단 4:19-37	단 5:	단 6:
적용	뜻을 정하여/ 꿈 해석	왕의 금 신상	두 번째 꿈	다니엘의 꿈 해석	벨사살 왕 잔치	사자 굴 속 다니엘

* 자연은 자연에 순응함으로 그것을 지배할 수 있다. <프란시스 베이컨, 1561-1626, 영국 철학자>

* 매일 찬송 숫자에서, 앞 숫자는 『21 새찬송가』 / 그 옆은 『통일찬송가』 장수이다. 숫자 다음 '동'자가 첨부된 것은 새 찬송가 장수와 통일찬송가 장수가 같다는 뜻.

지혜의 은총을 입자

찬송 / 382, 370, 309 / 통 432, 455, 409
성경 / **다니엘 1:17-21**
요절 / **야고보서 1:5**
"너희 중에 누구든지 지혜가 부족하거든 모든 사람에게 후히 주시고 꾸짖지 아니하시는 하나님께 구하라 그리하면 주시리라."
목표 / 무슨 일을 하든 하나님의 지혜의 은총으로 살아가는 태도를 기른다.

시작하는 말

다니엘서의 구분은 1장에서 6장까지는 역사적인 서술이요. 둘째 부분의 7장에서 12장까지는 다니엘이 본 환상을 기록하고 있습니다.

다니엘과 세 친구는 1장에서 말씀한 대로 하나님께서 입혀주신 '신앙의 은총'으로 다른 소년들이 갖지 못한 지혜와 총명을 얻게 하셨습니다. 또한 지식과 명철도 주셨습니다. 이러한 하나님의 선물은 다 위로부터 미리 내려 주신 것이요. 앞으로 당할 국가적인 당면 과제들을 해결해 주시고자 하시는 하나님의 놀라운 사랑과 섭리인 것입니다.

오늘의 말씀

1. 하나님은 역사의 현장에서 쓰실 인물을 준비하십니다(단 1:17).

1장에서 말씀한 것처럼 하나님은 이스라엘이 죄를 회개치 않자 강대국을 사용하시어 죄에 상응한 대가를 받게 하십니다. 그 결과 북쪽 이스라엘은 앗수르앗시리아에 멸망당하고, 남쪽 유다마저 바벨론바빌로니아에 포로생활을 하도록 내버려두십니다. 그러나 앞으로 70년 후에 귀환하게 될 때, 미래를 위해 나라를 책임질 인물들이 자라도록 키우셨습니다.

① 세상 학문을 통한 훈련을 받도록 하셨습니다.

다니엘과 세 친구들에게 갈대아 사람들의 지식과 학문 뿐 아니라 왕궁에 기거하면서 그들의 언어와 문화, 그리고 사회의 전반적인 것을 익히도록 인도하셨습니다. 이는 곧 하나님의 계획과 영광을 위해 세 친구도 함께 교육과 훈련을 시키신 것입니다.

② 신앙을 위한 훈련을 겸하여 쌓도록 하셨습니다. 왜냐하면 강대국의 우상숭배와 이교 문화에 젖어 악에 빠지지 않도록 하신 것입니다.

· 함께 읽어요 : 신명기 7장 25절

"너는 그들이 조각한 신상들을 불사르고 그것에 입힌 은이나 금을 탐내지 말며 취하지 말라 네가 그것으로 말미암아 올무에 걸릴까 하노니 이는 네 하나님 여호와께서 가증히 여기시는 것이니라."

2. 하나님은 약한 자를 들어 강한 자를 부끄럽게 하십니다(단 1:19).

여러분! 바벨론의 고관대작들에게 보잘 것 없이 무시당할 수밖에 없는 그들, 다니엘벨드사살과 세 친구 하나냐사드락, 미사엘메삭, 아사랴아벳느고를 사용하셔서 바벨론의 무속신앙과 우상숭배를 벌하도록 하셨습니다.

다니엘과 세 소년에게 지혜와 지식과 총명을 주셔서 왕 앞에 서게 되었을 때, 온 나라와 박수와 술객보다 십 배나 나은 줄을 알았습니다.약 1:17 하나님의 백성들은 세상지식을 얻으려고 지옥훈련에 매달려서는 안 됩니다.

· 함께 읽어요 : 베드로후서 3장 18절

"오직 주 곧 구주 예수 그리스도의 은혜와 그를 아는 지식에서 자라가라 영광이 이제와 영원한 날까지 그에게 있을지어다."

3. 하나님께로부터 오는 지혜를 사모해야 합니다(단 12:3).

하나님을 신실하게 의지하는 성도들이 약한 것 같으나 강하며, 연약한 것 같으나 강건한 이유는 그들의 모든 힘과 지혜가 하나님으로부터 오기 때문입니다. 하나님은 당신을 경외하는 자에게 지혜를 주십니다.잠1:7절 오직 여호와를 앙망하는 자에게는 독수리의 날개 치며 올라감 같은 새 힘을 주십니다.사40:31. 그래서 사도 바울은 그 많은 고난을 받은 이후에 자신을 비롯한 모든 성도들에게 대하여 발하기를 "무명한 자 같으나 유명한 자요, 죽은 자 같으나 보라 우리가 살고 징계를 받은 자 같으나 죽임을 당하지 아니하고, 근심하는 자 같으나 항상 기뻐하고, 가난한 자 같으나 많은 사람으로 부요하게 하고, 아무 것도 없는 자 같으나 모든 것을 가진 자로다."고후 6:9-10.라고 했습니다.

본문에 보면 다니엘과 하나냐, 미사엘, 아사랴는 그 지혜와 총명이 그 나라의 박수와 술객보다[1] 지혜와 총명이 절대적임을 모든 사람들이 인정했다고 보도합니다.

강대국의 왕은 절대적인 권력을 가지고서 포로로 잡혀 온 민족들을 천히 여기고 경멸했고, 그들의 힘만을 자랑해 왔습니다. 그러나 다니엘과 세 친구는 달랐습니다. 더욱이 다니엘은 박수나 술객들도 풀어내지 못하는 왕의 꿈을 해석하고, 설명해 주는 데는 아무도 그를 당할 수 없었습니다. 놀라운 것은 앞으로 임할 국가들의 흥망성쇠의 역사적인 예언은 더욱 사람들을 놀라게 했습니다.

· 함께 읽어요 : 야고보서 3장 17절

"오직 위로부터 난 지혜는 첫째 성결하고 다음에 화평하고 관용하고 양순하며 긍휼과 선한 열매가 가득하고 편견과 거짓이 없나니"

---

1) 술객Magician이란 마술이나 점술에 능통하여 기이한 현상을 일으키는 사람을 뜻한다.

정리하는 말

사랑하는 성도 여러분! 여러분이 다니엘이 살아있던 그 시대에 살아간다면 어떻게 하셨겠습니까? 오늘날과 같이 시기와 질투와 속임과 저주와 편견이 많은 시대에 할 말이 없을 것입니다. 그러나 한 가지 잊지 마십시오. 창조주 하나님께서 지금도 살아계셔서 우리 인생을 섭리하시고 역사하신다는 사실을···, 올해도 하나님께서 주시는 은총으로 말미암아 새 힘을 얻어 '지혜와 총명'으로 살아가시기를 간절히 소원합니다.

평가와 결심

1. 하나님께서 인물들을 준비 시키는 두 가지는 무엇입니까?
   (단 1:17~21, ① 세상 학문 훈련 ② 신앙 훈련)
2. 다니엘과 세 친구의 총명과 지혜의 수준이 어떠하였습니까?
   (단 1:20, 바벨론 나라 박수와 술객보다 십 배나 나음)
3. 하나님께로부터 오는 지혜는 어떠합니까?
   (단 1:17~20, 모든 서적을 깨닫게 하시고, 지혜가 있게 함)

주간 경건의 시간 <2> · 날마다 말씀과 함께

요일 / 내용	주일/월(Mon)	화(Tue)	수(Wed)	목(Thu)	금(Fri)	토(Sat)
찬송	39동 / 37동	543 / 342	425 / 217	453 / 506	550 / 248	240 / 231
성경	단7: / 단 8:	단 9:	단 10:	단 11:1-19	단11:20-45	단 12:
적용	네 짐승 환상/환상깨달음	다니엘의 기도	은총 받은 사람	남방 왕과 북방 왕	백성 중 지혜 자	끝날

* 무기력을 격퇴하고 태만을 추방하라. < 플라우투스, B. C. 254-184, 로마 시인 >

용기의 은총을 입자

찬송 / 70, 10, 585 / 통 79, 34, 384

성경 / **다니엘 6:1-27**

요절 / **다니엘 6:13**

"그들이 왕 앞에서 말하여 이르되 왕이여 사로잡혀 온, 유다 자손 중에 다니엘이 왕과 왕의 도장이 찍힌 금령을 존중하지 아니하고 하루 세 번씩 기도하나이다하니"

목표 / 언제나 희생의 용기를 잃지 말고 살아가는 믿음의 태도를 가진다.

시작하는 말

하나님은 느부갓네살을 그의 교만으로 동물성 인간정신착란증insanity zoanthropy으로 그를 낮추셨습니다. 마지막 왕 벨사살 왕도 하나님의 권위를 모독하기 위해 예루살렘에서 가져온 성전 그릇들로 술을 따라 마시고, 그 기구들로 성대한 잔치를 벌일 때, 벽에 나타난 글씨를 보고 얼굴색이 하얘지며, 다니엘의 해석처럼 왕의 시대를 세어서 끝나게 하셨던 것입니다. 그날 저녁 하나님께 교만과 불순종한 결과, 다리오가 예루살렘에 진격해 그를 죽이고B.C. 539년 다리오의 통치 시대가 된 것입니다.

오늘의 말씀

1. 다니엘은 신실한 신앙을 통해 지혜를 얻었습니다(단 6:1~9).

역사상 최초의 바벨론 제국이 무너지고, 요직에 앉았던 다니엘은 승승장구하여 전국 세 총리 중에 하나가 되었고, 그를 머리로 삼으려는 다리오 왕의 계획에 반발한 고관들은 다니엘을 고발할 근거만 찾고 있었습니다. 그러나 다니엘은 충성되고, 마음이 민첩하여 총리들과 고관들도 흠을 잡을 수가 없었습니다. 다만 하나님께 기도한다는 것밖에 트집을 찾을 수 없었습니다. 다니엘은 굳건한 신앙을 통해 하나님의 은총으로 지혜를 얻었습니다. 여러분도 믿음으로 지혜를 사모하시기 바랍니다.

· 함께 읽어요 : 다니엘 6장 4절

"이에 총리들과 고관들이 국사에 대하여 다니엘을 고발할 근거를 찾고자 하였으나 아무 근거, 아무 허물도 찾지 못하였으니 이는 그가 충성되어 아무 그릇됨도 없고 아무 허물도 없음이었더라."

2. 개인의 안락함 보다 민족의 불운에 동참했습니다(단 6:10~16).

다니엘은 왕의 신임과 더불어 얼마든지 즐길 수 있는 시간과 여건이 되었습니다. 그러나 그는 민족의 불운을 헤쳐 나가려는 일념으로 기도할 수밖에 없었습니다. 하루 세 번씩 예루살렘을 향한 창문을 열어 놓고, 민족을 위해 기도했습니다. 다니엘의 틈을 찾은 고발 자들은 다리오 왕 외에 30일 동안 아무 신에게나 사람에게 구하면 사자 굴에 던져 넣기로 합니다. 이에 대한 금령을 써서 어인을 찍어 고치지 못하게 하고, 메대와 바사페르시아의 규례를 만들어 공포했습니다.

이제 다니엘을 고발하는 자들이 왕께 보고를 했습니다. 이제 피할 수 없는 다니엘은 사자 굴에 던져졌던 것입니다. 다리오 왕마저 걱정되어 밤잠을 이루지 못했습니다. 왕은 사자 굴에 던져지는 다니엘에게 "네가 항상 섬기는 너의 하나님이 너를 구원하시리라"고만 했습니다.

· 함께 읽어요 : 다니엘 6장 16절

"이에 왕이 명령하매 다니엘을 끌어다가 사자 굴에 던져 넣는지라 왕이 다니엘에게 이르되 네가 항상 섬기는 너의 하나님이 너를 구원하시리라 하니라."

3. 하나님밖에 다니엘의 구원자가 없습니다(단 6:17~27).

다리오 왕은 백성들과의 약속, 그리고 총리들과 고관들의 눈총에 어인을 찍어 공포한 대로 시행하라고 할 수밖에 없었습니다. 다만 다니엘에게 이르되 "네가 항상 섬기는 하나님이 너를 구원하시리라"는 막연한 고백밖에 할 말이 없었을 것입니다.

여러분! 불신자들에게 그리스도를 강요한다고 영접하지 않습니다. 살아있는 하나님을 보여줘야 하고, 본질적인 신앙인의 모습, 스스로 한 알의 밀알이 되는 모습을 보여주어야 합니다. 이것이야말로 불신자들로 하여금 마음의 문을 열게 하고, 가장 빨리 복음을 이해하게 합니다.

그래서 전도 현장에서 그리스도를 위해 받는 능욕과 고난이 의외로 복음의 문을 활짝 열게 하는 촉매제가 되게 합니다. 전도와 선교는 하나님의 부르심과 자발적인 응답이 있어야 하는 것입니다.

히브리서 기자는 모세를 두고 이렇게 기록합니다. "믿음으로 모세는 장성하여 바로의 공주의 아들이라 칭함 받기를 거절하고 도리어 하나님의 백성과 함께 고난 받기를 잠시 죄악의 낙을 누리는 것보다 더 좋아하고"히11:24-25 라고 했습니다. 여러분은 과연 무엇을 받기를 원하십니까? 세상에서 그리스도를 위한 고난입니까? 아니면 내가 받을 칭찬이나 영광의 면류관 입니까?

여러분! 오늘날 한국교회는 대다수의 크리스천들이 전자보다 후자를 택하기 때문에 교회가 지탄을 받고 있는 것입니다. 다니엘은 후자가 아니라, 전자를 택했기 때문에 총리들과 고관들에게 고발당하여 죽을 고생했지만, 다리오 왕의 믿음의 마음 문을 열었던 것입니다.

· 함께 읽어요 : 다니엘 6장 18절

"왕이 궁에 들어가서는 밤이 새도록 금식하고 그 앞에 오락을 그치고 잠자기를 마다 하니라."

정리하는 말

오늘날 세상 사람들이 살아가는 행태를 보면, 대부분 자신과 가족들의 영광과 영화를 위해 일생을 바칩니다. 다니엘은 왕궁에서 권세와 영화를 누리고 자신을 위해 맘껏 즐길 수 있는데도 마다하고, 하루 세 번씩 하나님께 기도하며 민족의 불운과 불행을 이겨내려고 노력하며 살았습니다. 여러분! 하나님을 앙망하는 믿음으로 남을 돕고, 하나님이 주신 지혜로 열심히 공부하고, 물질의 축복을 받아 기부하기 위해, 신앙과 영혼을 위해 투자하는 용기 있는 주인공이 되시기를 바랍니다.

평가와 결심

1. 다니엘은 어떻게 지혜를 얻은 것입니까?
   (단 1:1~9, 신실한 신앙을 통하여 얻었음)
2. 다니엘은 평소 어떻게 살아갔습니까?
   (단 1:10~16, 안락한 생활보다 민족의 불운에 동참코자 실천함)
3. 과연 다니엘을 구원한 자 누구입니까?
   (단 1:17~27, 사자 굴에서 건져주신 하나님)

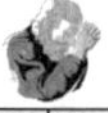

주간 경건의 시간 <3> · 날마다 말씀과 함께

요일 / 내용	주일/월(Mon)	화(Tue)	수(Wed)	목(Thu)	금(Fri)	토(Sat)
찬송	93동 / 91동	264 / 198	366 / 485	384/ 434	401/ 457	417 /476
성경	약1: / 약 2:	약 3:	약 4:	약 5:	벧전 1:	벧전 2:
적용	지혜 구함/ 행함	위로 난 지혜	주 앞에서 낮추라	믿음의 기도	믿음의 결국	거룩한 제사장

* 근심 걱정은 태만에서 샘솟고, 쓰라린 노고는 안일에서 생긴다.
< 벤저민 프랭클린, 1706-1790, 미국 발명가, 저술가, 정치가 >

주님의 크신 은총을 입자

찬송 / 454, 441, 421 / 통 508, 498, 210
성경 / **다니엘 9:3-27**
요절 / **다니엘 9:23**
"곧 네가 기도를 시작 할 즈음에 명령이 내렸으므로 이제 네게 알리러 왔느니라. 너는 크게 은총을 입은 자라 그런즉 너는 이 일을 생각하고 그 환상을 깨달을지니라."
목표 / 주님께서 주시는 바 크신 은총으로 승리를 확신하며 살아간다.

시작하는 말

오늘날은 대형 범죄가 끊이지 않습니다. 행악자들이 줄을 잇고, 사람이 죽어간다는 소식과 동물이 죽어가고 물고기가 죽어간다는 소식이 크게 다뤄지고 있습니다. 이런 때에 주님의 크신 은총을 입지 않고는 도저히 이겨낼 수 없습니다. 우리는 주님의 은총을 갈구해야 합니다.

오늘의 말씀

1. 다니엘은 항상 기도하는 사람이었습니다(단 9:3~14).

다니엘은 기도의 사람이었습니다. 다리오 왕의 조서에 어인이 찍혔다는 사실을 보고 그는 최대의 위기가 왔다고 느꼈을 것입니다. 기도의 사람은 위기 감지 능력이 보통 사람보다 뛰어납니다. 다니엘은 막연한 기도가 아니라 책예언서을 통해 여호와 하나님께서 예레미야 선지자로 하여

금 주신 말씀을 자세히 읽고, 더욱 정신을 차려 마음을 다잡고 기도해야 하겠다는 충격을 받았던 것입니다. 다니엘은 하나님의 예언의 말씀을 굳게 믿었습니다. 이제 조국의 포로 기간 70년이 다해 가는 위기와 고비의 시간임을 깨닫고 기도하기 시작했습니다. ① 말씀을 붙들고, ② 금식하며, ③ 겸비한 마음으로 간절한 기도에 몰입했습니다.

· 함께 읽어요 : 다니엘 9장 4절
"내 하나님 여호와께 기도하며 자복하여 이르기를 크시고 두려워할 주 하나님, 주를 사랑하고 주의 계명을 지키는 자를 위하여 언약을 지키시고 그에게 인자를 베푸시는 이시여!"

2. 다니엘은 사랑과 공의와 구속의 자비를 간구했습니다(단 9:15~19).

기도는 하나님께서 은총으로 역사하실 때 기도하지 않을 수 없습니다. 필자는 자다가 무서운 꿈속에서 집에서 도저히 잠을 이룰 수 없어서 쫓기듯이 기도실로 가서 15일 동안 철야기도 했고, 한때는 40일 동안 금식기도를 하지 않을 수가 없던 때가 있었습니다.

하나님께 이끌린 다니엘의 기도 내용은 ① 경배와 찬양 ② 죄를 고백함5~14절으로 기도를 시작합니다.

다니엘의 기도 내용은 3가지로 대별 됩니다.

첫째로, 하나님의 사랑을 의지하여 자비를 구했습니다.15절

하나님의 강한 손, 곧 사랑의 손을 펴시어서 출애굽 시켜 구원하신 그 사랑에 기인하고 있습니다. 우리에게는 당신의 독생자를 십자가에 내어 주신 바로 그 사랑인 것입니다.

둘째로, 하나님의 공의를 의뢰하고 자비를 구했습니다.16절

전날 예레미야 선지자를 통해 70년 동안 죄 값을 치르고 나면 형벌을 사면해 주시기로 하신 언약에 근거하고 있습니다.

셋째로, 하나님의 구속을 바라고 자비를 구했습니다. 17~18절

· 함께 읽어요 : 다니엘 9장 17절

"그러하온즉 우리 하나님이여 지금 주의 종의 기도와 간구를 들으시고 주를 위하여 주의 얼굴빛을 주의 황폐한 성소에 비추시옵소서."

3. 다니엘은 하나님을 향한 기도의 모범을 보여 줬습니다(단 9:20~27).

다니엘은 메데 바사와 다리오 원년에 하나님께서 선지자 예레미야에게 하신 말씀을 깨닫게 됩니다. 이스라엘의 불순종의 대가로 70년 동안 바벨론을 섬길 것이라는 것이었습니다. 렘25:1-11 다니엘은 하나님께 기도하기를 결심하고 지신과 백성의 죄를 자복하고 하나님의 은총을 구했습니다.

다니엘의 기도에는 '기도의 요소'가 잘 나타나 있습니다.

① 경배는 하나님의 성품이나 위대하심, 하나님의 권위 등에 대하여 경의를 표합니다.

② **고백**은 자신과 공동체 또는 사회의 모든 죄악과 불순종을 정직하고 진실하게 자복하고, 하나님께 추악한 죄악의 용서를 구함입니다.

③ 감사는 하나님 말씀에 의지하여서 죄의 용서와 일상생활과 생명과 모든 사람을 영위케 하심에 대한 감사입니다.

④ 중보는 타인을 위하여 기도하는 것을 말합니다. 타인의 필요에 따라서 그것에 대한 기도입니다.

⑤ 청원은 우리의 모든 필요와 바라는 것들을 위해서 하나님께 기도하여야 합니다. 기도의 5대 요소를 제대로 갖춘 다니엘의 기도였습니다.

· 함께 읽어요 : 다니엘 9장 18절

"나의 하나님이여 귀를 기울여 들으시며 눈을 떠서 우리의 황패한 상황과 주의 이름으로 일컫는 성을 보옵소서. 우리가 주 앞에 간구하옵는 것은 우리의 공의를 의지하여 하는 것이 아니요 주의 큰 긍휼을 의지하여 함이니이다."

정리하는 말

오늘날 우리 성도들은 너무 방자한 기도를 많이 합니다. 하나님께 책상을 치면서 무엇인가 내놓으라는 식으로 큰 소리로 하는 자기 중심적 기도를 하기도 합니다. 기도는 묵상이나 통성기도를 막론하고 예절을 지키면서 해야 합니다. ① 경배와 고백, ② 감사와 중보, ③ 청원, 이러한 최소한의 순서와 예절을 지켜야 합니다. 여러분! 말 한 마디로 천 냥 빚을 갚는다는 자세로, 몸과 마음을 다잡고, 거룩하시고, 자비로우시고, 전지전능하신 하나님 앞에 모범적인 기도를 드리시어 크신 은총을 입으시기 바랍니다.

평가와 결심

1. 본문에 나오는 다니엘의 기도 생활은 어떠했습니까?
   (단 9:1~14, 다니엘은 언제 어디서나 항상 기도함)
2. 다니엘의 기도는 어떻게 시작했습니까?
   (단 9:15~19, ① 경배와 찬양 ② 죄를 고백함으로 시작)
3. 다니엘의 모범적인 기도 내용은 무엇이었습니까?
   (단 9:20~27, ①경배 ②고백 ③감사 ④중보 ⑤청원)

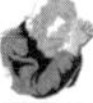

주간 경건의 시간 <4> · 날마다 말씀과 함께

요일 / 내용	주일/월(Mon)	화(Tue)	수(Wed)	목(Thu)	금(Fri)	토(Sat)
찬송	91동 / 37동	365 / 484	385 / 435	387/ 440	386 / 439	495 / 271
성경	벧전3: / 4:	벧전 5:	벧후 1:	벧후 2:	벧후 3:	요일 1:
적용	지식을 따라/ 선한 청지기	하나님의 양 무리	부르심과 택하심	의로운 롯	하나님의 날	하나님은 빛이시다

* 우리는 경험을 통해서 결단만이 우리에게 유일한 도움이 된다는 것을 배웠다.
< 윌리엄 셰익스피어, 1564-1616, 영국 시인, 극작가 >

1단원 은총 사모의 달

제5과

사랑의 은총을 입자

찬송 / 309, 305, 92 / 통 409, 405, 97
성경 / **요한일서 4:1-21**
요절 / **요한일서 4:7**
"사랑하는 자들아 우리가 서로 사랑하자 사랑은 하나님께 속한 것이니 사랑하는 자마다 하나님으로부터 나서 하나님을 알고"
목표 / 주님께서 주시는 사랑의 은총을 입어 승리를 확신하며 살아간다.

시작하는 말

오늘날 건강한 삶을 위해서 아낌없는 투자를 하며 살아가는 사람들이 많습니다. 육체의 건강이 필요한 것처럼 영혼의 건강도 함께 챙겨야 합니다. 육체와 영혼의 건강에 가장 필요한 필수 요소가 바로 '사랑'임을 알아야 합니다. 본과에서는 사랑의 사도인 요한을 통해 주신 생명의 말씀을 공부합니다. 주님께서 주시는 크신 '사랑의 은총'에 대하여 함께 깊이 묵상하면서 은혜를 나누고자 합니다.

오늘의 말씀

1. 사랑의 은총으로 영의 분별을 바로 해야 합니다(요일 4:1~6).

사도 요한은 영적으로 큰 별입니다. 사랑의 실천을 가르치기 전에 요한일서 3장에서 사랑의 본질에 대하여 가르친 후, 바로 본장에서는 영을 분별하도록 가르치고 있습니다. '영'靈이란 말은 이해하기 어려운 말입니다. 영 분별의 기준은 그리스도입니다. 인간은 영적인 존재입니다. ① 인간의 영적인 아버지는 하나님이십니다. 인간을 흙으로 지으시고 코에 생기를 불어 넣으시니 사람이 생령living Soul; 산 영이 되어 신적 신분이 되었습니다.창 2:7 ② 아버지의 영을 닮아야 합니다.시 51:10. 하나님과 그리스도께서 주시는 진리의 영을 받아 거룩한 사랑을 소유해야 합니다.

· 함께 읽어요 : 요한일서 4장 6절
"우리는 하나님께 속하였으니 하나님을 아는 자는 우리의 말을 듣고 하나님께 속하지 아니한 자는 우리의 말을 듣지 아니하나니 진리의 영과 미혹의 영을 이로써 아느니라."

2. 성도는 하나님께 속한 자의 삶을 살아야 합니다(요일 4:7~8).

하나님께 속한 자로서의 권위와 축복을 누리는 길은 한 마디로 '하나님의 아들 예수 그리스도를 믿고 구속함'을 얻어야 합니다.요1:12 이 세상 모든 사람들이 하나님의 형상대로 지음 받은 피조물이지만, 하나님의 자녀는 아닙니다. 피조물의 생명은 하나님의 전권적인 소유물이기에 당신의 뜻을 거역하고 당신의 사랑을 거스르고, 반역한 피조물들을 징계할 것을 작정하셨습니다. 그러므로 첫째 아담의 후손, 곧 타락하고 범죄한 인간은 다 죄인이기에, 허물과 죄로 죽었던 우리를 그리스도께서 죄값을 치루시고 살리신 것입니다.엡2:1 그런즉 우리는 철저하게 하나님께 종속되어 있습니다. 이제는 '하나님께 속한 자', 곧 귀한 '하나님의 자녀'로서의 삶을 살아가야 할 것입니다요 1:12.

· 함께 읽어요 : 요한일서 4장 7절
"사랑하는 자들아 우리가 서로 사랑하자 사랑은 하나님께 속한 것이니 사랑하는 자마다 하나님으로부터 나서 하나님을 알고"

3. 성도들이여! 우리 서로 사랑합시다(요일 4:9~21).

사랑의 사도라 일컫는 사도 요한은 "사랑하는 자들아 우리가 서로 사랑하자"라고 사랑을 몸소 나타내라고 강조하고 있습니다. 하나님의 사랑은 아는 것에 그쳐서는 안 됩니다. 위로는 하늘과 하나님을 사랑하고, 아래로는 그 사랑을 자신의 삶 속에서 땅을 사랑하고 이웃 사랑을 실천해야 합니다. 하나님의 피조물인 천체와 우주 간의 모든 생물들을 사랑하고 종족을 보존해야 합니다. 우리에게 사랑하고 천지만물을 다스리라고 문화명령으로 위임해 주신 것입니다.창 1:27

왜냐하면 하나님께서는 첫째 날에서부터 다섯째 날까지 천지만물 모든 것을 창조하시고, 여섯째 날에 인간을 창조하셔서 누리고 다스리게 하신 것입니다. 그러나 인류의 첫째 아담이 하나님의 약속을 깨뜨려 범죄 한 후 실낙원失樂園, 낙원(에덴동산)에서 추방으로 우리 인간에게 산고産苦, 출산의 고통와 땀 흘리면서 노동의 대가로 살아가도록 하셨습니다. 하나님께서 허물과 죄로 죽었던 우리를 살리시고 우리 죄를 속하기 위하여 화목제물로 그 아들 예수 그리스도를 보내신 것입니다.요일 4:10절

그러므로 예수 그리스도의 십자가의 보혈로 죄 씻음 받고, 하나님의 자녀로 인印 치심을 받았습니다. 따라서 우리는 그 은총을 망각하지 말고 도리를 다해, 이제는 미움, 시기, 질투, 다툼 다 버리고 십자기의 사랑을 실천하며 살아가야 할 것입니다.

· 함께 읽어요 : 요한일서 4장 10~11절

"10 사랑은 여기 있으니 우리가 하나님을 사랑한 것이 아니요 하나님이 우리를 사랑하사 우리 죄를 속하기 위하여 화목 제물로 그 아들을 보내셨음이라. 11 사랑하는 자들아 하나님이 이같이 우리를 사랑하셨은즉 우리도 서로 사랑하는 것이 마땅하도다."

정리하는 말

사랑하는 성도 여러분! 여러분은 하나님의 자녀로서 신분이 상승된 그 때부터 '사랑하라'는 사랑실천의 의무를 부여 받은 것입니다.

죄의 종노릇하는 자리에서 벗어나 이제는 사랑의 사명자로, 실천자로 살아가야 합니다. 다시 한 번 강조합니다. 하나님이 우리를 사랑하셨으니, 우리도 사랑하는 것이 마땅합니다. 요일 4:11 이 말씀을 실천하면서 하나님의 더 큰 사랑과 은총을 체험하고, 실감하며 살아가시기를 소원합니다.

평가와 결심

1. 우리는 누구에게 속한 존재들입니까?
   (요일 4:7~11, 하나님 아버지께)
2. 성도는 어떻게 살아가야 합니까?
   (요일 4:7~16, 하나님께 속한자로서의 삶을 살아가야 함)
3. 성도가 세상에서 가장 먼저 해야 할 일은 무엇입니까?
   (요일 4:17~21, 하나님 사랑, 이웃 사랑해야 함)

주간 경건의 시간 <5> · 날마다 말씀과 함께

요일 / 내용	주일/월(Mon)	화(Tue)	수(Wed)	목(Thu)	금(Fri)	토(Sat)
찬송	144동 / 146동	263 / 197	292/ 415	315/ 512	314 / 511	345 / 461
성경	요일2: / 3:	요일 4:	요일 5:	요이 1:	요삼 1:	유 1:
적용	지식을 따라/ 선한 청지기	하나님의 양 무리	세상을 이긴 믿음	은혜 긍휼 평강	진리 안에서	천사 장 미가엘

* 나는 죽을 때까지 나의 생명을 주님께 바치겠습니다.

< 사두 선다 싱, 1889-1929년 경, 인도의 기독교 성자, 신비주의자 >

제6과

사생결단으로 간구하라

찬송 / 361, 365, 369 / 통일 480, 484, 487
성경 / **에스더 4:1-17**
요절 / **에스더 4:16 b**

"나도 나의 시녀와 더불어 이렇게 금식한 후에 규례를 어기고 왕에게 나아 가리니 죽으면 죽으리이다 하니라."

목표 / 새해는 사생결단하며 은총을 간구하며 살아가도록 한다.

시작하는 말

세상에서 사노라면 상황이 다르지만 때를 따라 위기를 만납니다. 본문에 이스라엘 민족은 국가적인 위기를 만났습니다. 왕궁에서 알아도 모른 체 할 수도 있었겠지만 아하수에로 왕이 하만의 위치를 높여 모든 대신 위에 두니, 사람마다 다 꿇어 절하나 모르드개는 그 명령을 무시합니다. 하만은 왕의 재가를 얻어 모르드개와 그의 민족을 다 멸하기로 포고령을 내립니다. 이런 위기의 때에 여러분이라면 어떻게 하시겠습니까?

오늘의 말씀

1. 모르드개와 유다 인들이 큰 위기를 만났습니다(에 4:1~3).

왕의 조서가 바사 페르시아 전역에 전해지자 조서의 내용을 접한 유다인들은 큰 충격 속에 애통해 했습니다. 모르드개를 비롯한 각처 유다인들은 굵은 베옷을 입고 금식하면서 하나님께 부르짖어 기도했습니다.

모르드개는 굵은 베옷을 입고 대성통곡했습니다.1-2절 왕의 조서 내용은 유대인이라면 누구나 충격을 받을만한 것이었지만 모르드개의 경우는 자신과 직접 관련되어 있는 사건인 만큼 충격이 더 컸습니다. 대궐의 문지기가 아각 사람 하만에게 절하지 않기로 결단했을 때는 이미 개인적인 불이익과 희생을 감수할 마음을 가졌을 것입니다. 그때로부터 문제는 크게 불거졌습니다.

· 함께 읽어요 : 에스더 4장 3절
"왕의 명령과 조서가 각 지방에 이르매 유다 인이 크게 애통하여 금식하며 울며 부르짖고 굵은 베옷을 입고 재에 누운 자가 무수하더라."

2. 에스더가 모르드개의 일에 대해 자세히 알아봅니다(에 4:4~9).

에스더는 모르드개가 자기가 보낸 의복을 거절했다는 말을 듣고, 에스더는 모르드개에게 닥친 일이 개인적인 문제가 아님을 눈치 채고 내시인 하닥에게 자세히 알아보도록 지시했습니다. 에스더는 궁궐에서 외부와의 연락이 끊겨, 내시인 하닥Hadach이 외부 문지기 모르드개에게 일어난 사건을 보고하고 해결의 실마리를 찾도록 한 것입니다. 하나님께서는 신실한 내시 하닥을 에스더에게 붙여주셨습니다.

① 모르드개는 자신이 하만에게 절하지 않았다는 이유 때문에 유다인 모두에게 당할 끔찍한 계획들을 남김없이 보고했을 것입니다.
② 해결책으로 먼저 하만의 엄청난 은銀, 곧 뇌물 수수 건을 말합니다.
③ 증거로 사건 조서 초본 하나를 증거로 하닥에게 건네주었습니다.

· 함께 읽어요 : 에스더 4장 7절
"모르드개가 자기가 당한 모든 일과 하만이 유다 인을 멸하라고 왕의 금고에 바치기로 한 은의 정확한 액수를 하닥에게 말하고."

3. 민족의 몰살 앞에 사생결단으로 간구했습니다(에 4:16~17절).

동족의 위기를 알게 된 에스더는 모르드개의 간청대로 마침내 자신의 생명을 내놓는 결단을 내리기까지 담대함을 잃지 않았습니다.

영락없이 수산궁을 비롯해 각처의 유다인들은 살육을 당할 처지에 몰렸습니다. 어쩌면 좋습니까? 모르드개는 비상적인 방법을 강구합니다.

등잔 밑이 어둡다고, 사실 왕궁에 있으면서도 왕궁 내의 일을 잘 모릅니다. 그래서 알릴 수 있는 방법을 생각해 내, 문지기인 모르드개가 베옷을 입고 시위를 한 것입니다. 그러자 기별 받은 에스더는 자신이 왕의 앞에 부름 받지 못한지가 30일이나 된 상태요,4:11절 이미 유다인을 멸하기로 한 조서가 전국 방방곡곡에 내려진 상태라고, 자신의 어려운 처지를 모르드개에게 말합니다.9~11절. 어찌할 수 없는 유다인은 금식하며, 통곡하며 울부짖었습니다.

추호라도 왕의 조서는 기각될 수 없습니다. 모르드개는 에스더에게 "너는 왕궁에 있으니 모든 유다인 중에 홀로 목숨을 건지리라 생각하지 말라."13절고 합니다. 이어서 모르드개가 한 말은 정말 명대사입니다.

14절을 함께 읽겠습니다. "이 때에 네가 만일 잠잠하여 말이 없으면 유다인은 다른 데로 말미암아 놓임과 구원을 얻으려니와 너와 네 아버지 집은 멸망하리라. 네가 왕후의 자리를 얻은 것이 이때를 위함이 아닌지 누가 알겠느냐?"고 강력이 종용했습니다.

그 대사는 곧 바로 에스더의 결단을 끌어냈습니다.

이 말씀은 죽었던 유다인이 민족적으로 다시 살아나는 위대한 역사를 끌어낸 말씀입니다. 오늘 말씀 요절, 16절 말씀을 함께 읽겠습니다.

· 함께 읽어요 : 에스더 4장 16절

"당신은 가서 수산에 있는 유다인을 다 모으고 나를 위하여 금식하되 밤낮 삼일을 먹지도 말고 마시지도 마소서 나도 시녀와 더불어 이렇게 금식 한 후에 규례를 어기고 왕에게 나아가리니 **죽으면 죽으리이다** 하니라."

정리하는 말

사랑하는 성도 여러분! 위대한 결단은 위대한 행동을 이끌어 냅니다. 에스더처럼 "죽으면 죽으리라"는 신앙의 결단으로 살아가시기 바랍니다. 여러분! 새해는 더 강한 세파가 우리를 기다리고 있습니다. 우리를 보호하시고 인도하시는 주님의 은총을 입어야 삽니다. "주님! 크신 은총을 덧입혀 주옵소서." 사생결단으로 간구 하시기며 살아가시기를 부탁드립니다.

평가와 결심

1. 모르드개와 유다인에게 당한 위기 무엇입니까?
   (에 4:1~3, 유다인 다 죽이고 재산을 탈취하라는 조서 내려짐)
2. 모르드개는 민족 적으로 당한 위기를 어떻게 대처했습니까?
   (에 4:4~9, 1인 시위로 위급성을 에스더에게 알리고 대책을 강구함)
3. 모르드개와 에스더 왕후의 최후적인 결단이 무엇입니까?
   (에 4:10~17, 금식 기도 후에 죽으면 죽으리이다 하고 왕에게 나아감)

주간 경건의 시간 <6> · 날마다 말씀과 함께

요일 / 내용	주일/월(Mon)	화(Tue)	수(Wed)	목(Thu)	금(Fri)	토(Sat)
찬송	37동 / 36동	80 / 101	90 / 98	95 / 82	397 / 454	516 / 265
성경	에 1: / 2:	에 3:	에 4:	에 5:	에 6:	에 7:
적용	와스디 폐위/ 에스더 왕후	하만의 궤계	에스더의 결단	하만 잔치 초청	모르드개 존귀케 함	하만의 몰락

* 너무 자유스럽다는 것은 좋지 않다. 필요한 것이 모두 있다는 것도 좋지 않다.
<파스칼Pascal, 1623-1662, 프랑스 철학자, 수학자 >

부림절을 지켜라

찬송 / 151, 150, 149 / 통 138, 135, 147
성경 / 에스더 9:17-32
요절 / 에스더 9:31
"정한 기간에 이 부림 일을 지키게 하였으니 이는 유다인 모르드개와 왕후 에스더가 명령한 바와 유다 인이 금식하며 부르짖은 것으로 말미암아 자기와 자기 자손을 위하여 정한 바가 있음이더라."
목표 / 에스더와 모르드개처럼 나라위해 은총을 간구하는 태도를 기른다.

시작하는 말

한 민족이 몰살을 당한다고 생각해 보십시오. 일제 시대에 민족적으로 당한 그 쓰라림과 고통은 말로 형용할 수 없었습니다. 대궐 문지기로 있는 모르드개는 아각 사람 하만의 오만 방자한 행동에 견딜 수 없었습니다. 그러나 이러한 민족적인 적대행위는 마침내는 민족 말살이라는 극한 상황까지 왔습니다. 여기서 왕궁에 있는 모르드개와 에스더를 비롯한 유다 민족의 신앙결집은 상황을 역전시키는 쾌거를 이룩했습니다.

오늘의 말씀

1. 하나님은 구하는 자에게 역전의 기회를 주십니다(에 9:17~19).

크리스천들은 시대가 불안정하고, 정의가 숨고 불의와 행악함과 배금주의와 행락주의가 춤을 춘다고, 덩달아 장단 맞추며 휩쓸려서는 절

대로 안 됩니다. 노도광풍과 풍랑이 일어날 때, 우리는 엎드려 간구해야 합니다. 오늘날 일부 지도자들이 무너진다고 한탄만 하고 있겠습니까? 타락의 흙탕물이 밀려오면 물길을 돌리고, 말씀의 맑은 샘물로 정화해야 합니다. 에스더 왕후의 간청으로 하만의 교만과 간계를 무너뜨리고 모르드개와 유다 민족을 진멸하려던 하만을 징계토록 역전시키셨습니다.

· 함께 읽어요 : 에스더 8장 11절

"조서에는 왕이 여러 고을에 있는 유대인에게 허락하여 그들이 함께 모여 스스로 생명을 보호하여 각 지방의 백성 중 세력을 가지고 그들을 치려하는 자들과 그들의 처자를 죽이고 도륙하고 진멸하고 그 재산을 탈취하게 하되"

2. '민족 구원'은 우연偶然이 아니라 은총의 결과입니다(에 9:20~22).

여러분! 성경에 하나님이란 말이 한 번도 나오지 않는 책이 있습니까? 2권인데 에스더서와 아가서입니다. 그러나 하나님의 단어는 없어도 하나님의 내용은 충만하게 존재합니다. 여러분! 여러분의 직장이나 사회생활에서 하나님이란 말없이도 얼마든지 전도할 수 있습니다. 바로 여러분들의 하나님의 뜻대로 살고자하는 성령 충만한 삶을 통해서입니다. 바로 에스더에 나오는 모르드개야말로 위대한 전도자였습니다. 그의 말 한 마디가 천금과 같았습니다. 모르드개가 에스더에게 민족의 위기를 말하면서 상황이 어렵다고 핑계를 할 때 그는 종용했습니다. 에스더에게 결단을 요청했습니다.

모르드개의 가슴에는 유다 민족구원의 성령의 불이 있었습니다. 그러므로 에스더의 마음을 열었고, 에스더는 아하수에로 왕의 마음을 연 것입니다. 전도와 선교는 상대방의 마음을 열지 못하면 실패입니다. 성령님은 위대한 상담자이십니다. 모든 유다인들을 몰살의 위기에서 에스더 왕후를 비롯한 유다인이 똘똘 뭉치게 하셨습니다. 아각 사람 하만의 교만과 술수와 방자함을 누를 수 있게 하셨습니다. 이 모든 것은 보이지 않는 배후의 손 하나님께서 섭리하시고 역사하신 은총인 것입니다.

· 함께 읽어요 : 에스더 9장 21~22절

"21 한 규례를 세워 해마다 아달월 십사일과 십오일을 지키라 22 이 달 이 날에 유다인들이 대적에게서 벗어나서 평안함을 얻어 슬픔이 변하여 기쁨이 되고 애통이 변하여 길한 날이 되었으니 이 두 날을 지켜 잔치를 베풀고 즐기며 서로 예물을 주며 가난한 자를 구제하라 하매"

3. 구원의 날을 기려 부림절을 정하고 지키기로 했습니다(에 9:23~31).

하만의 음모를 막고 유대 민족을 구원해 내는데 공을 세운 모르드개는 바사 전역에 살고 있는 유다인들에게 글을 써서 이번의 구원 사건을 한 규례로 정하여 해마다 그날을 기념하도록 했습니다.

모르드개의 전권으로 유대민족에게 쓴 글 내용은 이렇습니다.

① 잔치를 베풀고 즐길 것. ② 서로 예물을 줄 것. ③ 가난한 자를 구제할 것을 명하여 지키도록 했습니다.9:22절

'부르', 곧 '제비'를 뽑아 얻은 날에 유다인을 진멸하기를 꾀하고 멸하려 했습니다. 그러나 에스더 왕후가 왕 앞에 나아감으로 말미암아 왕이 조서를 내려, 하만이 유다인을 해하려던 악한 꾀를 오히려 그의 머리에 돌려보내고 하만과 그의 여러 아들들을 나무에 달게 했습니다.

유대민족과 백성들, 에스더 왕후의 금식기도는 왕의 마음을 움직여 사태를 역전시켰습니다. 여기서 보이지 않는 숨결과 은총이 느껴집니다. 울분을 삼키며 드린 통절한 기도가 응답되고 폭발되는 순간이었습니다. 여러분에게도 이런 은총이 임하여 도고의 소원이 다 이루어지시기 바랍니다.

· 함께 읽어요 : 에스더 9장 27~28절

"27 뜻을 정하고 자기들과 자손과 자기들과 화합한 자들이 해마다 그 기록하고 정해 놓은 때 이 두 날을 이어서 지켜 폐하지 아니하기로 작정하고, 28 각 지방, 각 읍, 각 집에서 대대로 이 두 날을 기념하여 지키되 이 부림일을 유다인 중에서 폐하지 않게 하고 그들의 후손들이 계속해서 기념하게 하였더라."

정리하는 말

사랑하는 여러분! 모르드개와 에스더의 나라 사랑! 민족 사랑을 위한 기도와 간구의 결실은 유대 민족을 살렸습니다. 보이지 아니하는 하나님의 손길을 이방인들에게 여실하게 보여준 사건이었습니다. 여러분들은 모름지기 여러분들의 삶의 둥지와 생활의 현장에서 애국애족을 실천하고 계십니까? 생생한 헌신적인 사랑과 봉사로 불신자들에게 주님의 은총을 보여주기를 소망합니다.

평가와 결심

1. 주님의 은총 간구의 결과와 특징이 무엇입니까?
   (에 9:17~19, 슬픔이 변해 기쁨이 되고 역전의 기회를 주심)
2. 우리와 유대 민족의 구원이 어떻게 이루어진 것입니까?
   (에 9:20~22, 우연이 아니라 은총의 결과입니다)
3. 부림절 절기를 어떻게 지키라고 하였습니까?
   (에 9:23~32, ① 잔치 베풀고 ② 예물 주고 ③ 구제하면서)

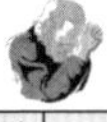

주간 경건의 시간 <7> · 날마다 말씀과 함께

요일 / 내용	주일/월(Mon)	화(Tue)	수(Wed)	목(Thu)	금(Fri)	토(Sat)
찬송	144동 / 145동	147 / 136	143 / 141	150 / 135	149 / 147	151 / 138
성경	에8: / 9:	에 10:	욥 1:	욥 2:	욥 3:	욥 4:
적용	살 길 열림/대적진멸	존귀케 된 모르드개	온전하고 정직함	사탄의 시험	생일 저주한 욥	엘리바스 첫 번 말

* 무기력을 격퇴하고, 태만을 추방하라. < 플라우투스, B.. C. 254-184, 로마 시인 >

2단원 은총 간구의 달

제8과

싸매시며 고치시는 하나님!

찬송 / 170, 172, 168 / 통 16, 152, 158
성경 / 욥기 5:1-27
요절 / 욥기 5:18
"하나님은 아프게 하시다가 싸매시며 상하게 하시다가 그의 손으로 고치시나니"
목표 / 싸매시며 고치시는 하나님께 전적으로 간구하는 태도를 가진다.

시작하는 말

세상의 친구는 신神이 주신 선물 중 선물입니다. 욥이 곤경에 처하자 친구들이 찾아와 위로합니다. 친구 엘리바스는 욥에게 하나님의 징계를 멸시치 말라고 권면합니다. 그의 위로 중에 특별한 말이 있습니다. "하나님은 아프게 하시다가 싸매신다." 그리고 "상하게 하시다가 그의 손으로 고치신다"고 했습니다. 여러분! '싸매시고 고치시는 하나님!' 그분께 여러분 생애의 가장 어려울 때 치유해 주시길 간구하시기 바랍니다.

오늘의 말씀

1. 인간에게 고난은 필연적임을 깨달아야 합니다(욥 5:1~7).

여러분! 인생에 고난이 없으면 좋을 것 같이 여겨집니다. 좋은 일만 생기면 정말 좋을 것 같습니다. 그러나 고난과 고통이 있어야 기쁨과 형통함이 더 행복하고 귀한 것이 됩니다. 여러분! 환자가 없으면 병원이

안 됩니다. 환자가 너무 많아지면 의사도 환자가 됩니다. "분노가 미련한 자를 죽이고 시기가 어리석은 자를 멸하느니라."2절 고 했습니다. 고난은 그럴만한 이유가 있다는 것입니다. 모든 사람은 다 고난을 피할 수 없다는 것입니다. 사람은 고생을 위해 났다고 합니다. 악인은 반드시 악에서 그 악에 대한 보응을 받습니다. 세상은 인과응보의 법칙을 강조하고 있습니다. 우리는 고난을 신앙으로 슬기롭게 극복해야 합니다.

· 함께 읽어요 : 욥기 5장 6~7절

"6 재난은 티끌에서 일어나는 것이 아니며 고생은 흙에서 나는 것이 아니니라.
7 사람은 고생을 위하여 났으니 불꽃이 위로 날아가는 것 같으니라."

2. 하나님은 고난의 해결자이십니다(욥 5:8~16).

욥에게 임한 엄청난 재난은 욥의 친구들로 하여금 욥의 '의로움'에 대하여 의심을 품게 만들었습니다. 욥이 정말 의롭고 경건한 자라면 왜 저런 고통을 받느냐고 비난했습니다. 여러분은 그런 일을 당해 보지 않으셨습니까? 당해 보면 미칠 지경일 것입니다. 그러면서 엘리바스는 "나라면 하나님을 찾겠고 내 일을 하나님께 의뢰하리라."8절 그러면서 하나님은 헤아릴 수 없이 큰일을 행하시며, 기이한 일을 셀 수 없이 행하신다고 말합니다.9절 하나님은 이 세상에 은총을 주사 ① 비를 땅에 내리십니다. ② 물을 밭에 보내십니다. ③ 낮은 자를 높이 드십니다.

하나님은 곤비한 자를 보호하십니다. 곤비한 자란 가난하고 억압을 받아 비천한 자를 가리킵니다. 하나님은 교활한 자의 계교를 꺾으사 성공하지 못하게 하십니다.12절 지혜로운 자가 자기 계략에 빠지게 하시고, 간교한 자의 계략을 무너뜨리십니다.13절 이 사실을 명심하시기 바랍니다.

· 함께 읽어요 : 욥기 5장 15절

"하나님은 가난한 자를 강한 자의 칼과 그 입에서, 또한 그들의 손에서 구출하여 주시나니"

3. 하나님의 징계는 고치시고 싸매시기 위함입니다(욥 5:17~27).

엘리바스의 이제껏 말들은 책망 섞인 말들이었지만 이제는 설득과 권고로 바뀌고 있습니다. 부드러운 태도와 긍정적인 말로 소망을 줌으로써 욥을 설득하려고 합니다.

① 하나님의 징계를 멸시치 말라는 권면입니다.17절

② 하나님의 징계가 복된 이유를 설명하고 있습니다. 왜 그렇습니까? 하나님의 징계의 목적은 그들을 망하게 하려는 것이 아니라 고쳐 올바로 세우기 위함인 줄을 알아야 합니다.

첫째, 징계는 고통스러운 것이지만 하나님께서 싸매시며 고치신다는 말씀입니다.

둘째, 징계로 인하여 환난이 임해도 하나님께서는 환난에서 건지신다는 것입니다.

셋째, 하나님의 징계로 인한 복된 결과가 있습니다.

본문에서 하나님의 징계를 순순히 받아들인 자들에게 임하는 4가지 복은 다음과 같은 것들입니다.

① 들짐승이 너와 화목함23절, ② 장막이 평안함24절, ③ 자손이 많아짐25절, ④ 장수의 복입니다.26절.

여러분! 우리 모두 받아야 할 징계라면, 하나님의 징계를 달게 받읍시다. 하나님이 주시는 징계를 교훈으로 삼아 하나님의 창조물과의 화목함과 기거하는 장막의 평안함을 이루고, 아브라함에게 주신 자손 번성의 복을 누리시고, 나누어주는 장수의 복을 받으시기를 간절히 소원합니다.

· 함께 읽어요 : 욥기 5장 26절

"26 네가 장수하다가 무덤에 이르리니 마치 곡식 단을 제 때에 들어올림 같으니라."

정리하는 말

오늘날 성경처럼 기록된 하나님의 계시가 없던 당시에 엘리바스가 한 말들을 보면 참으로 놀랍습니다. 그는 지식이 탁월하고 일반적인 진리들을 담고 있으나, 그의 인과응보적 신앙관은 하나님의 자유로운 섭리 아래서 이루어지고 있는 일, 즉 욥에게 닥친 고난의 의미를 왜곡시켰습니다. 보상과 관계없이 순수한 주님의 은총을 경외하시기 바랍니다.

평가와 결심

1. 인간이 당하는 고난은 우연입니까? 필연입니까?
   (욥 5:1~7, 인간에게 당하는 고난은 필연입니다)
2. 과연 고난과 고통의 진정한 해결 자는 누구입니까?
   (욥 5:8~16, 인간을 만드시고 섭리 가운데 지키시는 하나님)
3. 징계를 받는 자가 어째서 복이 있습니까?
   (욥 5:18~19, 싸매시고 고치시며, 환난에서 구원하시기 때문)

주간 경건의 시간 <8> · 날마다 말씀과 함께

요일 / 내용	주일/월(Mon)	화(Tue)	수(Wed)	목(Thu)	금(Fri)	토(Sat)
찬송	117동/ 93동	472 / 530	471 / 528	384/ 434	401/ 457	417 /476
성경	욥 5: / 6:	욥 7:	욥 8:	욥 9:	욥 10:	욥 11:
적용	고난은 필연/ 욥의 대답	감찰하시는 이	심히 창대함	삼성과 묘성	주, 손으로 빚으심	허망한 사람

* 하나님의 위대한 구원의 완성은 그리스도의 재림과 함께 올 것이다.

< 폴 믹키 Paul A. Mickey >

2단원 은총 간구의 달

제9과

나의 증인이 되시옵소서!

찬송 / 521, 510, 505 / 통 253, 276, 268
성경 / 욥기 16:1-22
요절 / 욥기 16:19
"지금 나의 증인이 하늘에 계시고 나의 중보자가 높은데 계시니라."
목표 / 성도들의 증인이 되시고 중보자이신 주님께 항상 맡기고 산다.

시작하는 말

여러분 중에 재판정에 가서 판결하는 것을 참관하신 일이 있을 것입니다. 분명히 사고를 당했고, 자기의 과실이 아닌데도 증인이 없어서 불이익을 당하는 안타까움을 보신 적이 있을 것입니다. 세상과 달리 여러분의 삶의 질곡마다 삶의 현장에서 24시간 순간순간 떠나지 않으시는 주님께 어려움과 고통을 호소해 보십시오. 주님은 우리의 증인, 중보자, 상담자가 되셔서 은총을 가득 안고 여러분에게 베풀어 주실 것입니다.

오늘의 말씀

1. 욥은 친구들의 위로는커녕 오히려 크게 실망했습니다(욥 16:1~5).

욥의 답답함을 누가 아시나요? 똑똑한 엘리바스의 발언에 대한 욥의 두 번째 대답입니다. 위로와 격려를 기대했던 친구들에게서 비난과 정죄를 당한 욥은 실망에 빠져 자신의 억울함을 변호해 줄 누군가를 더욱 갈망했는데, 실망 뿐 이었습니다. 아내는 욥의 순전함을 욕하며 떠났고, 욥 2:9 욥을 위로한다고 찾아온 친구들조차 그의 항변을 무시한 채 정죄하며 비난했습니다. 그들의 위로는 오히려 욥에게 재난이 되었습니다.

· 함께 읽어요 : 욥기 16장 1~2절
"[1] 욥이 대답하여 이르되 [2] 이런 말은 내가 많이 들었나니 너희는 다 재난을 주는 위로 자 들이로구나!"

2. 욥은 친구들에게 시달리며 고통만 당할 뿐입니다(욥 16:6~17).

욥기를 읽어 가며 오늘의 본문에서 욥의 생각의 전환점轉換點에 유의하시기 바랍니다. 인간은 자신이 감당할 수 없는 엄청난 일을 만났을 때 전환점turning-point 을 생각합니다. 극진히 사랑하던 친구나 가족이 떠나가든지, 재산을 모두 잃든지, 자신으로서는 감당할 수 없는 일을 당할 때 하나님을 찾게 됩니다. 욥은 그의 관점을 가족이나 친구에게서 이제는 무한자 하나님에게 눈을 돌리게 됩니다.욥 16:11절 욥은 "하나님이 나를 악인에게 넘기시며 행악자의 손에 던지셨구나!"라고 고백합니다.

12절에서는 자신을 "과녁으로 삼아 화살을 쏘아 콩팥들을 꿰뚫고 쓸개가 땅에 흘러나오게" 한다고 자기가 당하고 있는 최악의 고통을 호소합니다. 자신을 향해 치고 치며 용사같이 달려든다고 고백합니다.

성도 여러분! 욥은 이제 육체적인 고통, 그리고 더해가는 정신적인 고통 때문에 미칠 것만 같았습니다. 그는 이미 자신의 통제력을 상실하고 인내의 한계를 벗어났습니다. 그 안타까움을 털어놓고 있습니다.

· 함께 읽어요 : 욥기 16장 16~17절
"[16] 내 얼굴은 울음으로 붉었고 내 눈꺼풀에는 죽음의 그늘이 있구나! [17] 그러나 내 손에는 포학이 없고 나의 기도는 정결하니라."

3. 욥은 이제 하나님만 의지하고 간절히 호소하고 있습니다(욥 16:18~22).

욥은 자신의 답변이 먹혀 들어가지 않지만, 자신의 무죄함을 강조하고 하나님을 향하여 자신의 소원을 아뢰었습니다. 자신의 기도가 상달되어 하늘에 있는 하나님께서 자신의 증인이 되어 주기를 바란다는 것입니다.

욥은 이미 죽음의 그늘이 드리운 것을 알고 죽기 전에 누군가가 자신의 변호인이 되어 무죄를 입증해 주기를 갈망하고 있었습니다.

첫째로 자신의 기도가 하나님께 닿기를 바랍니다.욥 16:18

고대 사회의 사람들은 무죄한 자의 흘린 피가 땅 속으로 스며들어가는 것이 아니고, 죽은 자의 억울함이 풀릴 때까지 땅에서 계속 부르짖고 있는 것으로 생각했습니다.창 4:10절 18절을 함께 읽겠습니다. "땅아 내 피를 가리지 말라 나의 부르짖음이 쉴 자리를 잡지 못하게 하라"고 합니다.

둘째로 자신의 증인이 되어 변호해 주기를 바라고 있습니다.19~22절

욥은 자기를 변호해 줄 증인을 원합니다. 그 증인이 누구입니까? 여러분! 여러분들이 기가 막힐 만큼 억울한 일을 만났을 때 어떻게 하시겠습니까? 발만 동동 구르고 슬피 울며 절망만 하고 계시겠습니까? 아닙니다.

① 먼저 터질 것 같은 억울함을 들어줄 자상담자, 또래가 필요합니다.

② 변호해 줄 분 진실한 관계 형성을 위한 증인, 중보자이 필요한 것입니다.

③ 자신과 함께 눈물을 흘려 줄 자감정이입자가 필요한 것입니다.

여러분들의 위로자는 곧 주 하나님이시요, 성령님이십니다.

· 함께 읽어요 : 요한복음 14장 1절, 26절

"1 너희는 마음에 근심하지 말라 하나님을 믿으니 나를 믿으라.

26 보혜사 곧 아버지께서 내 이름으로 보내실 성령 그가 너희에게 말한 모든 것을 생각나게 하리라."

정리하는 말

오늘날 세상은 위로자를 잃어버렸습니다. 나만을 귀중하게 여기는 에고이즘egoism, 자기 본위, 자기 중심적인 성향이 주님神을 던져버리고 자신이 왕 노릇하다 위기를 만날 때는 대책도 없습니다. 사랑하는 여러분! 여러분은 지상 최대의 위기 속에 살고 있습니다. 욥이 위기에 전환점을 찾은 것처럼, 여러분도 위기의 상황에서 주님의 은총을 간구 하시기를 소원합니다.

평가와 결심

1. 현대인들에게 최고 복이 무엇입니까?
   (욥 16:1~5, 사람 잘 만나는 것입니다.)
2. 욥의 친구들은 어떠했습니까?
   (욥 16:6~17, 위로 자가 아니라 고통만 주는 훼방 자였음)
3. 욥의 진정한 증인과 중보자는 누구입니까?
   (욥 16:18~22, 하늘에 계신 하나님, 주님, 성령님)

주간 경건의 시간 <9> · 날마다 말씀과 함께

요일 내용	주일/월(Mon)	화(Tue)	수(Wed)	목(Thu)	금(Fri)	토(Sat)
찬송	146동 / 89동	179 / 167	200 / 235	252 / 184	180 / 168	336 / 383
성경	욥 12: / 13:	욥 14:	욥 15:	욥 16:	욥 17:	욥 18:
적용	욥의 대답/ 허물과 죄	사람의 희망	하나님의 입김	나의 증인 중보자	손이 깨끗한 자	공포의 왕

* 내가 소유한 것이 아니라, 내가 행하는 것이 나의 삶을 결정한다.

< 토머스 칼라일T. Carlyle, 1795-1881, 영국 평론가, 역사가 >

3단원 생명 은총의 달

화목하고 평안하라

찬송 / 327, 331, 412 / 통일 361, 375, 469
성경 / 욥기 22:12-30
요절 / 벧전 3:10-11
"10 그러므로 좋은 날 보기를 원하는 자는 혀를 금하여 악한 말을 그치며 그 입술로 거짓을 말하지 말고 11 악에서 떠나 선을 행하고 화평을 구하며 그것을 따르라."
목표 / 새해는 화목하고, 주님의 평안한 은총 속에서 살도록 한다.

시작하는 말

여러분! 인간은 성공 본능을 가지고 있습니다. 그러나 개개인의 가치관이나 인생관의 차이가 있겠지만, 하나님이 개인에게 주신 분량만큼 잘 이뤄가는 것이 성공이라고 봅니다. 그러나 인간이란 대인관계對人關係와 대신관계對神關係에서 형통의 길이 열려져야 합니다. 성경은 그 근원적인 것이, 화목하고 평안을 구하는 것이 최선의 방법이라고 합니다. 금년 한 해 주님의 은총이 임하여 멋진 성공을 이루시기를 축복합니다.

오늘의 말씀

1. 하나님은 악인을 심판하십니다(욥 22:12~20).

세상에 하나님의 눈 밖에 나고서야 어찌 성공하며 잘 살아가겠습니까?
① 인간은 하나님으로부터 숨을 수 없습니다. 12~14절

엘리바스는 욥이 "자신을 정죄하는 그들의 주장을 공박하기 위해서 이 세상에는 악인이 흥왕 하는 경우도 있고, 그 반대로 의인이 일찍 죽고 망하는 경우도 있다"는 말을 트집 잡아 악인에게는 반드시 그에 상응하는 징벌이 있고, 신으로부터 숨을 수 없다는 사실을 강조합니다.

② 욥이 악한 길을 답습한다고 정죄했습니다.15~16절 ③ 욥을 악인으로 규정하고 있습니다.17~18절 ④ 욥의 파멸을 비웃고 있습니다.19~20절

· 함께 읽어요 : 욥기 22장 19~20절

"19 의인은 보고 기뻐하고 죄 없는 자는 그들을 비웃기를 20 우리의 원수가 망하였고, 그들의 남은 것을 불이 삼켰느니라 하리라."

2. 인간이 복 받으려면 먼저 하나님과 화목해야 합니다(욥 22:21).

엘리바스는 악인은 징벌 받고 의인은 축복을 받는다는 논리에 근거하여 욥에게 진정어린 권면을 합니다. 그것은 욥에게 스스로 악인임을 인정하고 하나님께 회개하라는 것이었습니다. 그리고 회개의 원리를 말합니다. '하나님과 화목하라'는 것입니다. 화목 하는 방법은 잘못을 먼저 고백하고 용서를 비는 것입니다. 여러분! 허물과 죄로 죽었던 우리를 살리시기 위해 오신 예수를 믿어 죄를 회개하고 용서함을 받아야 합니다.

구약시대의 제사에서는 하나님과 화목하려면 하나님과 우리 사이에 가로막힌 죄악의 담을 헐기 위해 속죄제와 번제를 드려 죄 사함을 받았고, 하나님과 화목하기 위해 '화목제물'을 드렸습니다. 신약시대에는 하나님께서 독생자 예수 그리스도를 '화목제물'로 세우셨습니다.롬 3:25절

· 함께 읽어요 : 로마서 3장 25절

"이 예수를 하나님이 그의 피로써 믿음으로 말미암는 **화목제물**로 세우셨으니 이는 하나님께서 길이 참으시는 중에 전에 지은 죄를 간과하심으로 자기의 의로움을 나타내려 하심이니"

3. 평안한 대인 관계를 구하고 형성해야 합니다(욥 22:21~30).

엘리바스는 욥에게 이렇게 말합니다. 21절을 함께 읽습니다. "너는 하나님과 화목하고 평안을 구하라 그리하면 복이 네게 임하리라."

엘리바스는 욥이 악을 행함으로써 하나님과 적대적인 관계에 있고, 그래서 징벌을 받고 있다고 생각했습니다. 그러면서 어떻게 하면 하나님과 화목하고 평안을 누릴 수 있는 지를 가르쳐주고 있습니다.

첫째, 하나님의 교훈을 받으라는 것입니다.22절 욥기의 배경이 족장 시대로 보아 모세 이전이기에 모세의 율법5경(תּוֹרָה; 토라)을 가리키는 것이 아니라 하나님께로부터 비롯된 일반적인 가르침인 '교훈'(*διδακή*; 디다케)인 것입니다. 엘리바스는 욥이 하나님과 화목하고 복을 받기 위해서는 먼저 하나님의 교훈에 귀를 기울여 받아들이고 그것을 마음에 두어야 한다고 말했습니다.

둘째, 불의에서 떠나라고 했습니다. 앞에서 자기가 추정해서 말한5~9절 바 죄악을 깨닫고 하나님께로 돌이켜 죄악에서 떠나라는 것입니다.

셋째, 재물을 버리라는 것입니다. 엘리바스가 지적한6~9절 죄악들이 다 재물 때문에 생기는 탐욕에서 비롯된 것이기 때문입니다.

욥은 재난 당하므로 아내와 자녀들과 하인들을 모두 잃어버리고 몸에는 질병까지 걸린 상태지만 아마 약간의 보석류는 있을 것이리라고 생각되어 오빌의 금을 강가의 돌처럼 버리면,24절 전능자가 네 보화가 되시고, 고귀한 은이 되시며, 전능자를 기뻐하여 하나님께로 얼굴을 들 것이라고 했습니다. 그리고 문제들이 아래와 같이 풀리라는 것입니다.

· 함께 읽어요 : 욥기 22장 27~28절

"27 너는 그에게 기도하겠고, 그는 들으실 것이며 너의 서원을 네가 갚으리라 28 네가 무엇을 결정하면 이루어질 것이요 네 길에 빛이 비치리라. 29 사람들이 너를 낮추거든 너는 교만했노라고 말하라 하나님은 겸손한 자를 구원하시리라."

정리하는 말

사랑하는 여러분! 행복이란 재물의 양이나 질이 문제가 되지 않습니다. 하나님은 필요를 따라 주십니다. 엘리바스의 교훈처럼 전능자에게 얼굴을 들고, 그에게 은총을 구하며 기도하시기 바랍니다. 서원을 갚으시기 바랍니다. 그럴 때 무엇이든 하나님이 이루어 주실 것입니다. 하나님과 화목하고 평안을 구하므로 형통의 길이 열려지기를 간절히 소원합니다.

평가와 결심

1. 엘리바스의 첫 번째 교훈은 무엇입니까?
   (욥 22:1~20, 하나님은 불의하고 악한 자 징벌하신다.)
2. 엘리바스의 욥에게 말한 충정 어린 두 번째 권면은 무엇입니까?
   (욥 22:21, 하나님과 화목하고 평안을 구하라는 것입니다.)
3. 엘리바스의 충고의 결론이 무엇입니까?
   (욥 22:21~30, 전능 자에게 얼굴 들고, 기도, 서원 이행하면 형통케 함)

주간 경건의 시간 <10> · 날마다 말씀과 함께

요일 / 내용	주일/월(Mon)	화(Tue)	수(Wed)	목(Thu)	금(Fri)	토(Sat)
찬송	85동 / 87동	205 / 236	336 / 383	347 / 382	388 / 441	542 / 340
성경	욥 19: / 20:	욥 21:	욥 22:	욥 23:	욥 24:	욥 25:
적용	욥의 대답/ 소발의 대화	하나님의 매	화목하고 평안 하라	순금 같이	전능자의 때 미정	여자에게서 난 자

* 모든 미덕의 절정은 용기이다. < 윈스턴 처칠, 1874~1852, 영국 수상 >

3단원 생명 은총의 달

전능자의 숨결을 구하라

찬송 / 79, 36, 37 / 통 40, 36, 37
성경 / 욥기 32:1-22
요절 / 욥기 32:8
"그러나 사람의 속에는 영이 있고 전능자의 숨결이 사람에게 깨달음을 주시나니"
목표 / 성령으로 전능자의 영과 숨결을 의식하며 살도록 한다..

시작하는 말

본문은 사건의 전환부분으로서 그동안 입을 다물고 있던 네 번째 친구 엘리후가 등장해 욥과 세 친구 사이에서 중재적인 역할을 합니다.

그는 깊은 통찰력을 가지고 하나님께서는 고난을 통하여 메시지를 전하시므로 고난당하는 자는 그 메시지가 주는 교훈에 귀 기울여야 한다는 것입니다. 재난이 죄에 대한 신神의 징벌이라는 단순한 논리보다는 더 진리에 접근한 것입니다. 엘리후의 등장 후에 하나님께서 등장하셨다는 사실에서 엘리후의 준비로 하나님의 말씀에 주목하도록 했습니다.

오늘의 말씀

1. 네 번째 친구 엘리후가 등장하여 욥을 설득합니다(욥 32:1~5).

욥이 16가지나 되는 죄목을 일일이 거론하면서 자신의 무죄를 강력하고도 설득력 있게 변론하자, 그의 세 친구들은 입을 다물고 말았습니다. 이때 침묵하던 엘리후가 노를 발합니다.1~2절 그의 부친 바라겔하나님께서 축복하셨다이나 엘리후'그분은 나의 하나님'란 이름의 뜻으로 보아 족장 아브라함을 알고 그분과 밀접한 관계를 맺고 있었다는 것을 충분히 암시하는 것입니다. 욥은 세 친구들이 지혜로운 체 하나 무지함으로 자기가 하나님보다 의롭다는 잘못된 주장을 하므로 화를 내지 않을 수 없었습니다.

· 함께 읽어요 : 욥기 32장 2~3절

"[2] 람 종족 부스 사람 바라겔의 아들 엘리후가 화를 내니 그가 욥에게 화를 냄은 욥이 하나님보다 자기가 의롭다 함이라 [3] 또 세 친구에게 화를 냄은 그들이 능히 대답하지 못하면서도 욥을 정죄함이라."

2. 엘리후가 자신의 변론의 필요성을 느껴 주장합니다(욥 32:6~14).

여러분! 대화에서 적절한 때에 자신의 변론을 펼치시는 것은 일의 실마리를 풀어가는 비법이기도 합니다. 엘리후는 자신이 나이가 어리기 때문에 먼저, 연로한 친구들에게 경의를 표합니다. 그러고 나서 사람에게 전능하신 하나님의 영이 임하면, 나이가 어리더라도 얼마든지 지혜롭고 총명할 수 있다는 것입니다.

엘리후는 변론의 필요성을 밝힙니다. 친구들을 보니 욥의 말을 꺾어 그 말을 대답하는 자가 없다는 것입니다.11~12절 대화를 지켜보면서 세 친구가 번갈아가며 욥을 지적하고 회개를 촉구하며 장래의 축복을 말하기도 했습니다. 그러나 그들은 확신에 찬 욥의 변론을 당해내지 못했습니다.

· 함께 읽어요 : 욥기 32장 12~13절

"[12] 내가 자세히 들은 즉 당신들 가운데 욥을 꺾어 그의 말에 대답하는 자가 없도다. [13] 당신들이 말하기를 우리가 진상을 파악했으나 그를 추궁할 자는 하나님이시요 사람이 아니라 하지 말지니라."

3. 엘리후가 발언의 공정성을 밝힙니다(욥 32:15~22).

이제 엘리후는 욥을 향해 말합니다. 세 친구를 향해 '당신들'이라고 칭하다가 '그들'이란 3인칭으로 바꾸고 있음에서 알 수 있습니다.

① 더 이상 침묵할 수 없다고 말합니다. 15~17절 엘리후는 확신에 찬 욥의 주장에 세 친구들이 입을 다문 것은 반박할 수 있는 어떤 증거도 제시할 수 없었기 때문이라고 했습니다. 그리고 이제 자기가 나서도 예의에 어긋나는 일이 아니라고 판단을 하고서 발언을 시작합니다. 16절

② 해야 할 말이 가득하다고 말합니다. 18~20절

엘리후는 세 친구들이 했던 것과는 다르다는 것입니다. 더 이상 참을 수 없어서 "내 속에는 말이 가득하니 내 영이 나를 압박함이니라" 18절고 말합니다. 영이 말을 하도록 촉구하고 있음에 주목하시기 바랍니다.

③ 자신은 아첨하지 않겠다고 말합니다. 21~22절

본격적으로 말하기에 앞서 엘리후는 자신이 어떤 태도로 말할 것인지를 밝히고 있습니다. 엘리후는 결코 사람의 낯을 보지 아니하겠다고 합니다. 또한 사람에게 영광을 돌리지 아니하리라고 말합니다.

여기서 주목해야 할 것은 나이가 어린 엘리후는 자기 자신의 지식이나 경륜을 따르는 것이 아니라 다만 자신을 지으신 '**하나님의 영**'에 더 관심을 가지고 있음을 강조합니다. 욥 33:4절

욥의 세 친구들은 자신들의 지식이나 경륜을 따라 말을 하고 있지만, 도저히 욥을 당할 수 없었습니다. 여러분들은 교만을 버리고 욥의 세 친구와 같이 세상의 지식과 경험을 자랑하지 마십시오. 창조주 하나님 앞에서 미미한 존재에 불과하다는 것을 명심하시고 겸손하시기 바랍니다.

· 함께 읽어요 : 욥기 32장 21~22절

"21 나는 결코 사람의 낯을 보지 아니하며 사람에게 영광을 돌리지 아니하리니 22 이는 아첨할 줄을 알지 못함이라 만일 그리하면 나를 지으신 이가 속히 나를 데려 가시리로다."

정리하는 말

사랑하는 성도 여러분! 3월은 만물이 소생하는 계절입니다. 그러나 풀 한포기 꽃봉오리 한 송이도 결코 하나님이 주시지 않으면 존재할 수 없음을 깨달아야 합니다. 오늘의 대화 중에 나이 어린 엘리후의 강점이 무엇인지 알았습니다. 바로 '전능자의 영'을 의지하고 있다는 사실입니다. 여러분! 전능자의 숨결을 구하면서 매일 은총의 삶을 누리시기 바랍니다.

평가와 결심

1. 네 번째 친구는 누구며 욥에게 화를 내는 이유가 무엇입니까?
   (욥 32:1~2, 엘리후요, 욥이 하나님보다 의롭다고 주장함)
2. 네 번째 친구가 세 친구에게 화를 내는 이유가 무엇입니까?
   (욥 32:3~4, 그들이 능히 대답하지 못하면서 욥을 정죄함)
3. 욥의 네 번째 친구의 강점이 무엇입니까?
   (욥 32:8, 33:4, 전능자의 영과 숨결을 의식하며 살아감)

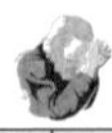

주간 경건의 시간 <11> · 날마다 말씀과 함께

요일 / 내용	주일/월(Mon)	화(Tue)	수(Wed)	목(Thu)	금(Fri)	토(Sat)
찬송	104동 / 88동	151 / 138	161 / 159	182 / 169	213 / 348	265 / 199
성경	욥 26: / 27:	욥 28:	욥 29:	욥 30:	욥 31:	욥 32:
적용	죽은 자들 영/나의 호흡	지혜의 귀중 성	지 도자들 말소리	수금은 통곡	재판에 회부	전능자의 숨결

* 용기는 공포에의 저항이요, 공포를 정복하는 것이지 결코 공포의 부재는 아니다.

< 마크 트웨인, 1835-1910, 미국 해학가, 사무엘 L. 클레멘스의 필명 >

까마귀를 먹이시는 하나님

찬송 / 487, 552, 588 / 통 535, 358, 307
성경 / 욥기 38:16-41
요절 / 욥기 38:41
"까마귀 새끼가 하나님을 향하여 부르짖으며 먹을 것이 없어서 허우적거릴 때에 그것을 위하여 먹이를 마련하는 이가 누구냐?"
목표 / 까마귀를 먹이시는 하나님의 은총으로 살아가는 태도를 가진다.

시작하는 말

욥과 세 친구의 변론이 끝나고 젊은 엘리후가 욥에게 본서 37장 마지막 부분에서 중요한 결론을 줍니다. ① 하나님은 심판이나 공의를 굽히지 아니하신다.37:23절 ② 사람들은 하나님을 경외해야 한다.37:24절는 말은 사람이 비록 하나님을 완전히 알 수 없을지라도 까닭 없이 고난 가운데 사람을 두시지 않으심을 가르쳐 줍니다. 그러고 나서 38장에서 폭풍우 가운데 나타나셔서 욥에게 말씀하심으로써 기나긴 논쟁이 끝납니다.

오늘의 말씀

1. 하나님이 나타나셔서 땅, 바다에 대해 질문하십니다(욥 38:1~11).

먼저 하나님은 창조의 기원에 관한 질문, 곧 땅과 바다를 중심으로 날들과 바다 음부의 문에 이르는 천지간의 경이로운 현상에 대해서 질문을 시작합니다. ① 첫째 물음은 땅의 창조와 관련된 것이었습니다. 38:4~7절 땅이 어떻게 만들어졌으며, 어떻게 정교하게 구성되었는지 물으십니다. 욥은 감히 대답할 수 없었습니다. ② 바다에 관한 질문들입니다. 8~11절 바다의 물결이 육지를 침범하지 못하도록 한계를 정하셨다는 말씀입니다.8~11절 누가 어떻게 그렇게 했느냐고 따져 물으십니다.

· 함께 읽어요 : 욥기 38장 10~11절
"10 한계를 정하여 문빗장을 지르고 11 여기까지 오고 더 넘어가지 못하리니 네 높은 파도가 여기서 그칠 지니라하였노라."

2. 하나님은 미지의 영역에 관한 질문을 하십니다(욥 38:16~18).

하나님은 욥이 생각지도 못한 세 가지 미지의 영역에 대해 질문을 하십니다.

첫째, 바다의 근원에 대해서 질문을 하십니다. 16절을 함께 읽습니다. "네가 바다의 샘에 들어갔었느냐 깊은 물 밑으로 걸어 다녀 보았느냐?"

둘째, 사망의 문에 관하여 질문했습니다. 17절을 함께 읽습니다. "사망의 문이 네게 나타났느냐 사망의 그늘진 문을 네가 보았느냐?"

여러분은 땅 밑의 음부는커녕 날마다 밟고 다니는 땅이 얼마나 넓은지, 바다의 깊은 곳이나 멀리 떨어진 곳에 가보지도 못한 욥에게 땅의 크기는 도저히 알 수 없는 것이었습니다.

셋째, 땅의 넓이에 관하여 질문했습니다. 여러분은 얼마나 세상에 대해 알고 있습니까? 무심코 뜨고 지는 달조차도 별조차도 모르는 것 많은 천지天地가 세상입니다. 광대한 우주를 창조하신 이가 하나님이십니다.

· 함께 읽어요 : 욥기 38장 18절
"땅의 너비를 네가 측량할 수 있느냐 네가 그 모든 것을 다 알거든 말할지니라."

3. 하늘 창고에 관한 질문들입니다(욥 38:19~30).

고대인들은 빛, 어둠, 눈, 비, 바람 등의 자연 현상들과 기후들이 하늘 창고에 저장 되었다가 필요한 때 지상으로 내려오는 것으로 생각했습니다.

첫째로 광명과 흑암에 관한 질문입니다.19~21절

하나님은 광명의 처소와 그의 길은 어디며, 흑암의 처소가 어디냐고 물었습니다. 말하자면 태양이나 달 아닌 창조 된 빛의 원천을 말합니다.

둘째로 눈과 우박과 빛과 바람에 관한 질문입니다.22~24절

눈과 우박의 처소가 어딘지를 묻고 있습니다. 대답을 못하고 있는 욥을 향해 하나님은 그것들의 용도에 대해 알려 주었습니다. 23절을 함께 읽습니다. "내가 환난 때와 교전과 전쟁의 날을 위하여 이것을 남겨 두었노라"고 하십니다. 실제로 성경의 역사를 보면 하나님께서 눈과 우박을 사용하여 악인을 징벌하시고 전쟁 때에 원수를 패퇴시키는 때에 무기로 사용하셨습니다.

하나님께서는 출애굽 전, 애굽 땅의 사람과 짐승과 채소에 우박이 내리도록 하여 바로 왕과 애굽 백성들로 하여금 손을 들게 했습니다.

이스라엘 백성들의 노동력이 필요했음에도 불구하고 손을 들고 항복하고 이스라엘 백성들을 출애굽 시킨 것입니다. 출 9:22~26

여호수아 장군은 아모리 족속의 다섯 왕들과 싸울 때에 그들이 이스라엘 앞에서 도망하여 벧호론 비탈에서 내려갈 때에 하늘에서 큰 우박덩이를 내리시매 칼에 죽은 자보다 우박에 죽은 자가 더 많았다고 기록하고 있습니다. 수 10:8~11 여러분! 하나님은 까마귀 새끼들의 부르짖는 소리를 들으시고 먹이까지 마련하시는 분이심을 알아야 합니다. 욥 38:41 들에 핀 한 송이 들꽃들조차 하나님의 신비를 머금은 아름다운 작품입니다.

· 함께 읽어요 : 욥기 38장 41절

"까마귀 새끼가 하나님을 향하여 부르짖으며 먹을 것이 없어서 허우적거릴 때에 그것을 위하여 먹이를 마련하는 이가 누구냐?"

정리하는 말

오늘날은 우주의 별들을 찾아 이용해 보려고 안간 힘을 쏟는 우주시대입니다. 하늘 별자리와 하늘 궤도, 번개, 가슴 속의 지혜는 누가 준 것이냐고 묻습니다. 과학과 이성을 격찬하고 과시하고 있습니다. 그러나 하나님의 은총이 없으면 결실도 없이 실패할 뿐입니다. 여러분! 까마귀 새끼까지도 먹이시는 하나님을 전적으로 의지하고, 풍성한 은총을 기대하며 살아가시기 바랍니다.

평가와 결심

1. 폭풍 가운데 나타나셔서 하신 첫 번째 질문이 무엇입니까?
   (욥 38:1~11, 땅과 하늘 창조 비밀, 바다의 조성에 대한 질문)
2. 하나님이 욥에게 하신 두 번째 질문은 무엇입니까?
   (욥 38:16~18, 하나님은 미지의 영역에 대하여 질문하심)
3. 하나님이 욥에게 하신 세 번째 질문은 무엇입니까?
   (욥 38:19~30, 광명과 흑암 등 하늘 창고에 대해 질문하심)

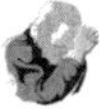

주간 경건의 시간 <12> · 날마다 말씀과 함께

요일 / 내용	주일/월(Mon)	화(Tue)	수(Wed)	목(Thu)	금(Fri)	토(Sat)
찬송	39동/ 85동	195 / 175	260 / 194	480/ 293	478/ 78	484 /533
성경	욥 33: / 34:	욥 35:	욥 36:	욥 37:	욥 38:	욥 39:
적용	하나님의 은혜/행위대로	밤의 노래 주시는 이	번갯불 내시는 이	하나님의 음성	새벽별들이 기뻐함	하나님 지혜를

* 도리의 명에 따라 노하기를 자제하는 사람은 용자라 칭하여도 가하다

< 플래토 B. C. 427~347, 그리스 철학자 >

위엣 것을 찾으라

찬송 / 484, 483, 488 / 통 533, 532, 539
성경 / **골로새서 3:1-11, 빌립보서 3:3, 12-15**
요절 / **골로새서 3:1**
"그러므로 너희가 그리스도와 함께 다시 살리심을 받았으면 위의 것을 찾으라. 거기는 그리스도께서 하나님 우편에 앉아 계시느니라."
목표 / 성도들을 다시 살리셨으니, 주님과 하나님만 바라보고 살아간다.

시작하는 말

여러분! 찬란한 아침 태양을 바라보며 기지개를 펴고, 오늘도 생명을 주신 하나님께 감사하며 하루를 시작하십시오. 분명 하루의 삶이 아름답고 멋질 것입니다. 태양을 바라보면서 알알이 열매를 맺는 해바라기처럼 하나님을 바라며 하루하루 보람을 찾고, 즐기면서 살아가세요. 영적으로 위의 것을 찾으며 살아간다면 오늘도 멋진 하루가 될 것입니다.

오늘의 말씀

1. 주 안에서 기뻐함으로 자신을 경계하십시오(골 3:1~4; 빌 3:1~3).

바울은 빌립보서 3장에서 진정으로 믿는 크리스천이 멋지고 힘찬 삶을 살아가는 방법을 말하고 있습니다.

먼저 주 안에서 기뻐하라고 합니다. 성도들은 사는 동안 율법주의와 거짓 가르침의 문제에 부딪치게 됩니다. 오늘날 맘껏 먹고 마시고 즐기라는 향락주의와 극단적인 훈련과 절제생활을 가르치는 거짓 가르침들은 성도들을 올무에 묶어 놓고 있습니다. 이런 소극적이고 단편적인 삶에서 벗어나야 합니다. 바울은 이렇게 권면합니다. "성령으로 봉사하며 그리스도 예수로 자랑하고 육체를 신뢰하지 아니하는 삶으로 살아가라"고 말입니다. 이것이 하나님을 바라보며 '위의 것을 찾는 삶'인 것입니다.

· 함께 읽어요 : 빌립보서 3장 3절

"하나님의 성령으로 봉사하며 그리스도 예수로 자랑하고 육체를 신뢰하지 아니하는 우리가 곧 할례파라."

2. 바울처럼 그리스도의 의와 온전함을 바라며 사십시오(빌 3:5~11).

신자들은 새싹처럼 땅에 뿌리박고, 위를 바라보며 살아가야 하는 것입니다. 자신의 부족함을 느끼면서 겸손히 그리스도의 의를 힘입어 예수 그리스도의 온전한 삶, 거룩함에 이르도록 노력해야 합니다.

삶의 표준을 낮은 데 두지 말고 높은 곳에 두어야 합니다. 목표와 표준이 낮으면 육체적으로도 영적으로도 성장을 지체하게 됩니다.

어릴 때 키를 재보고 또 재보고 언니 누나보다 더 크려고 까치발을 딛고 서서 노력하면서 자랐던 기억이 나지요. 영적 시선도 높은 데 두고 ♬ '저 높은 곳을 향하여 날마다 나아갑니다.' ♬ 찬송 부르며, 기도와 말씀을 읽고 묵상하면서 하늘나라 일꾼으로 자라가도록 항상 힘쓰고 노력해야 하는 것입니다.

· 함께 읽어요 : 골로새 3장 1절

"그러므로 너희가 그리스도와 함께 다시 살리심을 받았으면 위의 것을 찾으라. 거기는 그리스도께서 하나님 우편에 앉아 계시느니라."

3. 새 생명을 위해 하나님의 강력한 요구에 순종하십시오(골 3:5~14).

본문 말씀은 강한 도전을 담은 것으로서 많은 사람들의 삶의 현장에서 정면으로 도전하는 구절입니다. 또한 본문은 우리 모두에게 절실하게 필요한 구절입니다. 믿는 자의 새로운 삶을 위해 강력하게 요구하고 있습니다.

첫째로 죄의 몸을 죽여야 합니다.골 3:5~7

위의 것을 사모하며 살아가는 사람들에게 첫 번째 요구는 몸과 지체를 종으로 삼는 죄를 죽여야 합니다. 사람의 몸을 종으로 삼는 죄들, 곧 음란죄, 부정의 죄, 사욕의 죄, 악한 정욕, 탐심 등을 버리고 떠나야 합니다.

둘째로 옛 사람을 버리고 새 사람을 입어야 합니다.골 3:8~11절

벗어버려야 할 여섯 가지 죄가 있습니다. 분함과 노여움과 악의와 비방과 입의 부끄러운 말을 벗어버려야 합니다.골 3:8절

셋째로 그리스도를 영접하고 새 생명의 옷을 입어야 합니다.골 3:12~14

우리 신자들은 하나님의 택하신 자이므로 다음 8가지 옷 입어야 합니다. ① 긍휼, ② 자비, ③ 겸손, ④ 온유, ⑤ 오래 참음인내, ⑥ 용납, ⑦ 용서, ⑧ 사랑의 옷을 입어야 합니다. 위 새 생명의 옷들은 신자들이 입어야 할 아름다운 덕德입니다. 무엇보다도 온전하게 매는 띠인 '사랑'을 소유한다면 위에 제시한 8가지 열매들이 주렁주렁 매달립니다. 말씀과 기도로 살아갈 때 이러한 열매들은 성령의 열매와 일맥상통합니다. 그래서 바울은 성령으로 봉사하고 예수를 자랑하며 복음으로 옷을 입으라고 하는 것입니다.

· 함께 읽어요 : 갈라디아서 5장 22~23절

"[22] 오직 성령의 열매는 사랑과 희락과 화평과 오래 참음과 자비와 양선과 충성과 [23] 온유와 절제니 이 같은 것을 금지할 법이 없느니라."

정리하는 말

오늘 말씀은 크리스천의 폭 넓은 삶의 날개요 옷인 것입니다. 크리스천들은 무엇보다 땅의 것을 생각하지 말고 위의 것을 찾아야 합니다. 예수로 옷 입고, 성령을 힘입어, 하나님의 말씀으로 마귀의 간계를 능히 대적하기 위하여 '하나님의 전신 갑주'를 입어야 합니다. 엡 6:11절 이런 삶을 통해 주님의 은총이 충만하시기를 소원합니다.

평가와 결심

1. 위의 것을 찾는 첫째 방법이 무엇입니까?
   (빌 3:1~3, 주 안에서 기뻐하므로 자신을 경계해야 하는 것입니다.)
2. 위의 것을 찾는 둘째 방법이 무엇입니까?
   (빌 3:5~11, 그리스도의 의와 온전함을 바라며 살아야 함)
3. 위의 것을 찾는 셋째 방법이 무엇입니까?
   (골 3:5~14, 새 생명을 위해 강력한 요구들을 수용해야 함)

주간 경건의 시간 <13> · 날마다 말씀과 함께

요일 / 내용	주일/월(Mon)	화(Tue)	수(Wed)	목(Thu)	금(Fri)	토(Sat)
찬송	146동 / 89동	179 / 167	200 / 235	252 / 184	180 / 168	336 / 383
성경	욥 40: / 41:	욥 42:	골 1:	골 2:	골 3:	골 4:
적용	욥의 대답/ 온 천하 내것	욥의 회복	만물보다 먼저	신성의 충만	시 찬송 노래	전도할 문

* 무서움을 아는 자가 참다운 용사이다.

< 웰링턴, 1769-1852, 영국 장군 >

영광의 형상 보이소서!

찬송 / 42, 67, 42 / 통일 130, 31, 11
성경 / **에스겔 1:1-28**
요절 / **에스겔 1:26**
"그 머리 위에 있는 궁창 위에 보좌의 형상이 있는데 그 모양이 남보석 같고 그 보좌의 형상 위에 사람이 있어 사람의 모양 같더라."
목표 / 새벽마다 영광의 형상을 사모하며 성령 충만함으로 산다.

시작하는 말

사람은 절망의 그늘에 앉았을 때 하나님을 찾아 하늘의 영광을 꿈꿉니다. 세례 요한도 에스겔도 그랬습니다. 요한은 유배지 밧모 섬에서 계시를 받고 천상의 보좌를 보았고, 에스겔은 포로지인 바벨론 그발 강가에서 부름 받아 선지자의 사명을 부여 받았습니다. 그러므로 절망의 땅, 사망의 그늘이 드리워진 곳일지라도 희망을 포기하지 말고 희망의 문을 열어야 합니다. 오늘 말씀을 읽고 기도하며 공부하면서 이러한 은총을 여러분 자신과 가족들이 함께 받으시기를 간절히 소원합니다.

오늘의 말씀

1. 에스겔에게 임한 하나님의 이상이 있었습니다(겔 1:1~3).

본문은 간결하지만 에스겔과 그의 메시지를 이해하는데 매우 중요한 근거가 내포되어 있습니다. 그것은 에스겔에게 하나님의 이상이 나타난 배경, 즉 하나님의 이상이 나타난 장소와 하나님의 이상을 본 인물에 대한 구체적인 내용들입니다.

먼저 하나님의 이상이 나타난 때와 장소입니다.겔 1:1~2 하나님의 이상은 하나님께서 주시는 환상으로서, 단순히 어떤 신비스러운 광경이 아니라, 어떤 특별한 메시지를 상징적인 그림 언어로 생생하게 보여주는 계시의 한 방편입니다. 그러므로 이상은 사람이 보고 싶다고 해서 볼 수 있는 것이 아니라, 오직 하나님께서 계시의 문을 열어 보여 주실 때 비로소 볼 수 있게 됩니다. 에스겔은 이 환상을 보았습니다.

· 함께 읽어요 : 에스겔 1장 1절

"서른 째 해 넷째 달 초닷새에 내가 그발 강가 사로잡힌 자 중에 있을 때에 하늘이 열리며 하나님의 모습이 내게 보이니"

2. 에스겔에게 보이신 이상은 네 생물의 형상입니다(겔 4:4~14).

에스겔에게 보이신 이상은 북방에서부터 몰려오는 큰 폭풍과 구름과 번쩍번쩍하는 불과 사면에 비춰는 빛과 불 속에 단 쇠 같은 것입니다. 초자연적인 현상과 함께 임하셨습니다. 먼저 네 생물, 즉 성전에서 봉사하는 그룹Cherub 임을 알 수 있었습니다.겔 10:14~20절 참된 하늘 성소가 에스겔에게 펼쳐지고 있음을 시사하는 장면입니다.

이 그룹들은 하나님을 섬기고, 찬양하고, 위엄을 나타내고, 성전과 성물을 지키며, 하나님의 심판을 대행하고, 하나님의 보좌 병거를 운반하는 일들을 합니다. 사자는 동물의 왕, 독수리는 조류의 왕으로서 하나님에게서 탁월한 특성과 위대함을 부여받은 존재들입니다.

· 함께 읽어요 : 에스겔 1장 10절

"그 얼굴들의 모양은 넷의 앞은 사람의 얼굴이요 넷의 오른쪽은 사자의 얼굴이요 넷의 왼쪽은 소의 얼굴이요 넷의 뒤는 독수리의 얼굴이니"

3. 에스겔은 네 바퀴, 궁창, 보좌의 형상을 보았습니다(겔 1:15~28절).

에스겔은 네 생물의 이상을 본 후, 이어서 네 바퀴에 관한 이상을 보았습니다. 바퀴는 생물의 곁, 땅 위에 위치하고 있었는데 생물의 네 얼굴을 따라 하나씩, 곧 네 개가 있었습니다. 에스겔은 먼저 자신이 본 네 바퀴의 이상을 대략적으로 묘사한 다음15~18절, 그 바퀴와 생물, 즉 그룹이 어떤 관계에 있는지를 묘사했습니다.19~21절

첫째로 바퀴의 형상과 구조는 다음과 같았습니다.

① 색깔은 황옥 같고, 구조는 바퀴 안에 바퀴가 있는 것 같았습니다.

② 바퀴의 둘레는 궁창 위에 계신 하나님의 보좌를 운반하는 것이었으므로 당연히 쳐다보기에도 힘들 정도로 높을 수밖에 없었습니다.

바퀴의 움직임은 돌이킴 없이 곧장 앞으로 행할 수 있고, 언제나 생물과 똑같이 움직이며, 하나님의 영靈=神이 생물과 바퀴를 지배하고 있었기 때문입니다.

둘째로 궁창을 보았는데, 그것은 네 생물 위 하나님의 보좌 아래 있었습니다. 궁창은 남보석 같고 그 보좌의 형상 위에 한 형상이 있어 사람의 모양 같았습니다. 생물들이 정지하고 그들의 날개 소리가 멈추었을 때 마침내 에스겔의 이상의 초점에는 '보좌의 형상'이 있었습니다.

즉 에스겔은 하나님의 보좌와 그 보좌에 앉으신 하나님의 형상을 보았고, 그분의 음성을 들을 수 있었습니다. 에스겔은 보좌에 앉으신 사람 같은 하나님의 형상을 보았는데, 허리 아래 모양이 불 같았습니다.

· 함께 읽어요 : 에스겔 1장 27~28절

"[27] 내가 보니 그 허리 위의 모양은 단 쇠 같아서 그 속과 주위가 불같고 내가 보니 그 허리 아래의 모양도 불같아서 사방으로 광채가 나며 [28] 그 사방 광채의 모양은 비 오는 날 구름에 있는 무지개 같으니 이는 여호와의 영광의 형상의 모양이라 내가 보고 엎드려 말씀하시는 이의 음성을 들으니라."

정리하는 말

사랑하는 성도 여러분! 위대하신 하나님! 영광의 하나님을 앙모하시기 바랍니다. 에스겔이 하나님의 영광을 본 것처럼, 간절한 신앙으로 주님을 앙망하시기 바랍니다. 모세,출 33:9 다니엘,단 10:17~19 사도 요한계4:3처럼 하나님의 영광의 모습을 뵈옵고 성령 충만한 은총을 받으시기 바랍니다. 주님의 말씀을 묵상하고 기도하며, 찬송하면서 하나님의 영광의 모습을 흠모하고 주님의 크신 은총을 덧입는 여러분이 되시기를 간절히 소원합니다.

평가와 결심

1. 에스겔에게 임한 이상을 보이신 곳과 형편이 어떠합니까?
   (겔 1:1 사로잡힌 자 중에 있는 그발 강가 에스겔에게 보이심)
2. 에스겔에게 보이신 이상과 네 생물의 모습이 어떠합니까?
   (겔 1:5~14, 네 얼굴을 가진 네 생물은 사람 사자 독수리 사람의 모습)
3. 에스겔이 본 형상과 이상의 모습이 무엇 무엇입니까?
   (겔 1:15~28, 황옥 같은 네 바퀴와 수정 같은 궁창과 남보석 같은 보좌)

주간 경건의 시간 <14> · 날마다 말씀과 함께

요일 / 내용	주일/월(Mon)	화(Tue)	수(Wed)	목(Thu)	금(Fri)	토(Sat)
찬송	85동 / 87동	205 / 236	336 / 383	347 / 382	388 / 441	542 / 340
성경	겔 1: / 2:	겔 3:	겔 4:	겔 5:	겔 6:	겔 7:
적용	하나님 모습/ 두루마리 책	주의 영	떡과 물 부족	십분의 일	상수리 나무 아래	교만이 싹이 나도다!

*용서는 승리 중에 가장 신성한 것이다 <요한 크리스토프 프리드리히 폰 쉴러, 1759~1805, 독일 시인>

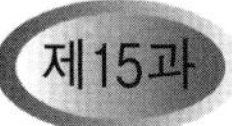

한 맘과 새 영을 주옵소서

찬송 / 197, 242, 138 / 통 178, 233, 52
성경 / **에스겔 11:14-25**
요절 / **에스겔 11:19**
"내가 그들에게 한 마음을 주고 그 속에 새 영을 주며 그 몸에서 돌 같은 마음을 제거하고 살처럼 부드러운 마음을 주어"
목표 / 한 맘 새 영으로 주님의 은총을 간구하며 살아가는 태도를 기른다.

시작하는 말

본문은 8장에서부터 시작된 이상의 마지막 네 번째 단계입니다. 하나님의 영광이 예루살렘 성읍을 떠나가기 전, 잠시 동안 성전의 동문에 머물러 에스겔에게 두 가지 메시지를 주는 장면입니다. 하나님께서는 교만한 예루살렘 지도자들에 대하여 심판을 선언함과 동시에, 포로민들에 대해서는 소망의 메시지를 주셨습니다. 그런 후에 여호와의 영광은 성전에서 떠나갔고, 에스겔은 포로민 장로들에게 이상과 체험을 이야기하고 있습니다.

오늘의 말씀

1. 예루살렘 지도자들에 대한 심판의 메시지입니다(겔 11:1~6).

에스겔은 이상 중에 예루살렘 성전 북문에서 출발하여 성전 안뜰을 지나는 동안 성전 안에서 행해지고 있는 가증한 죄악들을 목격했습니다.

성전 동문은 공중 집회 때 사용되는 넓은 공간이 있는 장소로서 그곳에서 집회에 참가하고 있는 25명의 성읍 지도자들을 볼 수 있었고, 그 중 두 사람은 백성의 고관인 야아사냐와 브나야의 아들 블라다였습니다. 하나님께서는 이들에 대하여 심판을 선언하셨습니다. 이들은 ① 악한 꾀를 베풀었습니다. 겔11:2~3절 교회지도자는 어려울 때일수록 하나님의 말씀대로 가르쳐야 합니다. ② 교만한 마음을 품었습니다. 겔 11:3절 백성들에게도 교만한 마음을 품도록 부추겼습니다. 겔 11:3절 ③ 불의를 행했습니다. 겔 11:6절 그들의 불의는 죄 없는 자들의 피를 흘린 살인죄였습니다.

· 함께 읽어요 : 에스겔 11장 6절
"너희가 이 성읍에서 많이 죽여 그 거리는 시체로 채웠도다."

2. 교만한 지도자들에게 내릴 심판의 내용입니다(겔 11:7~13).

교만한 지도자들에 대해 심판이 확정되었습니다. 그들이 당할 심판의 내용을 구체적으로 제시하고 있습니다.

① 변경으로 끌려갈 것입니다. 겔11:7~10절
② 이방 군대의 칼에 엎드러질 것입니다. 겔11:8~11절
③ 심판의 징조가 나타날 것입니다. 겔11:13절

주목할 것은 지금까지 전한 에스겔의 메시지가 반드시 그대로 성취될 것이라는 사실입니다. 그 결과 블라댜 뿐 아니라, 예루살렘의 모든 사악한 지도자들과 그들을 추종하는 백성들이 다 죽음을 면치 못할 것이라는 사실입니다. 이 심판은 분명이 이루어 질 것입니다.

· 함께 읽어요 : 에스겔 11장 13절
"이에 내가 예언할 때에 브나야의 아들 블라댜가 죽기로 내가 엎드려 큰 소리로 부르짖어 이르되 오호라 주 여호와여 이스라엘의 남은 자를 다 멸절하고자 하시나이까 하니라."

3. 바벨론 포로민들을 회복시키실 소망의 메시지입니다(겔 11:14~21).

예루살렘 지도자들의 심판과는 정반대로 바벨론 땅에 포로 된 백성, 그 힘이 없고 아무런 소망이 없을 것 같은 남은 유대인들은 바벨론으로 끌려간 포로민들을 하나님께 버림 받은 자들로 여겼습니다. 그러나 정작 하나님께서 생각하시는 것은 그와 달랐습니다.

첫째로, 하나님께서는 이방에 포로 된 그들에게 성소가 되어 주실 것이라는 소망의 메시지를 주셨습니다. 겔 11:15~16절

둘째로, 열방 가운데서 모아 이스라엘 땅을 줄 것이라고 합니다. 겔 11:15~16절 예루살렘 거민들은 이 땅은 우리에게 주어 기업이 되게 하신 것이라고 안일하게 생각했지만 11:15절, 그것은 그들의 헛된 교만에서 비롯된 그릇된 생각이었습니다.

셋째로, 한 맘, 새 영, 부드러운 마음을 줄 것이라고 말씀하십니다. 겔 11:19절 한 맘이란 일치된 마음입니다. 그러나 분명 포로 귀환 이후에 이스라엘 백성들이 한 맘, 새 영, 성령 부드러운 마음을 가지고, 하나님 보시기에 기쁘게 행했을지라도 그것이 완전한 것은 아니었으며 지속적이지도 않았다는 것입니다. 하나님께서는 이 세상에 흩어져 있는 모든 구원 받을 믿는 자들에게 한 마음과 새 영, 즉 성령과 부드러운 마음을 풍성히 부어 주실 것입니다. 또한 그들은 그러한 하나님의 은사로서 이 땅에서 성화의 삶을 살다가 세상 끝 날에 영원토록 영화롭게 되어 하늘나라를 기업으로 받아 그곳에서 살아가게 될 것이라고 약속합니다.

· 함께 읽어요 : 에스겔 11장 23~24절

"[23] 여호와의 영광이 성읍 가운데에서부터 올라가 성읍 동쪽 산에 머무르고 [24] 주의 영이 나를 들어 하나님의 영의 환상 중에 데리고 갈대아에 있는 사로잡힌 자 중에 이르시더니 내가 본 환상이 나를 떠나 올라간지라."

정리하는 말

사랑하는 성도 여러분! 가정의 행복한 삶이나 믿음 생활도 내 맘대로 되지 않는 것이 현실입니다. 주님의 성령이 내게 임할 때 한 마음을 주시고, 새 영을 주셔서 우리 몸에서 돌 같은 마음을 제하시고, 살처럼 부드러운 마음이 임하도록 하는 것입니다. 영적 은총의 달을 맞아 오늘 여러분들의 마음에 이런 주님의 은총이 임하시기를 간절히 소원합니다.

평가와 결심

1. 예루살렘 지도자들에게 내려진 말씀이 무엇입니까?
   (겔 11:1~6, 심판의 메시지입니다)
2. 교만한 지도자들에게 내려진 심판의 내용이 무엇입니까?
   (겔 11:7~13, 변경으로 끌려가 이방 군대 칼에 망할 것임)
3. 포로 민들에게 주어진 말씀이 무엇입니까?
   (겔 11:14~21, ① 성소가 되어 주심, ② 땅을 회복시키심,
   ③ 한 맘, 새 영, 부드러운 마음 줄 것임)

주간 경건의 시간 <15> · 날마다 말씀과 함께

요일 / 내용	주일/월(Mon)	화(Tue)	수(Wed)	목(Thu)	금(Fri)	토(Sat)
찬송	104동 / 88동	151 / 138	161 / 159	182 / 169	213 / 348	265 / 199
성경	겔 8: / 9:	겔 10:	겔 11:	겔 12:	겔 13:	겔 14:
적용	태양 예배 / 이마에 표	사람 사자 독수리	한 마음 새 영	포로의 행장	거짓 선지자 종말	자기 생명만

* 쉽게 용서하는 자는 피해를 입는다.

< 피에르 코르네일, 1606-1684, 미국 신문인, 노예제도 폐지론자 >

언약과 은총의 줄로 매소서

찬송 / 438, 441, 445 / 통 495, 498, 502
성경 / **에스겔 20:1-22**
요절 / **에스겔 20:37**
"내가 너희를 막대기 아래로 지나가게 하며 언약의 줄로 매려니와"
목표 / 언약과 은총의 줄로 매어 주시는 주님을 경외하고 신뢰한다.

시작하는 말

본문은 기억하기도 싫은 죄악과 반역의 역사로서 예루살렘과 유다를 향한 형벌과 심판에 관한 것입니다. 하나님께서는 B. C. 592년 경 에스겔에게 이스라엘의 죄악과 반역의 역사를 되돌이켜 보면서 새로운 메시지를 주셨습니다. 하나님이 이스라엘을 사랑하시고 베풀어주신 은혜는 헤아릴 수 없습니다. 그러나 그들은 하나님께 불충한 민족이었습니다. 그럼에도 하나님은 이스라엘 백성들을 버리지 아니하셨습니다. 여러분도 교회와 가정에 베풀어주신 언약의 줄을 기억하시기를 바랍니다.

오늘의 말씀

1. 하나님께서 찾아 온 장로들의 질문을 거부하셨습니다(겔 20:1~4).

여러분! 희망의 메시지를 듣고 싶어서 찾아 간 장로들의 질문을 하나님은 왜 거부하셨을까요? 그 이유는 그들의 관심사에 대해 응답해 봤자 아무런 의미가 없었기 때문입니다. 왜 그렇습니까? 그 이유는 그들이 회개하지 않고 죄악을 품은 채, 또한 하나님의 뜻에 따르겠다는 순종의 자세가 없이 하나님의 뜻을 물었기 때문입니다. 하나님의 뜻에 순종할 기색도 없는 자들이 하나님의 뜻을 묻고 있으니 무슨 의미가 있겠습니까? 여러분! 그런 적 없으십니까? 하나님의 뜻을 헤아리고 하나님을 전적으로 의지하는 일념 속에서 열심히 기도해야만 형통의 복이 임하는 것입니다.

· 함께 읽어요 : 에스겔 20장 3절

"인자야 이스라엘 장로들에게 말하여 이르라 주 여호와께서 이렇게 말씀하셨느니라. 너희가 내게 물으려고 왔느냐 내가 나의 목숨을 걸고 맹세하거니와 너희가 내게 묻기를 내가 용납하지 아니하리라 주 여호와의 말씀이니라."

2. 이스라엘은 애굽과 광야에서 하나님을 반역했습니다(겔 20:5~26).

이스라엘의 하나님께 대한 반역은 애굽 땅에서부터 시작되었습니다. 약속을 받은 자손으로 이스라엘은 자신들을 향한 하나님의 크신 은총에도 불구하고 하나님을 거역하고 저버렸으며 애굽의 우상을 숭배했습니다. 그러나 하나님과 택한 백성은 언약의 줄로 매여 있었습니다.

① 이스라엘을 향한 하나님의 크신 은혜입니다. 겔20:5~7절

애굽 땅에서 노예로 전락한 이스라엘을 하나님께서는 자기 백성으로 삼아 택하시고, 출애굽의 해방과 젖과 굴이 흐르는 가나안 땅으로 인도하실 것을 약속하신 것입니다. 이는 오직 은혜이며, 오직 은총입니다.

② 그러나 이스라엘의 패역과 우상숭배가 끊이지 않았습니다. 겔 20:8절

③ 결국 이스라엘에 대한 하나님의 자비와 용서가 임합니다. 겔 20:8~9절

· 함께 읽어요 : 에스겔 20장 8절

"그들이 내게 반역하여 내 말을 즐겨듣지 아니하고 그들의 눈을 끄는바 가증한 것을 각기 버리지 아니하며 애굽의 우상들을 떠나지 아니하므로 내가 말하기를 내가 애굽 땅에서 그들에게 나의 분노를 쏟으며 그들에게 진노를 이루리라 하였노라."

3. 그들은 가나안과 에스겔 당시에도 반역했습니다(겔 20:27~44).

이스라엘은 애굽에서5~9절, 광야에서10~26절, 가나안에27~29절 들어가서도 반역했습니다. 그뿐입니까? 죄악의 결과로 포로가 되어서까지 반역했습니다. 사랑하는 성도 여러분! 꼭 우리들을 보는 것 같아서 쓴 웃음이 나옵니다. 죄악을 회개하고 그리스도의 보혈로 죄 씻음 받아 거듭난 생활을 하다가도 여지없이 죄악의 구렁텅이로 빠져 들어가기도 합니다.

하나님은 오늘도 이스라엘 백성처럼 우리들에게도 회개하고 돌아오기를 인내하시고 기다리고 계십니다.

하나님께서는 "내가 능한 손과 편 팔로 분노를 쏟아 너희를 반드시 다스릴지라"고 말씀하십니다. 심판을 통해 깨끗케 하시겠다고 말씀합니다.겔 20:33~39절 그 과정을 거친 다음 회복되고 거룩케 된다고 하십니다. 겔 20:40~44절 말하자면 하나님과의 관계회복은 참된 회개가 있은 다음에 하나님의 이름을 위해 비로소 이루어질 것입니다.겔 20:44절 그들을 긍휼이 여기사 언약 백성인 이스라엘을 끝까지 회복시켜 주실 것을 약속해 주셨습니다.

그들의 악한 길과 더러운 행위에도 불구하고 이스라엘이 멸망하지 않고 회복될 수 있었던 것은 '하나님 이름의 영광을 위해서' 입니다. 이스라엘을 회복시키신 목적은 회복된 그 백성을 통하여 영광을 받으시기 위함입니다. 성경에 바울과 이사야 선지자는 이렇게 전하고 있습니다.

· 함께 읽어요 : 고린도전서 10장 31절, 이사야 42장 8절

"31 그런즉 너희가 먹든지 마시든지 무엇을 하든지 다 하나님의 영광을 위하여 하라."

"8 나는 여호와니 이는 내 이름이라 나는 내 영광을 다른 자에게, 내 찬송을 우상에게 주지 아니하리라."

정리하는 말

오늘날 문명의 발달이 영혼을 혼미하게 합니다. 유흥과 향락에 취해 있으면서도 더 즐길 시간이 부족하다고 불평하는 시대입니다. 여호와 하나님을 망각하기에 최적의 시대이기도 합니다. 이스라엘의 전철을 우리가 밟는 것이 아닌가 걱정됩니다. 과거의 반역을 떠나 하나님의 약속, 그리고 예언을 소중하게 여기는 크리스천이 되어야 합니다. 여호와의 영광을 위하여 언약과 은총의 줄로 매이시기를 간절히 소망합니다.

평가와 결심

1. 하나님께 질문하려고 찾아온 이스라엘 장로들을 어떻게 했나요? (겔 20:1~4, 질문조차 거부하셨습니다)
2. 이스라엘의 반역함은 어느 정도 어떤 형편입니까? (겔 20:5~26, 애굽과 광야에서, 가나안 땅과 포로 된 당시까지)
3. 처음부터 끝까지 반역한 자들을 왜 회복 시키셨습니까? (겔 20:27~44, 여호와 하나님 그 이름의 영광을 위하여서)

주간 경건의 시간 <16> · 날마다 말씀과 함께

요일 / 내용	주일/월(Mon)	화(Tue)	수(Wed)	목(Thu)	금(Fri)	토(Sat)
찬송	39동 / 85동	292 / 415	298 / 35	325 / 359	324 / 360	433 / 490
성경	겔 15: / 16:	겔 17:	겔 18:	겔 19:	겔 20:	겔 21:
적용	땔감 포도나무/음녀	낮추고 무성하게	공의를 행하면	애가	내 안식일	탄식하라

* 그대 자신은 좀처럼 용서하지 말고 남들은 많이 용서하라.

< 로버트 라이튼, 1611~1684, 스코틀랜드 대주교 >

하나님의 마음 회복 하소서

찬송 / 484, 483, 488 / 통 533, 532, 539
성경 / **에스겔 28:1-19**
요절 / **에스겔 28:6**
"그러므로 여호와께서 이같이 말씀하셨느니라. 네 마음이 하나님의 마음 같은 체하였으니"
목표 / 하나님의 자비와 은총의 마음을 사모하며 살아가도록 한다.

시작하는 말

여러분! 여러분은 누가 가장 중요하다고 생각하십니까? 어떤 분은 낳아주신 분, 어떤 분은 스승, 어떤 분은 톨스토이의 세 가지 질문에서처럼 지금 대하고 있는 사람이라고 할 것입니다. 저는 본문을 생각하면서 이 세 가지를 다 합한다면 누가 될까하고 생각해 보았습니다. 바로 '하나님'이십니다. 그분은 우리에게 가장 소중하고 귀하신 분이십니다.

소중하신 분, '하나님의 마음'에 대하여 살펴보도록 하겠습니다.

오늘의 말씀

1. 두로 왕의 교만을 심판하시는 하나님의 마음입니다(겔 28:1~10).

지금까지 에스겔은 두로라는 국가에 대해서 하나님의 심판을 전했으나,겔 26~27장 여기서는 특별히 두로 왕을 지목하여 그의 교만에 대해 지적하고,겔 28:2~6절 이어서 그렇게 교만한 왕에게 하나님의 심판이 있을 것임을 선언했습니다.겔 28:7~10절 하나님이 미워하신 것은 어떤 것일까요?

① 두로 왕의 교만함입니다. 에스겔이 이 메시지를 전할 당시, 즉 주전 586년경 두로 왕은 엣바알 2세Ethbaal II였습니다. 그는 다음과 같은 교만한 마음을 품었습니다. "나는 신이라 내가 하나님의 자리, 곧 바다 가운데 앉아 있다 하도다."겔 28:2절 그리고 자신의 지위, 2절 지혜, 3절 그리고 재물을 자랑했습니다. 4~5절 그는 교만한 마음을 품었고 그의 교만은 마침내 자신을 신,神 곧 하나님이라고 말하도록 했습니다.

② 하나님이 두로 왕의 교만을 꺾으십니다. :7~10절

· 함께 읽어요 : 에스겔 28장 9절

"네가 너를 죽이는 자 앞에서도 내가 하나님이라고 말하겠느냐 너를 치는 자들 앞에서 사람일 뿐이요 신이 아니라."

2. 에스겔은 두로 왕을 위한 애가를 부릅니다(겔 28:11~15).

에스겔은 두로 왕을 위한 애가, 죽음을 노래한 것인데, 특이한 것은 이 내용이 구약의 '사탄론'을 반영하고 있다는 점입니다. 분문에서 두로 왕을 두고 본래 온전한 자,12절 에덴동산에 있었고,13절 덮는 그룹이었으며,14절 하나님의 성산을 왕래하였고,14절 지음 받던 날이 완전했고,15절 이 같은 묘사는 궁극적으로 사탄에 대한 묘사입니다. 여기에 에덴동산에 있어서 "네가 지음을 받던 날에 너를 위하여 소고와 비파가 준비되었도다!"라고 악기도 언급되어 있습니다. 그래서 이것조차 음악 타락으로 봅니다. 우리는 하나님께 긍휼을 베풀어 주실 것을 간구해야 합니다.

· 함께 읽어요 : 에스겔 28장 15~16절

"[15] 네가 지음을 받던 날로부터 네 모든 길에 완전하더니 마침내 네게서 불의가 들어났도다! [16] 네 무역이 많으므로 네 가운데서 강포가 가득하여 네가 범죄 하였도다."

3. 두로 왕과 사탄은 같이 몰락하게 됩니다(겔 28:16~19).

세상에는 권불 10년 權不十年 이라는 말이 있습니다. 그 만큼 권력과 재물, 그리고 명예는 타락하기가 쉬운 약점이 있습니다. 두로 왕의 교만과 재물은 오래 가지 못했습니다. 결국 꺾이게 되었습니다.

다시 말해 하나님께서는 두로 왕과 사탄Satan의 불의함에 대하여 다음과 같이 심판하심으로써 그들을 몰락케 하셨습니다.

① 하나님의 산에서 쫓아내셨습니다. 하나님께서는 사탄을 하나님의 나라에서 추방하셨습니다. 눅 10:18, 계 12:9

② 화광석 사이에서 멸합니다. 겔 28:16절

③ 땅에 던져져 세상의 구경거리가 되게 합니다. 겔 28:17절

④ 불로 태워집니다. 겔 28:18절

⑤ 재가 되게 합니다. 겔 28:18절

⑥ 세상 사람들의 경계거리가 되게 합니다. 겔 28:19, 35~36

⑦ 영원히 다시 있지 못하게 하십니다. 겔 26:20~21 계 20:10

자신만이 최고인줄 알고 심지어 스스로 하나님이라고 생각했던 두로 왕과 사탄의 실체는 하나님의 심판으로 불살라질 때 한 줌의 재밖에 남지 않았습니다. 겔 28:18절 하나님께서 그 재를 공중에 흩으면, 그들의 존재는 영원히 기억조차 되지 않을 것입니다. 두로는 오늘날 어부들이 그물을 말리는 장소로 변해버리고 말았습니다. 겔 28:14절 이와 같이 세상 끝날에 사탄도 영원한 불못에 던져져 기억조차 못할 존재로 사라지게 될 것입니다. 겔 26:20~21, 계 20:10 우리는 하나님의 마음을 영적인 예민함을 가지고 헤아려야 합니다.

· 함께 읽어요 : 에스겔 28장 18절

"네가 죄악이 많고 무역이 불의하므로 네 모든 성소를 더럽혔음 이여. 내가 네 가운데서 불을 내어 너를 사르게 하고 너를 보고 있는 모든 자 앞에서 너를 땅 위에 재가 되게 하였도다."

정리하는 말

오늘날 세상은 교만으로 가득 차 있습니다. 세상의 교만을 버리지 않으면, 바벨론을 벌하시듯 하나님의 징계를 피할 수 없을 것입니다. 하나님의 진리만이 영원합니다. 사랑하는 여러분! 여러분은 두로 왕을 벌하시는 하나님의 마음을 기억하십시오. 주 예수 그리스도의 겸손한 마음을 본 받으시기 바랍니다. 여러분의 귀한 신앙으로 하나님께 큰 기쁨을 드리고, 영광을 돌려드리기 바랍니다. 그것이 하나님의 마음을 회복하는 길입니다.

평가와 결심

1. 에스겔이 우리에게 주는 첫 번째 교훈이 무엇입니까?
   (겔 28:1~10, 두로 왕의 교만과 심판하시는 하나님의 마음입니다.)
2. 에스겔은 두로 왕에 대해 어떻게 합니까?
   (겔 28:11~15, 두로 왕을 위한 애가 즉 죽음의 노래를 부름)
3. 에스겔이 주는 세 번째 교훈은 무엇입니까?
   (겔 28:16~19, 두로 왕과 사단의 몰락에 대한 교훈)

주간 경건의 시간 <17> · 날마다 말씀과 함께

요일 / 내용	주일/월(Mon)	화(Tue)	수(Wed)	목(Thu)	금(Fri)	토(Sat)
찬송	146동 / 89동	179 / 167	200 / 235	252 / 184	180 / 168	336 / 383
성경	겔 22: / 23:	겔 24:	겔 25:	겔 26:	겔 27:	겔 28:
적용	벌 받을 성/ 행음한 성	녹슨 가마 피 흘린 성	하나님의 입김	노래 소리 그치게	두로에 대한 애가	하나님의 마음

* 용맹은 신중하지 않으면 아무 것에도 쓸모가 없다.
< 존 레이, 1627-1705, 영국 박물학자, 자연주의자 >

5단원 가정 은총의 달

제18과

주여! 파수꾼으로 삼으소서

찬송 / 190, 197, 204 / 통일 177, 178, 379
성경 / **에스겔 33:1-24**
요절 / **에스겔 33:19**

"만일 악인이 돌이켜 그 악에서 떠나 정의와 공의대로 행하면 그가 그로 말미암아 살리라."

목표 / 복된 건강한 가정을 위해 가정의 파수꾼으로 살도록 한다.

시작하는 말

에스겔서는 크게 세 가지 주제로 이루어져 있습니다. 그것은 예루살렘 함락 주전 586년을 중심으로 나누어지는데, 그 이전에는 예루살렘과 유다에 대한 '하나님의 심판', 1~24장 그 이후에는 '이스라엘의 회복과 구원', 33~48장 그리고 이 중간에 '세상 열방들에 대한 심판'을 다루고 있습니다. 그래서 에스겔서 마지막 부분은 이스라엘의 회복과 구원에 초점을 맞추고 있습니다.

오늘의 말씀

1. 에스겔이 다시 영적 파수꾼의 임무를 받았습니다(겔 33:1~6).

파수꾼이란 '감시하는 사람' 또는 '지키는 사람'을 가리킵니다. 이러한 임무를 수행하기 위해 성벽의 높은 지점, 곧 망루에 자리 잡고 적군의 동태를 주야로 살피면서 적군이 갑자기 공격해 오는지 늘 경계해야 합니다. ① 백성들의 책임2~5절은 파수꾼의 알린 사실에 대하여 적절하게 대피하는 것입니다. 나팔을 불었어도 백성들이 경고를 무시하고 재난을 당하여 목숨을 잃는다면, 그 책임은 백성들 스스로에게 있는 것입니다. ② 파수꾼의 책임6절은 앞으로 일어날 일에 대하여 신속하고 정확하게 알리는 책무입니다. 에스겔의 책임은 이스라엘의 영적 파수꾼 역할입니다. 하나님께 세움 받은 파수꾼은 하나님의 심판에 대해 가감 없이 정확하게 알려야 합니다. 여러분도 가정의 영적 파수꾼임을 아시기 바랍니다.

· 함께 읽어요 : 에스겔 33장 6절

"그러나 칼이 임함을 파수꾼이 보고도 나팔을 불지 아니하여 백성에게 경고하지 아니하므로 그 중의 한 사람이 그 임하는 칼에 제거 당하면 그는 자기 죄악으로 말미암아 제거되려니와 그 죄는 내가 파수꾼의 손에서 찾으리라."

2. 책임은 개인적이고, 구원은 현재적이라고 합니다(겔 33:10~16).

이미 18장에서 언급되었던 두 가지 중요한 주제, 다시 말해 '책임의 개별성'과 '구원의 현재성' 문제가 여기 다시 언급되고 있습니다. 당시 바벨론에 포로 된 백성들은 두 가지 잘못된 생각을 가지고 있었습니다.

① 지금 우리들은 조상들의 죄악 때문에 재난을 당하고 있다고 생각했습니다. 이에 대해 에스겔은 '책임의 개별성'을 강조함으로써 그들의 생각이 틀렸음을 지적해 주었습니다.

② 이들은 죄악의 대가를 받고 있어서 절망에 처해 있다고 생각했습니다. 이에 대해 '구원의 현재성'을 강조함으로써 그들의 잘못된 생각을 알려 주었습니다. 나의 구원은 나의 믿음과 책임에 근거한 것입니다.

· 함께 읽어요 : 에스겔 33장 13절

"가령 내가 의인에게 말하기를 너는 살리라 하였다 하자 그가 그 공의를 스스로 믿고 죄악을 행하면 그 모든 의로운 행위가 하나도 기억되지 아니 하리니 그가 그 지은 죄악으로 말미암아 곧 그 안에서 죽으리라."

3. 언제나 주님의 길은 공평을 제시하여 살려주십니다(겔 33:17~20).

여기서 말씀하는 것은 에스겔 18장 25~29절의 반복입니다. 앞에서 살펴 본대로10~16절 하나님께서는 과거에 행했던 악이나 선으로 현재를 판단하시지 않습니다. 판단의 기준은 언제나 현재입니다.

사랑하는 성도 여러분! 우리가 신앙생활을 할 때 과거의 잘한 일이나 잘못 된 일에 사로잡힌다면, 악인들은 죄에서 돌이켜 떠날 생각을 하지 아니할 것입니다. 반면에 의인들은 과거의 의로운 행위를 믿고 교만해지고 위선에 빠질 것입니다. 현재의 신앙이 그렇게 중요한 것입니다.

본래 사람에게 선함이란 있을 수 없습니다. 사람이 하나님 앞에서 선함을 의식하는 자체가 교만이며 죄입니다. 우리가 주목해야 할 것은, 사람이 과거에 죄를 지었을지라도 현재에 회개하면 '살리라'고 하신 말씀입니다. 이것이야말로 하나님의 은혜요 은총입니다.

하나님의 공의 앞에 '의롭다' 판정 받을 사람은 아무도 없습니다. 오직 하나님의 은혜와 은총을 의지할 때만이 살 수 있는 것입니다.

하나님의 기준은 사람들의 잣대와 다릅니다. 사람에게는 과거 현재 미래가 있지만, **하나님께는 언제나 현재만 있을 뿐입니다.**

그러므로 하나님의 판단 기준은 언제나 '현재'입니다. 하나님께서 강조하시는 것은 의인이든 악인이든 지금 회개하여 살라는 것입니다.

이같은 사실을 외면하고 자꾸만 과거에 얽매이는 것은 하나님의 말씀에 순종하지 않겠다는 태도인 것입니다. 사랑하는 성도 여러분! 하나님의 파수꾼으로서 우리 성경 본문의 요절을 함께 읽겠습니다.

· 함께 읽어요 : 에스겔 33장 19절

"만일 악인이 돌이켜 그 악에서 떠나 정의와 공의대로 행하면 그가 그로 말미암아 살리라."

정리하는 말

사랑하는 여러분! 여러분들의 가정은 안전지대입니까? 수없이 파괴되어 가고 있는 한국의 가정들을 보면서, 가정에도 하나님의 말씀으로 지켜가야 할 파수꾼이 꼭 필요합니다. 에스겔이 받은 사명은 이스라엘의 영적 파수꾼이었습니다. 곧 여러분들의 가정을 하나님의 말씀과 은혜와 진리로 지켜갈 '가정의 영적 파수꾼'들이 되시기를 간절히 부탁드립니다.

평가와 결심

1. 에스겔이 받은 임무는 무엇입니까?
   (겔 33:1~3, 이스라엘의 영적 파수꾼)
2. 하나님의 심판에서 중요한 두 가지 주제가 무엇입니까?
   (겔 33:4~9, 책임은 개인적이고 구원은 현재적이라는 것입니다)
3. 하나님의 시간과 공간을 오가는 주의 길의 성격은 무엇입니까?
   (에 4:10~17, 하나님의 시간은 언제나 현재이고, 주의 길은 공평합니다.)

주간 경건의 시간 <18> · 날마다 말씀과 함께

요일 / 내용	주일/월(Mon)	화(Tue)	수(Wed)	목(Thu)	금(Fri)	토(Sat)
찬송	39동 / 85동	40 / 43	289 / 208	301 / 460	415 / 471	500 / 258
성경	겔 29: / 30:	겔 31:	겔 32:	겔 33:	겔 34:	겔 35:
적용	한 뿔이 남/ 애굽의 심판	동산의 백향목	큰 악어 애굽 왕	나팔 경고 소리	자기 만 먹는 목자	에돔이 황무함

* 나는 시간과 남에게 의지하는 것을 반대한다. < 필립 2세, B. C. 382-336, 마케도니아 왕>

5단원 가정 은총의 달

제19과

생기를 넣어 살리소서

찬송 / 458, 413, 363 / 통 513, 470, 479
성경 / **에스겔 37:1-21**
요절 / **에스겔 37:5**
"주 여호와께서 이 뼈들에게 이같이 말씀하시기를 내가 생기를 너희에게 들어가게 하리니 너희가 살아나리라."
목표 / 가정마다 주님의 생기를 받아 살아나는 은총을 받도록 한다.

시작하는 말

오늘날의 심각한 문제는 육체는 건강하고 비대해져 가지만 영적으로는 점점 생기를 잃어 허약해가고 있다는 사실입니다. 하나님께서 이스라엘 민족의 회복을 위해, 마른 뼈 골짜기의 환상을 통해 먼저 그 실상을 보여줍니다. 이스라엘의 문제는 포로 된 국가적 위기보다 더 심각한 것은 그들의 영적 문제였습니다. 에스겔은 마른 뼈 같은 이스라엘 백성들을, 그 가정마다 회복을 염원하도록 보여주신 것입니다. 현실에서 이런 영적 회복 운동이 우리에게도 일어나기를 간절히 축복합니다.

오늘의 말씀

1. 하나님은 마른 뼈들을 회복시킬 계획을 알리셨습니다(겔 37:1~3).

이스라엘 백성들은 회복에 대한 하나님의 약속을 믿지 못했습니다. 현재, 자신들의 처지가 너무 부정적이었기 때문일 것입니다. 이 사실을 아시고, 하나님께서는 먼저 에스겔에게 이스라엘 백성을 회복시키실 것을 환상을 통해 보여주셨습니다. ① 에스겔이 골짜기로 인도되어 마른 뼈들을 봅니다. 겔 37:1~2절 에스겔은 성령의 인도함을 따라 자신의 또 다른 육신이 그의 집에서 옮겨져서 다른 곳, 즉 골짜기로 가는 것을 보았습니다. ② 마른 뼈들에 대해 하나님께서 질문을 하십니다. "인자야, 이 뼈들이 능히 살겠느냐?" 3절 에스겔은 "주 여호와께서 아시나이다."라고 대답합니다.

· 함께 읽어요 : 에스겔 37장 3절
"그가 내게 이르시되 인자야 이 뼈들이 능히 살 수 있겠느냐? 하시기로 내가 대답하되 주 여호와여 주께서 아시나이다."

2. 마른 뼈들을 회복시키실 하나님의 계획을 시행합니다(겔 37:4~10).

첫째로, 하나님의 계획은 이렇습니다. ① 아무런 가치도 없는 마른 뼈들을 대상으로 합니다. ② 마른 뼈들에 대해서 충분한 애정을 쏟으십니다. 마른 뼈들이 살아 건강하도록 생기를 넣어 주시는 것입니다.

둘째로, 에스겔이 하나님의 명령을 좇아 마른 뼈들에게 대언합니다. 겔 37:7~8 ① 말씀의 능력이 역사했습니다. 에스겔이 하나님의 명령에 따라 하나님의 말씀을 대언 할 때 이적이 일어났습니다. 겔 37:4~6절 ② 소리가 나고 움직였습니다. 뼈들이 서로 연락합니다. 뼈에 힘줄이 생기고 살이 오릅니다. 뼈 위에 가죽이 덮였습니다.

셋째로, 성령의 능력입니다. 겔 37:9~10절 마른 뼈가 사람의 모습을 갖추게 되자 하나님의 신, 곧 성령이 역사했습니다. 이제 생기, 즉 호흡이 필요합니다.

· 함께 읽어요 : 에스겔 37장 10절
"이에 내가 그 명령대로 대언하였더니 생기가 그들에게 들어가매 그들이 곧 살아나서 일어나 서는데 극히 큰 군대더라."

3. 마른 뼈들의 환상은 백성을 회복시키실 목적이었습니다(겔 37:11~14).

하나님께서는 우둔한 인생들에게 이적을 베푸시고 그 설명을 자세히 해 주시는 인자함을 보이십니다. 성경에서 성령은 다음과 같이 표현되었습니다. 하나님의 신,창 1:2 지혜와 총명의 신,사11:2 보혜사,요 14:16 진리의 영,요14:17 성결의 영,롬1:4 생명의 성령,롬 8:2 은혜의 성령,히10:29이라고 했습니다. 마른 뼈 골짜기에 대한 환상은 몸의 부활에 대한 교훈을 말하고 있는 것이 아닙니다.

① 골짜기의 마른 뼈들은 이스라엘 백성들의 모습입니다.11절 당시 이스라엘 백성들은 마른 뼈와 같았습니다.

② 이스라엘 백성들을 회복시키실 분은 하나님이십니다.겔 37:12~14절 마른 뼈들은 완전히 죽어 생명이 없는 상태입니다. 스스로는 아무 것도 할 수 없습니다. ③ 하나님이 이스라엘 백성들을 회복시키시는 목적이 있습니다.겔 37:13~14절 본문에 하나님께서 이스라엘 백성들을 회복시키시는 목적은 그들을 건강한 생명체로 회복시키셔서 이스라엘 땅으로 인도해 들이이기 위함입니다. 그들을 이렇게 하는 것은 다음과 같은 이유가 있습니다.

첫째로 너희가 나를 여호와인 줄 알리라.13절

둘째로 나 여호와가 이 일을 말하고 이룬 줄을 너희가 알리라.14절

하나님께서는 마른 뼈와 같은 이스라엘 백성들을 다시 회복시키시는 역사를 통해서 세상 사람들과 이스라엘 백성들에게 '여호와'라는 이름 속에 포함된 진리를 보여주시기를 원했던 것입니다. 이것이 곧 이스라엘 백성들을 회복시키실 목적인 것입니다.

· 함께 읽어요 : 에스겔 37장 14절

"내가 또 내 영을 너희 속에 두어 너희가 살아나게 하고 내가 또 너희를 너희 고국 땅에 두리니, 나 여호와가 이 일을 말하고 이룬 줄을 너희가 알리라. 여호와의 말씀이니라."

정리하는 말

사랑하는 여러분! 하나님께서 마른 뼈 같은 이스라엘 백성들을 다시 살리셔서 하나님의 군대로 만드신 것은 그들의 자존심을 회복시키기 위함이 아닙니다. 오직 여호와 하나님께서 말씀하시고 이룬 줄을, 이스라엘 백성들이나 세상 만국이 알게 하려 하신 것입니다. 여러분들 가정에 성령의 은총을 받아, 생기를 얻어 새 생명으로 거듭나 살아가기를 소원합니다.

평가와 결심

1. 마른 뼈 골짜기로 에스겔을 데려간 이유가 무엇입니까?
   (겔 37:1~3, 마른 뼈 같은 실상을 보여 주시려고 하심)
2. 마른 뼈 골짜기를 에스겔에게 보여준 이유가 무엇입니까?
   (겔 37:4~10, 마른 뼈 같은 이스라엘을 회복시켜 주시려고 하심)
3. 마른 뼈 같은 그들의 회복과 고국에 데려간 이유가 무엇입니까?
   (겔 37:11~14, 이스라엘을 회복시켜 하나님이 여호와인 줄 알게 하려하심)

주간 경건의 시간 <19> · 날마다 말씀과 함께

요일 / 내용	주일/월(Mon)	화(Tue)	수(Wed)	목(Thu)	금(Fri)	토(Sat)
찬송	104동 / 88동	430 / 456	429 / 489	456 / 509	484 / 533	494 / 188
성경	겔 36: / 37:	겔 38:	겔 39:	겔 40:	겔 41:	겔 42:
적용	사람을 삼키는 자 / 태양 예배	이마에 표	사람 사자 독수리	한 마음 새 영	포로의 행장	거짓 선지자 종말

* 결코 치유책이 없을 만큼 자신에게 지나치게 비열한 사람은 하나도 없다.

< 토머스 L. 메이슨, 1866-1934, 미국 해학가 >

예배하는 우리 가정

찬송 / 14, 44, 43 / 통 30, 56, 57
성경 / **에스겔 46:1-24**
요절 / **에스겔 46:3**
"이 땅 백성도 안식일과 초하루에 이 문 입구에서 나 여호와 앞에 예배할 것이며"
목표 / 언약의 말씀을 붙들고 예배하는 가정으로 살아가는 태도를 가진다.

시작하는 말

예배는 하나님과의 만남이며 그분과 교제하는 것입니다. 그러나 바벨론 포로 생활 중에 그런 경황이 없었을 것입니다. 이제 거룩한 땅으로 들어가 구별된 지역과45:1~8, 회복된 땅에서 행해져야 할 새로운 예배와 생활규정들을 기록한 앞 장45:9~25에 이어 본장에서는 새 성전에서 수행되어야 할 여러 절기와 제사 규정을 다루고 있습니다. 예배禮拜가 회복되면 만사가 형통하고, 주님의 은총이 충만할 줄 믿으시기 바랍니다.

오늘의 말씀

1. 성전예배에 안식일과 월삭 지키는 규례가 있습니다(겔 46:1~10).

여러분! 이스라엘 왕은 신년 절이나 유월절, 장막절 뿐 아니라 안식일과 월삭매달 초하루에도 예배를 위한 예물을 준비해야 했습니다. 그래서 안식일과 월삭에 드려야 할 제사와 제물에 대해 다루고 있는데, 특별히 왕에게 허락된 권리가 언급되어 있습니다.

① 안식일에는 번제로 흠 없는 어린 양과 숫양 하나를 드려야 했습니다. 소제로는 위의 어린 양에 밀가루 1에바에 1현의 기름이 요구되었습니다.45:25절 ② 월삭예물로6~8절 매달 초하루에 번제로 수송아지 하나와 어린 양 여섯과 숫양 하나로 드렸습니다. 소제로는 번제 제물에 수송아지 하나와 숫양 하나에 각각 밀가루 1에바에 1힌의 기름을 드립니다.

9~10절에 나오는 성전 출입에 대한 규정은 들어온 방향대로 진행하여 빠져 나가라는 것으로 대형집회 때 질서 유지를 위한 것이었습니다.

· 함께 읽어요 : 에스겔 46장 10절
"군주가 무리 가운데에 있어서 그들이 들어올 때에 들어오고 그들이 나갈 때에 나갈 지니라."

2. 하나님께 드릴 여러 가지 예배 규정이 있습니다(겔 46:11~15).

본문에는 새 성전에서 하나님께 드릴 예배 규정이 다음과 같이 세 가지로 나타나 있습니다. ① 절기신년절, 유월절, 초막절와 성회의 예배 규정입니다. 절기에는 이스라엘 모든 백성들이 '성회'로 모여야 했습니다. ② 왕의 자원 예배규정입니다.12절 정한 절기나 안식일이나 월삭 말고, 왕은 자원제낙헌제를 드릴 수 있었습니다.신 12:17 이 예배는 하나님과 더욱 친밀한 교제하기를 원하고, 베풀어주신 은혜와 구원에 감사드릴 때 성령의 감동으로 드리는 예배입니다.암 4:5절 이 예배 규정은 철저했습니다.

· 함께 읽어요 : 신명기 12장 17~19절
"[17] 너는 곡식과 포도주와 기름의 십일조와 네 소와 양의 처음 난 것과 네 서원을 갚는 예물과 네 낙헌 예물과 네 손의 거제 물은 네 각 성에서 먹지 말고 [18] 오직 네 하나님 여호와께서 택하실 곳에서 네 하나님 여호와 앞에서 너는 네 자녀와 노비와 성중에 거주하는 레위인과 함께 그것을 먹고 또 네 손으로 수고한 모든 일로 말미암아 네 하나님 여호와 앞에서 즐거워하되 [19] 너는 삼가 네 땅에 거주하는 동안에 레위 인을 저버리지 말지니라."

3. 왕의 기업에 관한 규정을 정했습니다(겔 46:16~18).

땅과 관련하여 왕의 기업에 관한 규정은 본문에 앞서 에스겔 45장 1~8절에서 언급 된 거룩한 땅의 분할에 대한 보충 설명으로서 한편으로는 이스라엘의 예배 규정들과 연관된 것임을 알 수 있습니다.

이스라엘의 사회 구조는 땅의 소유권과 매우 밀접한 관련이 있습니다. 이스라엘의 지파들에게 적절히 분배된 땅은 그들에게 생계에 필요한 용품들을 제공해 주는 것이었습니다. 그러므로 백성들은 땅을 근거로 해서 획득한 재산으로서 성전 예배와 성전 유지를 위해 요구되는 예물들을 마련하여 하나님께 바칠 수 있었습니다. 그러므로 안정된 성전 예배를 위해서라도 이스라엘 백성들에게 땅의 소유권을 보장해 주는 일이 필요했던 것입니다. 특히 왕의 권력을 남용하는 것을 경고하셨고, 18절 동시에 왕이 자신의 기업을 왕실 내에 보존할 수 있도록 필요한 규정을 제공해 주셨습니다. 16~17절 즉 ① 왕이 자신의 땅을 아들에게 선물하면 영구적으로 아들에 소속됩니다. 16절 ② 왕이 자신의 신하에게 토지를 선물하면 희년, 즉 50년이 되면 그 토지는 다시 왕실소유로 되돌려집니다. 17절 하나님께서는 이런 규정을 통해 선민사회에 부富의 편중을 막고 소유의 공정한 분배를 통해서 경제적인 공의와 평등을 이루고자 하신 것입니다. 회복 된 새 나라에서는 공의와 공평함이 사회의 지표가 될 것입니다.

· 함께 읽어요 : 에스겔 46장 18절

"군주는 백성의 기업을 빼앗아 그 산업에서 쫓아내지 못할지니 군주가 자기 아들에게 기업으로 줄 것은 자기 산업으로만 할 것임이라 백성이 각각 그 산업을 떠나 흩어지지 않게 할 것이니라."

정리하는 말

하나님께서는 택한 백성들이 항상 예배할 수 있도록 지파들에게 땅을 분배하시고 절기와 안식일을 지키도록 하신 것입니다. 예물 드리는 규정, 즉 예배에 대한 규정들을 제정하셔서 회복된 새 땅에서 드리도록 하신 것입니다. 왕의 기업에 대한 규정까지 확실하게 규정하고 있습니다. 여러분들의 가정이 예배를 최우선으로 하는 가정이 되시어 금생 내세에 큰 축복의 가정이 되시길 주님의 이름으로 축복합니다.

평가와 결심

1. 회복 된 백성들에게 첫째로 어떤 규정을 정하고 지시 하십니까?
   (겔 46:1~8, 안식일과 월삭에 드려야 예물 규정하심)
2. 이스라엘 백성들에게 두 번째로 무엇을 지시하십니까?
   (겔 46:9~15, 하나님께 드려질 여러 가지 예배 예물 규정)
3. 다음에 지시하신 중요한 규정은 무엇입니까?
   (겔 46:16~18, 왕의 기업에 대한 규정입니다.)

주간 경건의 시간 <20> · 날마다 말씀과 함께

요일 / 내용	주일/월(Mon)	화(Tue)	수(Wed)	목(Thu)	금(Fri)	토(Sat)
찬송	39동 / 85동	292 / 415	298 / 35	325 / 359	324 / 360	433 / 490
성경	겔 43: / 44:	겔 45:	겔 46:	겔 47:	겔 48:	시 118:
적용	자기 생명만/ 제사장들	유월절과 제물	안식일과 초하루	문지방 밑 나오는 물	거룩한 땅	여호와는 내 편

* 하나님을 믿으라, 그러나 만일의 경우에 대비하라.

< 올리버 크롬웰, 1599-1658, 영국 장군, 정치가 >

5단원 가정 은총의 달

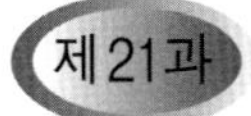

하나님을 경외하는 가정

찬송 / 43, 42, 40 / 통 57, 11, 43
성경 / 전도서 5:1-20
요절 / 전도서 5:1a
"너는 하나님의 집에 들어갈 때에 네 발을 삼갈지어다. 가까이 하여 말씀을 듣는 것이 우매한 자들이 제물 드리는 것보다 나으니"
목표 / 하나님의 자비와 은총을 감격하며, 경외하며 살아가도록 한다.

시작하는 말

전도자는 하나님 섬김의 방법에 대해 몇 가지를 언급하고 있습니다. 인생에서 가장 고귀할 때가 바로 만유의 주 하나님께 예배할 때일 것입니다. 타락했다 하더라도 서양인들은 하나님의 전에 들어갈 때 모자를 벗도록 합니다. 우리는 습관화가 되지 않아 등산복이나 운동복 차림으로 성전에 드나듭니다. 성전에 들어갈 때 무뢰의 발을 삼가 하는 예배의 예절을 꼭 지켜 하나님을 경외하는 가정되시기를 소원합니다.

오늘의 말씀

1. 하나님 전에서 경건한 예배를 드려야 합니다(전 5:1).

성전은 하나님의 집입니다. 성탄절 때에 어린이들이 연습을 하다 말고 숨바꼭질을 하다가 한 아이가 강단에 올라가는 것을 본 다른 아이가

"야, 하나님 자리야 빨리 내려와"하고 소리 지르던 모습에 충격을 받았습니다. 최소한 그 아이는 성전, 그리고 강단을 거룩하게 구별하고 있었습니다. 하나님의 전에 들어갈 때에 발을 조심하라는 말은 경건한 마음으로 예배드리라는 말입니다. 성도는 하나님께 예배할 때에 경건하고 진정한 순종과 헌신으로 드려야 하는 법입니다.

· 함께 읽어요 : 전도서 5장 1절
"너는 하나님의 집에 들어갈 때에 네 발을 삼갈지어다. 가까이 하여 말씀을 듣는 것이 우매한 자들이 제물 드리는 것보다 나으니 그들은 악을 행하면서도 깨닫지 못함이니라."

2. 참된 기도는 간절한 마음으로 확신있게 드리는 것입니다(전 5:2~3).

전도자는 기도하는 방법에 대해서 가르칩니다. 말을 할 때에 두 가지를 조심하라고 합니다. ① 함부로 입을 열지 말라고 합니다.2절 말을 할 때에 장소와 때를 가리지 않는 사람은 기도할 때도 표가 납니다. ② 급한 마음으로 말을 내지 말라고 합니다.2절 길게 기도한다고 무조건 나쁘다는 것이 아닙니다. 그는 단지 믿음 없이 하는 중언부언의 기도를 금하고 있습니다. 또한 소리 내어 하는 통성 기도를 반대하는 것도 아닙니다. 그가 금하고 있는 것은 아무 생각 없이 자신의 입술에서만 나오는 자의적인 기도를 금하고 있습니다. 성도의 기도는 성령의 인도하심을 받아 진행되어야 합니다. 실로 우리의 기도는 미사여구의 나열보다 간절한 마음과 확신 있는 언어로 정중히 드리는 참된 기도에 힘써야 합니다.

· 함께 읽어요 : 전도서 5장 2절
"너는 하나님 앞에서 함부로 입을 열지 말며 급한 마음으로 말을 내지 말라 하나님은 하늘에 계시고 너는 땅에 있음이니라 그런즉 마땅히 말을 적게 할 것이라."

3. 서원한 것을 갚고, 헛된 망상을 좇지 말아야 합니다(전 5:4~7).

전도서의 전도자는 두 가지를 전하고 있습니다.

첫째로, 하나님께 서원하였거든 갚기를 더디게 말라고 하셨습니다. 4절 서원기도는 아무 때 아무렇게나 하는 것 아닙니다. 사람은 다급할 때는 별 말을 다합니다만 급한 상황이 지나가면 말이 달라집니다. 그래서는 아니 됩니다. 서원은 하나님과의 약속이기 때문에 지키기를 더디 해서는 안 됩니다. 성경은 서원을 이행치 않는 자를 우매한 자라고 표현합니다.

둘째로, 헛된 망상을 좇지 말라고 합니다.

전도자는 사람이 꿈이 많으면 헛된 일들이 많아지고, 말이 많아도 그렇다고 했습니다. 세상에는 수많은 종교들이 있고, 종교들마다 말이 많고 꿈도 많습니다. 그러나 그러한 종교는 헛되며, 그들의 꿈은 꿈이 아닌 망상에 불과합니다. 우리의 신앙이 꿈이나 환상을 찾는 그런 신앙이 되어서는 안 됩니다. 여러분! 성경을 통해서 말씀하시는 하나님의 뜻을 찾으세요. 그의 능력을 전적으로 의뢰하시기 바랍니다. 신기루 같은 세상의 헛된 꿈과 망상에서 벗어나 온전히 그분만을 신뢰하고 그분에게 소망을 두는 자만이 영원히 퇴색되지 않는 의지로 밝은 희망과 미래를 꿈꾸며 살아갈 수 있는 것입니다. 영원 전부터 계시고 천지를 창조하셨으며, 우리의 주요, 하나님의 독생자요, 세상 죄를 지고 가신 어린 양 예수 그리스도만을 바라고 기도하시기 바랍니다. 그분의 이름으로 기도하시기를 축복합니다.

· 함께 읽어요 : 요한복음 14장 13~14절, 15장 7절

"14:13 너희가 내 이름으로 무엇을 구하든지 내가 행하리니 이는 아버지로 하여금 아들로 말미암아 영광을 받으시게 하려 함이라. 14 내 이름으로 무엇이든지 내게 구하면 내가 행하리라. 15:7 너희가 내 안에 거하고 내 말이 너희 안에 거하면 무엇이든지 원하는 대로 구하라 그리하며 이루리라."

정리하는 말

오늘날 세상은 개그맨이나 가수나 탤런트들이 무대에서 웃기고 울리고, 달래지만 사람들의 마음은 점점 황폐해져 갑니다. 예배를 잃었기 때문입니다. 예배 찬송을 잃었기 때문입니다. 사랑하는 성도 여러분! 여러분과 여러분들의 가정이 예배를 통해 영성을 회복하고, 하나님을 경외하는 가정! 하나님께 예배하는 가정되시기를 간절히 소원합니다.

평가와 결심

1. 성전에 들어 갈 때에 무엇을 조심하라고 했습니까?
   (전 5:1, 발을 삼가하고, 거룩히 예배하라고 하심)
2. 성전에 들어가 기도할 때에 어떻게 하라고 했습니까?
   (전 5:2~3, 함부로 입을 열지 말라. 급한 마음으로 말을 내지 말라)
3. 끝으로 중요한 교훈 두 가지가 무엇입니까?
   (전 5:4~7, 서원 갚기를 더디게 말라. 하나님을 경외하라)

주간 경건의 시간 <21> · 날마다 말씀과 함께

요일 / 내용	주일/월(Mon)	화(Tue)	수(Wed)	목(Thu)	금(Fri)	토(Sat)
찬송	28동 / 29동	33 / 12	31 / 48	204 / 379	211 / 346	212 / 347
성경	전 1: / 2:	전 3:	전 4:	전 5:	전 6:	전 7:
적용	해아래 새것/ 수고 헛됨	범사에 기한	학대 수고 동무	서원 속히 갚으라	천 년 갑절 산다 해도	형통한 날

* 눈매가 부드러운 자비가 애원을 할 때 마음의 문을 닫아 버리는 것은 증오의 대상이 된다. < 찰스 스프라그, 1791-1875, 미국 시인 >

청년의 때, 창조주를 기억하라

찬송 / 592, 591, 588 / 통 311, 310, 307
성경 / 전도서 11:9-10, 12:1-14
요절 / 전도서 12:1-2
"너는 청년의 때에 너의 창조주를 기억하라 곧 곤고한 날이 이르기 전에, 나는 아무 낙이 없다고 할 해들이 가깝기 전에 … 그리하라."
목표 / 청년의 때에 창조주를 기억하며 사람의 본분을 다하도록 한다.

시작하는 말

오늘날은 젊은이들의 방황 시대입니다. 교회에서조차 이들의 요구나 발언이 받아드려지지 않는다면 불행한 결과를 낳을 것입니다. 본문에서 청년에 대한 귀중한 충고를 주고 있습니다. 청년의 시기는 인생의 황금기입니다. 마음에 원하는 길을 좇아 행하되 그 모든 행위에 하나님의 심판이 있을 것이라고 경고하면서 전도자는 젊은이들이 옳은 길로 행할 것을 촉구하고 있습니다.

오늘의 말씀

1. 청년의 때 이들을 잘 교육해야 합니다(전 11:9~10).

식물과 꽃나무를 기르면서 느끼는 재미는 꽃나무들은 가꾸는 대로 자란다는 것입니다. 그렇습니다. 잎만 무성한 무화과로 자라게 해서는 안 됩니다. 겉모양이 아름다운 것처럼 내면의 아름다움과 충실함이 열매로 결실하도록 자라가게 해야 합니다. 청년의 때인 인생도 마찬가지입니다.

① 하나님께서 주신 청년의 때를 즐겁게 보내야 합니다. 긍정적인 사고로 인생을 즐기며 축복을 누리도록 해야 합니다.

② 자기의 인생을 개척하도록 해야 합니다. 진취적이고 창조적인 사고로 불타는 야망을 키워가야 합니다.

③ 목적을 향해 전진하도록 해야 합니다. 하나님을 향한 아름다운 꿈과 목표가 조화 되도록 하여 목적을 향해 전진하도록 해야 합니다.

· 함께 읽어요 : 전도서 11장 9절

"청년이여 네 어린 때를 즐거워하며 네 청년의 날들을 마음에 기뻐하여 마음에 원하는 길들과 네 눈이 보는 대로 행하라 그러나 하나님이 이 모든 일로 말미암아 너를 심판하실 줄 알라."

2. 하나님 지식, 곧 올바른 신지식神知識을 갖도록 해야 합니다(전 12:1).

장로교의 창시자 칼빈은 『기독교강요』에서 무지나 악의에 의해서 신지식神知識; 하나님을 아는 지식이 짓눌리거나 더럽혀진다고 했습니다. 자라나는 젊은 세대를 잘 교육해야 할 필요성이 여기에 있는 것입니다.

첫째로 하나님이 모든 일을 심판하심을 알도록 해야 합니다. 즐거운 마음으로 자발적으로 선을 행하도록 신앙 양심을 길러 주어야 합니다

둘째로 경건한 삶을 살아가도록 해야 합니다. 경건이란 '공경하는 마음으로 깊이 삼가고 조심함'입니다. 하나님의 성전에서는 걸음걸이조차 조심해야 하는 것입니다. 앉는 자세, 인사법 등을 잘 지도해야 합니다.

· 함께 읽어요 : 잠언 27장 5절

"면책은 숨은 사랑보다 나으니라."

3. 창조자를 기억하여 하나님을 향하도록 해야 합니다(전 12:1~2).

전도서의 전도자는 인생의 황혼에 대한 두려움이나 인생의 결국에 대한 회의나 죽음에 대한 두려움을 이야기하지 아니하고, 창조주에 대한 인식을 명령한다는 사실에 주목해야 합니다. 그는 젊은 사람은 반드시 죽는다는 사실을 명심하라고 명령하지 않고, 단순하게 "너의 창조자를 기억하라"고 가르칩니다.

이 사실로 미루어 볼 때 청년은 분명히 회의주의자가 되어서도 안 되고, 반면에 여흥과 환락을 인생의 최고의 목적으로 삼아서도 안 됩니다.

세월이 흐르면서 육체도 자라나지만, 우리의 영적인 성장은 월등하게 자라게 됩니다. 여러분! 육의 건강만 챙기지 마시고, 속사람의 건강을 잘 챙기시기 바랍니다. 동양에서는 '맹모삼천지교'孟母三遷之教를 많이 이야기합니다. 그렇습니다. 아이들은 자라나는 환경이 무엇보다 중요한 것입니다.

① 자기 자신이 하나님께로부터 왔음을 기억하도록 해야 합니다.

② 모든 능력이 하나님으로부터 왔음을 기억하도록 해야 합니다.

청년들에게 있어서 가장 염려가 되는 것은 자신의 능력을 우상화 한다는 것입니다. 야망이 하늘을 찌릅니다. 환락을 즐기기를 공부보다 더 좋아합니다. 그러므로 청년의 때 올바르게 자라도록 해야 하나님의 일꾼이 될 수 있는 것이고, 국가의 기둥이 될 수 있는 것입니다.

본문에서 '하나님께로 향하라'는 중요한 말씀을 기억해야 합니다. 우리는 운전자가 목적지를 향해 앞만 바라보면서 전진하듯, 해바라기가 하루 종일 해를 따라 고개를 향하듯이 어린이, 청년, 성도들의 생각과 가치관이나 목표가 하나님을 향해야 할 것입니다.

· 함께 읽어요 : 전도서 12장 13~14절

"13 일의 결국을 다 들었으니 하나님을 경외하고 그의 명령들을 지킬 지어다 이것이 모든 사람의 본분이니라. 14 하나님은 모든 행위와 모든 은밀한 일을 선악 간에 심판하시리라."

정리하는 말

사랑하는 성도 여러분! 인생의 황금기인 젊음의 때를 살아 보셨을 것입니다. 슬하에 청년기를 지나는 자녀들도 있을 것입니다. 우리는 그들에게 오늘의 말씀을 꼭 가르쳐 실천하도록 해야 합니다. 그래야 이 나라에 미래가 있고 희망이 있습니다. 하나님의 나라를 준비하는 놀라운 일꾼들이 가정에서, 우리 교회에서 창조주 하나님을 기억하게 하고 신령과 진정으로 경외하도록 하시기 바랍니다. 그래서 여러분 가정이 복된 가문이 되기를 소원합니다.

평가와 결심

1. 이 단원에서 첫째로 무엇을 촉구하고 있습니까?
   (전 11:9, 청년의 때 잘 교육해야 함)
2. 청년의 때에 가지고 교육해야 할 주제가 무엇입니까?
   (전 12:1, 청년의 때 '창조주를 기억하라'는 것임)
3. 청년의 때에 가지고 교육해야 할 방향이 무엇입니까?
   (전 12:1~2, 창조주 하나님을 향하도록 교육해야 함)

주간 경건의 시간 <22> · 날마다 말씀과 함께

요일 / 내용	주일/월(Mon)	화(Tue)	수(Wed)	목(Thu)	금(Fri)	토(Sat)
찬송	85동 / 87동	286 / 218	285/ 209	298/ 35	380 / 424	386 / 439
성경	전 8: / 9:	전 10:	전 11:	전 12:	아 1:	아 2:
적용	악인 들 행위 / 산개 죽은 사자	성공하기 유익	떡을 물 위에	창조주를 기억하라	고벨 화	사랑의 깃발

* 자비는 무자비한 자에게 등을 돌린다. < 프란시스 퀄스, 1592~1644, 영국 작가 >

주의 성전을 건축하라

찬송 / 208, 210, 212 / 통일 246, 245, 347
성경 / **에스라 1:1-11**
요절 / **에스라 1:2**

"바사 왕 고레스는 말하노니 하늘의 하나님 여호와께서 세상 모든 나라를 내게 주셨고 나에게 명령하사 유다 예루살렘에 성전을 건축하라 하셨나니"

목표 / 나라 위한 기도의 처소 성전 건축의 은총을 입고 살아가도록 한다.

시작하는 말

에스라서는 이스라엘 백성들이 바벨론 포로에서 자신들의 본국 유다로 돌아와 성전 예배를 다시 드림으로써 이스라엘 공동체의 회복을 추구했던 역사적 배경을 가지고 있습니다. 포로는 주전 537년, 458년, 444년에 세 번에 걸쳐 귀환이 이루어졌습니다. 본문은 그중 스룹바벨에 의해 주도된 제1차 귀환 때의 말씀입니다. 어렵고 힘든데 왜 성전을 먼저 재건해야 하느냐고요? 성전이 곧 삶과 기도의 중심이기 때문입니다.

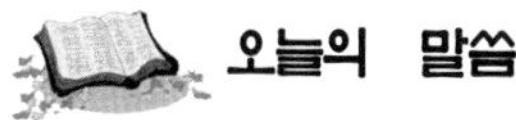

오늘의 말씀

1. 바사 왕 고레스가 귀환을 명하고 성전건축을 허락했습니다(스 1:1~4).

고레스 왕의 조서가 내려진 때는 고레스 원년인데, 바벨론을 멸망시키고, 제국을 창건하고 등극한 해주전 538년입니다. 이는 예레미야의 '70년 동안 바벨론 왕을 섬긴 후 고국으로 돌아오게 되리라'는 예언의 성취입니다. 이러한 사실은 하나님께서 인류 역사를 주관하신다는 증거입니다. 하나님은 이사야 선지자를 통해서 고레스 왕을 감동시켜 제국의 왕으로 삼으시고, 그를 통해 이스라엘 백성을 본국에 귀환시켜 성전재건을 하도록 하리라고 예언하시고 그대로 성취시키셨습니다.

· 함께 읽어요 : 이사야 44장 28절
"고레스에 대하여는 이르기를 내 목자라 그가 나의 모든 기쁨을 성취하리라 하며 예루살렘에 대하여는 이르기를 중건되리라 하며 성전에 대하여는 네 기초가 놓여 지리라 하는 자니라."

2. 이스라엘 백성들이 귀환하여 성전 건축을 준비합니다(스 1:5~6).

이스라엘 사람들은 본국으로의 귀환을 준비합니다. 5~6절

첫째로, 고레스의 조서에 적극적으로 호응하여 본국으로 돌아가기 위해 일어났던 사람들입니다. 5절 그 사람들은 누구입니까?

① 유다와 베냐민 족장들입니다. ② 제사장들과 레위 사람들입니다.
③ 그 마음이 하나님께 감동을 받은 자들입니다.

둘째로, 사면(이웃) 사람들이 도와주었습니다. 도움을 받게 된 이유는 무엇입니까? ① 하나님의 감동하심과, ② 고레스 왕의 조서 때문입니다. ③ 남은 유대인들의 보상 심리로 인해서이며, ④ 이웃된 바벨론 사람들이 인정했기 때문입니다.

이 모든 협조가 여호와 하나님께서 그들의 마음을 여시고 이스라엘의 귀환과 성전건축을 준비시키셨기 때문입니다. 하나님은 이사야서에서 고레스를 통하여 이루실 것을 150여 년 전에 예언하셨고 성취시킨 것입니다.

· 함께 읽어요 : 에스라 1장 6절
"그 사면 사람들이 은그릇과 금과 물품들과 짐승과 보물로 **돕고** 그 외에도 예물을 **기쁘게 드렸더라**."

3. 예루살렘 성전 건축과 성전 기물을 준비케 합니다(스 1:7~11).

본문은 이방 신전에 옮겨졌던 성전의 기물들이 이스라엘 귀환자들에게 다시 돌려지고 그것의 종류와 수효가 언급되고 있는 부분입니다. 하나님께서 고레스의 마음을 움직여 성전의 건축과 함께 성전에 필요한 금・은 기명들과 필요한 것들을 챙겨주고 준비하도록 하셨습니다.

첫째로, 고레스 왕이 성전 그릇들을 모두 돌려줍니다. 스 1:7~8절

하나님께서 작정하시고 역사하시면 안 될 것이 없습니다. 이 기구들과 기명들은 예전 바벨론 느부갓네살 왕이 3차에 걸쳐서 유다를 침공하고, 유다 포로민들을 잡아올 때, 예루살렘 성전에서 약탈하여 탈취해 온 것들입니다. 바사 왕 고레스는 직접 창고지기재무관; treasurer 미드르닷에게 빠짐없이 챙겨 유다 총독 세스바살에게 넘겨주도록 명령했습니다.

둘째로, 성전 그릇의 종류와 수효는 무척 많았습니다. 스 1:9~11절

귀환자들에게 돌려진 성전 그릇들과 종류와 수효는 아래와 같습니다. 금 쟁반 30개, 은쟁반 1,000개, 칼 29개, 금 대접 30개, 은 대접 410개, 기타 그릇들 1,000개입니다. 본문 9~10절에 기록된 그릇은 모두 2,499개입니다. 그런데 본문 11절에는 금・은 기명의 도합이 5,400이라고 한 것은 규모와 중요도를 고려하지 않고 되돌려 받은 모든 물건의 수를 전부 계산해서 그것의 수치를 기록했기 때문입니다.

하나님께서 이스라엘 백성을 사랑하심이 참 놀랍습니다. 죄악으로 인한 징벌 70년이 지난 후, 그들이 예루살렘을 중건하도록 허락하신 것도 그렇습니다. 하나님의 말씀은 우리에게 영원하심을 확증하고 있습니다.

· 함께 읽어요 : 마가복음 13장 31절
"천지는 없어지겠으나 내 말은 없어지지 아니하리라."

정리하는 말

사랑하는 성도 여러분! 전쟁이나 재난이 있을 때에도 꼭 성전이 필요한 것입니까? 이럴 때일수록 더욱 더 필요합니다. 성도들이 나라를 위해 간절히 기도하고, 예배와 기도와 찬송해야 할 구별된 공간이 있어야 하기 때문입니다. 하나님께서는 이 일을 위해 고레스 왕을 준비하시고사 44:28절 그를 통해 집행하도록 하신 것입니다. 여러분의 인생에도 항상 하나님의 은총이 임하시길 소원합니다.

평가와 결심

1. 바사 왕 고레스는 포로 민들을 위해 무엇을 명령합니까?
   (스 1:2~3, 이스라엘 백성들의 귀환과 성전 건축을 명함)
2. 이스라엘 백성들의 귀환에 누가 적극 협력했습니까?
   (스 1:5, ① 유다와 베냐민 족장들 ② 제사장들과 레위인 ③ 하나님께 감동을 받은 자)
3. 고레스와 사면 모든 사람들이 협력을 위해 무엇을 주었습니까?
   (스 1:6~11, 은과 금과 물건들, 짐승, 옛 성전 그릇들과 기명들)

주간 경건의 시간 <23> · 날마다 말씀과 함께

요일 내용	주일/월(Mon)	화(Tue)	수(Wed)	목(Thu)	금(Fri)	토(Sat)
찬송	144동 / 88동	315 / 512	353 / 391	351 / 389	435 / 492	430 / 456
성경	스 1: / 2:	스 3:	스 4:	스 5:	스 6:	스 7:
적용	성전 건축/ 돌아온 사람	비로소 번제 드림	성전 건축 방해	성전 건축 다시 시작	다리오 왕 명령	예루살렘에 이르다

* 가장 훌륭한 용기의 매력은 그것이 발명, 영감, 천재의 섬광이 되는 것이다.
<랄프 왈도 에머슨, 1803~1882, 미국, 시인, 수필가>

6단원 애국 은총의 달

제24과

금식하고 자복하는 은총

찬송 / 214, 229, 268 / 통 349, 281, 202
성경 / **에스라 8:15-23**
요절 / **에스라 8:23**
"그러므로 우리가 이를 위하여 금식하며 우리 하나님께 간구하였더니 그의 응낙하심을 입었느니라."
목표 / 나라 위해 금식하고 자복하는 은총 입고 살아가는 태도를 기른다.

시작하는 말

지도자 한 사람이 얼마나 중요한지 모릅니다. 본문에 나오는 에스라는 아하와 강가에서 레위 사람들을 귀환 대열에 합류 시킨 뒤, 바로 예루살렘으로 떠나지 않고, 전체 귀환자들이 금식기도를 통해서 하나님의 도우심을 간구하게 하고, 성전예물을 관리할 제사장들과 레위 인들을 구별해서 세우게 했습니다. 이러한 지도자 에스라의 철저한 준비로 예루살렘에 안전하게 도착하고 하나님께 정성껏 예배를 드리게 됩니다.

오늘의 말씀

1. 긴 여행을 위해 먼저 영적 준비를 하게 했습니다(스 8:21~23).

여행길은 4개월이나 걸리는 멀고 먼 길입니다. 무사히 귀환하기 위해 에스라는 떠나기 전에 철저하게 준비를 했습니다. 그의 준비 작업은 두 가지가 있습니다.

첫째로, 영적인 준비입니다. 스 8:21~23절 여행을 떠나기 전에 먼저 마음 준비가 우선이며, 신앙인들에게는 무엇보다도 영적인 준비가 최우선입니다. 외형적으로 잘 갖추어져 있다고 하더라도 그것만으로 충분하지 않습니다. 험난한 여행길에 '하나님의 도우심'을 입어야 귀환 길의 위험, 지형들의 험난한 여로, 약탈자들 공격을 무사히 통과할 수 있기 때문입니다.

· 함께 읽어요 : 에스라 8장 21절
"그때에 내가 아하와 강가에서 금식을 선포하고 우리 하나님 앞에서 스스로 겸비하여, 우리와 어린 아이와 모든 소유를 위하여 평탄한 길을 그에게 간구하였으니"

2. 그들은 여행을 위해 실제적인 준비를 했습니다(스 8:24~30).

여러분! 소방기구 하나에도 안전핀이 있어서 사고가 나지 않도록 미리 안전하게 관리합니다. 하물며 하나님의 백성들이 고국으로의 긴 귀환 길은 철저한 준비와 점검이 필요했을 것입니다. 에스라는 꼼꼼하게 실제적인 준비를 합니다.

첫째로, 제사장과 레위 사람들에게 성전의 예물관리를 위탁합니다. 24~25절

둘째로, 성전예물의 목록과 무게를 기록해 둡니다. 26~27절

셋째로, 성전 예물의 관리를 맡은 자들의 임무를 철저하고 명확하게 합니다. 28~30절

에스라가 제사장들과 레위 사람들에게 성전 예물의 목록을 적고, 일일이 무게를 달아 넘겨받은 것은, 나중에 하나도 빠짐없이 그대로 인계할 수 있도록 하기 위해서 입니다. 준비가 정확하고 놀라웠습니다.

· 함께 읽어요 : 에스라 8장 34절
"모든 것을 다 세고 달아 보고 그 무게의 총량을 그 때에 기록하였느니라."

3. 포로 민은 예루살렘에 무사히 도착합니다(스 8:31~36).

에스라를 비롯한 예루살렘으로 귀환한 사람들의 일행은 마침내 여행의 목적지에 무사히 도착했습니다. 실로 바벨론을 떠난 지 4개월 만의 일입니다.

첫째로, 귀환 여행을 무사히 마치게 됩니다. 스 8:31~32절

본문에는 귀환 일정의 기록이 짧게 기록되었는데, 7장 7절에 보면 그들은 1월 1일에 바벨론을 출발했고, 본문 31절에 보면 1월 12일에 아하와 강을 떠납니다. 그리고 이들이 아하와 강가에 3일을 머물었으니, 8:15~30절 결국 바벨론에서 아하와 강가까지 9일이 걸린 셈입니다.

아하와 강가를 떠나 같은 해 5월 1일에 예루살렘에 도착해서 3일 동안 휴식을 취했습니다. 따라서 포로 민들의 귀환 여행의 전체 기간은 4개월이고, 여행한 전체 거리는 900마일1,440km쯤 됩니다.

둘째로, 성전 예물을 정확히 인계합니다. 스 8:33~34절

거룩한 성전 예물의 관리 위탁을 맡은 24명의 제사장들과 레위 사람들은 그것을 예루살렘 선정 관리자에게 인계했습니다.

셋째로, 포로지에서 돌아온 귀환 민들이 번제를 드립니다. 스 8:35절

무사히 고국인 예루살렘에 도착하게 하신 하나님께 감사의 예배를 드렸습니다. 그들이 드린 제사 예물은 수송아지 12마리, 숫양 96마리, 어린 양 77마리, 숫염소 12마리입니다. 정말 놀랍고 감사한 일입니다.

· 함께 읽어요 : 에스라 8장 36절

"우리가 또 왕의 조서를 왕의 총독들과 유브라데 강 건너편 총독들에게 넘겨주매 그들이 백성과 하나님의 성전을 도왔느니라."

정리하는 말

사랑하는 성도 여러분! 유다 사람들의 바벨론 유수幽囚; 잡아 가둠에서의 귀환은 하나님의 놀라운 섭리와 역사 속에서 이루어진 작품입니다. 70년의 징벌의 기간을 치르고 난 이스라엘을 고레스에게 명하여 귀환토록 하신 것은 불변하신 하나님의 언약이 있었기 때문입니다. 우리와도 언약을 성취하시는 하나님이심을 기억하시고, 금식하고 기도하므로 응답하신 하나님의 사랑과 은총을 여러분들도 함께 누리시기를 소원합니다.

평가와 결심

1. 에스라는 귀환을 위해 먼저 준비한 것이 무엇입니까?
   (스 8:21~23, 하나님의 도우심을 구하며 영적 준비시킴)
2. 에스라는 귀환을 위해 두 번째 준비한 것이 무엇입니까?
   (스 8:24~30, 당면한 실제적인 준비)
3. 바벨론에서의 무사히 귀환해 먼저 무엇을 하였습니까?
   (스 8:35, ① 성전 예물 기물들을 인계함 ② 번제를 드림)

주간 경건의 시간 <24> · 날마다 말씀과 함께

요일 / 내용	주일/월(Mon)	화(Tue)	수(Wed)	목(Thu)	금(Fri)	토(Sat)
찬송	144동 / 145동	147 / 136	143 / 141	150 / 135	149 / 147	151 / 138
성경	스 8: / 9:	스 10:	느 1:	느 2:	느 3:	느 4:
적용	선한 손의 도움 / 회개기도	이방 아내 끊어 버림	느헤미야의 기도	하나님의 선한 손	예루살렘 성벽 중수	방해를 물리침

* 용기가 없는 자일수록 나쁜 지혜가 많다. < 윌리엄 블레이크, 1757-1827, 영국 시인, 예술가>

나라 위해 싸우며 일하자

찬송 / 246, 314, 360 / 통 221, 511, 402
성경 / 느헤미야 4:7-23
요절 / 느헤미야 4:17
"성을 건축하는 자와 짐을 나르는 자는 다 각각 한 손으로 일을 하며 한 손에는 병기를 잡았는데"
목표 / 비상적인 때에 나라 위해 싸우며 일하는 태도를 가진다.

시작하는 말

여러분! 세상만사가 마음먹은 대로 되어지는 일이 드뭅니다. 보세요. 느헤미야는 예루살렘 성벽의 각 구역들을 각각의 사람들에게 분담하여 그들의 책임 하에 성벽을 중수하도록 했습니다. 각 구역을 맡은 자들은 열심을 다하여 참여했고, 순조롭게 진행되는 듯 했으나 대적들의 조롱과 방해가 시작되어 중단할 수밖에 없었습니다. 이런 암초를 만났을 때 우리는 어떻게 대처해야 하겠습니까? 미리 포기부터 해서는 안 됩니다. 시작할 때보다 더욱 굳건히 기도하고 하나님의 은총을 구해야 합니다.

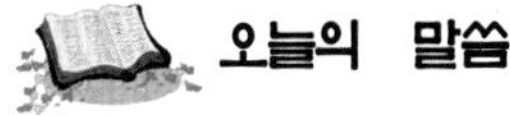

오늘의 말씀

1. 반대자들의 비웃음과 조롱이 있었습니다(느 4:1~3).

여러분! 인생의 항해에는 순풍만 있는 것이 아닙니다. 폭풍우를 만나고, 암초에 부딪치기도 하는 것입니다. 전복될 수도 있습니다. 예루설렘 성전 건축에서도 여러 복병이 기다리고 있었습니다.

첫째로, 비웃는 사람이 있었습니다. 느 4:1~2절 유다의 대적 중 산발랏 Sanballat은 성벽 건축 소식을 듣고 비웃었습니다. 하나님의 일을 하면서 방해가 없는 경우는 어디 있겠습니까?

둘째로, 도비야는 조롱했습니다. 느 4:3절 그는 '유대인들이 쌓은 성벽이 여우가 올라가도 무너지고 말 정도라'고 부실함을 조롱했습니다.

하나님의 일을 하면서 이런 비웃음과 조롱은 대수롭지 않게 극복하고, 그들의 끈질긴 방해를 이겨내야 합니다.

· 함께 읽어요 : 느헤미야 4장 3절
"암몬 사람 도비야는 곁에 있다가 이르되 그들이 건축하는 돌 성벽은 여우가 올라가도 곧 무너지리라 하더라."

2. 느헤미야는 기도하고 백성들은 단결하여 힘껏 일했습니다(스 4:4~6).

대적들의 조롱에 대해서 느헤미야와 유다 백성들은 기도하며 마음을 다해 힘써 일함으로써 극복했습니다. 하나님의 일이 크고 중요할수록 방해 역시 집요하고 극심합니다. 이것을 이겨내기 위해 어떻게 했습니까?

첫째로, 느헤미야는 원수들의 멸망을 위해 하나님께 기도합니다. 4~5절

느헤미야는 모욕하고 대적하는 자들을 상대하기 보다는 하나님께 "하나님이여 들으시옵소서. 우리가 업신여김을 당하나이다"라고 간절히 기도하면서 하나님께 맡겼습니다. 참으로 이런 자세가 돋보입니다. 4절

둘째로, 백성들은 마음을 합하여 힘껏 일했습니다. 6절 느헤미야는 대적들의 방해를 하나님의 공의에 호소하며 담대히 대처했고, 백성들은 더욱 단결하여 짧은 시일 안에 성벽을 두르고 절반이나 쌓아 올렸습니다.

· 함께 읽어요 : 느헤미야 4장 6절
"이에 우리가 성을 건축하여 전부가 연결 되고 높이가 절반에 이르렀으니 이는 백성이 마음 들여 일을 하였음이니라."

3. 대적들의 연합에, 일하면서 방어하고 대응했습니다(느 4:7~12).

대적들의 조롱과 방해에도 불구하고 유다 백성들이 더욱 열심히 성전 재건에 전념하여 성벽이 중수되어 가자 대적들은 함께 힘을 모아 더욱 위협을 가해 왔습니다. 이제는 오히려 유다 백성들이 낙담하게 됩니다.

첫째로, 유다의 대적들이 연합해서 공모합니다.7~8절

비웃음과 조롱으로 유다 사람들의 사기를 꺾고, 그들의 성벽 건축 작업을 중단 시키려고 했던 산발랏과 도비야가 의도대로 이루어지지 않자, 그들은 강력하게 연합 행동을 펼쳐 직접적인 공격을 가해서 유다 사람들의 건축공사를 중단시킬 계획을 꾸몄던 것입니다.

둘째로, 느헤미야는 대적들의 공격에 대처합니다.9절

느헤미야는 계속되는 대적들의 방해, 즉 더욱 강력한 공격에 대처했습니다. 그 방편으로 ① 하나님께 기도했습니다. ② 자신들의 할 수 있는 일, 즉 해야 할 일에 최선을 다했습니다.

셋째로, 성벽 건축의 위기가 닥쳐왔습니다.느 4:10~12절

① 성벽을 쌓던 자들이 낙담합니다.10절 ② 대적들이 공격의 위협이 가중됩니다.11절 ③ 남아 있는 가족들이 겁을 먹습니다.12절 대적하는 무리들은 예루살렘 이외, 즉 여리고, 드고아, 기브온, 사노아, 미스바 등지에서 온 사람들입니다. 대적으로 인해 유다 공동체가 겁을 먹고 있었습니다.

이제 성벽 중수 공사작업은 밖에서 오는 위협과, 안으로 오는 두려움들이 겹쳐 사면초가의 위협을 당하게 되었습니다. 이제 느헤미야와 백성들은 **한 손으로는 일하고, 한 손으로는 병기를 잡고**, 대적들을 방비하면서 주야로 근무하고, 지도자 느헤미야는 보이지 않는 '하나님의 은총의 손길'을 구했습니다. 최선을 다하는 모습이 너무도 아름답습니다.

· 함께 읽어요 : 느헤미야 4장 17-18절

"17 성을 건축하는 자와 짐을 나르는 자는 다 각각 한 손으로 일을 하며 한 손에

는 병기를 잡았는데, [18] 건축하는 자는 각각 허리에 칼을 차고 건축하며 나팔 부는 자는 내 곁에 섰었느니라."

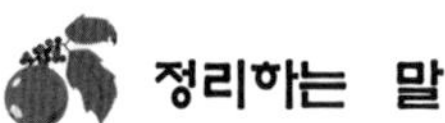

정리하는 말

오늘날과 같이 문명이 발달된 시대에도 우리에게 보이지 않는 영적 전쟁에 어떻게 대처해야 할 것인가? 본문이야말로 이런 해법을 가르쳐 주는 소중한 교훈입니다. 이런 열심과 방비로 영적 전쟁에서 낙오 없이 승리하시기를 기원합니다.

평가와 결심

1. 성전 중수의 방해자들의 형편은 어떠했습니까?
   (느 4:1~3, 비웃고 조롱했고, 단결하여 물리적인 공격까지 함)
2. 반대에 부딪친 느헤미야와 백성들은 어떻게 대처했습니까?
   (느 4:4~6, 느헤미야는 기도하고 백성들은 단결하여 힘껏 일함)
3. 성전 건축 반대자들의 최후 발악에 어떻게 대처했습니까?
   (느 4:7~23, 한 손으로 일하며 한 손에 병기 잡고 밤에는 파수하고 낮에는 일했음)

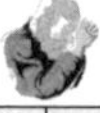

주간 경건의 시간 <25> · 날마다 말씀과 함께

요일 / 내용	주일/월(Mon)	화(Tue)	수(Wed)	목(Thu)	금(Fri)	토(Sat)
찬송	117동/ 93동	472 / 530	471 / 528	384/ 434	401/ 457	417 /476
성경	느 5: / 6:	느 7:	느 8:	느 9:	느 10:	느 11:
적용	가난한 백성의 부르짖음/음모	지도자 세움	이 날은 주의 성일	백성들이 죄 자복	언약에 인봉한 자	감사하는 말씀

* 불행 속에서도 용기를 심어주면 큰 도움이 된다. < 플라우투스, B. C. 254~184 >

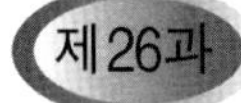

이 성을 주셨느니라

찬송 / 347, 510, 353 / 통 382, 276, 391
성경 / 여호수아 6:1-24
요절 / 여호수아 6:16
"일곱 번째에 제사장들이 나팔을 불 때에 여호수아가 백성에게 이르되 외치라 여호와께서 너희에게 이 성을 주셨느니라."
목표 / 하나님께서 주신 나라를 지키고 은총을 누리며 살아가도록 한다.

시작하는 말

여러분! 여리고 성의 점령은 앞의 여러 양상과 다릅니다. 하나님께서 직접 계획하시고 지시하셔서 광야 40년간 신앙교육을 통해 이제는 승리의 짜릿함을 맛보게 하는 순간입니다. 여리고 성 정복을 위한 하나님의 지시는 놀라운 사건입니다. 여기에는 하나님께 대한 전적인 신뢰와 순종이 요구 되었습니다. 오늘 본문을 공부하면서 하나님께 대한 전적인 신뢰와 순종으로 승리에 동참하시기를 소원합니다.

오늘의 말씀

1. 여리고 성은 굳게 닫혀 있었습니다(수 6:1).

전쟁 무기가 발달되지 못한 고대 사람들의 방비 방법은 성벽을 굳게 쌓고, 성문에 빗장을 굳게 지르고 나면 나가도 들어오지도 못하게 됩니다. 여기 여리고 성의 경우도 굳게 닫혀 있었습니다. 출입하는 자도 전혀 없었습니다. 왜 그랬겠습니까?

여리고 성 사람들은 싸울 의욕을 상실하고 성벽에 의존해 방비만 하고 있었을 것입니다. 이스라엘 앞에 홍해가 갈라졌고, 요단 동편의 아모리 족속들이 전멸 되었다는 소식에 그들은 정신을 잃은 것입니다.

· 함께 읽어요 : 여호수아 6장 1절
"이스라엘 자손들로 말미암아 여리고는 굳게 닫혔고 출입하는 자가 없더라."

2. 하나님은 여리고 정복 방법을 가르쳐 주십니다(수 6:2~5).

굳게 닫힌 여리고 성을 함락시키기 위하여 하나님께서 구체적인 작전을 지시하셨습니다. 하나님의 방법은 치밀했고 특이했습니다.

첫째로, 승리를 확신하라는 것입니다.2절 자신들의 군사력으로는 도저히 당할 수 없었음을 아는 여호수아와 이스라엘 백성들에게 가장 필요한 것은 이길 수 있다는 '자신 감'을 갖게 하는 것이었습니다.

둘째로, 성 주위를 돌라는 명령입니다.3절 하나님께서 지시한 사항은 구체적인 명령으로 이스라엘이 순종할 내용을 말씀하신 것입니다. 굳게 닫힌 여리고 성을 정복하기 위한 하나님의 작전은 '성 주위를 돌라'는 것이었습니다. ① 언약궤를 중심으로 해서 성 주위를 돌도록 명령받았습니다. ② 언약궤를 따라서 진행하라는 것입니다. 선발대는 제사장들이 멘 언약궤가 통과하도록 길을 터주는 임무만 맡았습니다.

셋째로, 나팔을 불라4절고 했습니다. 일곱 제사장들은 언약궤 앞에서 진행하면서 각각 나팔을 들고 그것을 불도록 명령받았습니다.

넷째로 큰 소리로 외쳐 부르라5절는 것입니다. 이 외치는 소리는 단결의 힘, 믿음의 소리, 순종의 고백의 소리였을 것임에 틀림없을 것입니다.

· 함께 읽어요 : 여호수아 6장 5절

"제사장들이 양각 나팔을 길게 불어 그 나팔 소리가 너희에게 들릴 때에는 백성은 **다 큰 소리로 외쳐 부를 것이라** 그리하면 그 성벽이 무너져 내리리니 백성은 각기 앞으로 올라갈 지니라 하시매"

3. 직분 자나 백성들은 하나님의 지시에 순종했습니다(수 6:6~14).

여리고 성 정복은 맡은 바 임무에 충성을 다한 직분 자들이나 백성들의 아름다운 순종의 결과였습니다. 이들의 각각 순종의 모습을 봅니다.

첫째로, 여호수아의 순종입니다.6~7절 받아들이기 힘든 하나님의 명령2~5절을 묵묵히 순종합니다.

둘째로, 제사장들의 순종입니다.8절 나팔을 불고 언약궤를 메는 일을 기꺼이 순종했습니다.

셋째로, 군사들의 순종입니다.9절 행진하는 무리의 맨 앞에 무장한 자들은 방해물들을 몸으로 막아 내야만 하는 일에 강인한 체력과 용기로 순종했을 것입니다. 여호수아는 모든 지시에 이어서 특별한 주의 사항을 말했습니다. "외치지 말라", "음성을 들리게 하지야단스럽게 떠들지 말라.", "입에서 아무 말도 내지 말라"고 했습니다. 침묵해야만 제사장들의 나팔소리를 듣고 제때에 행동할 수 있기 때문일 것입니다. 말없이 엿새 동안 행진하는 것도 하나님의 특별한 전술이었습니다.

여호수아나 제사장들이나 무장한 군사들이나 모든 이스라엘 백성들은 다 같이 한 마음으로 하나님의 말씀에 순종했습니다.수 6:12~14절

· 함께 읽어요 : 여호수아 6장 20절

"이에 백성은 외치고 제사장들은 나팔을 불매 백성이 나팔 소리를 들을 때에 크게 소리 질러 외치니 성벽이 무너져 내린지라 백성이 각기 앞으로 나아가 그 성에 들어가서 그 성을 점령하고"

정리하는 말

요사이 사람들은 개성을 존중합니다. 그러나 위기를 만났을 때는 개성 보다는 원칙과 순종이 통하는 것입니다. 하나님께서는 이스라엘 백성들 중 40년 동안 불순종의 세대들은 광야에 다 묻어버리고, 여호수아로 하여금 순종의 세대들을 이끌고 가나안에 진입한 것입니다. 여러분! 무엇보다 하나님 말씀에 순종하여 만사에 형통한 은총을 누리시기 바랍니다.

평가와 결심

1. 요단을 건너 여리고로 진군했을 때 여리고는 어떠했습니까?
   (수 6:1, 출입하는 자조차 없이 굳게 닫혀 있었습니다.)
2. 하나님께서는 여리고 작전을 어떻게 진행하셨습니까?
   (수 6:2~5, 승리 확신하라, 성 주위 돌라, 나팔 불 때 큰 소리로 외쳐라)
3. 직분 자나 백성들은 어떻게 했습니까?
   (수 6:6, 여호수아나 직분 자, 백성 모두 하나님 말씀에 순종함)

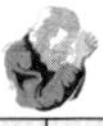

주간 경건의 시간 <26> · 날마다 말씀과 함께

요일 / 내용	주일/월(Mon)	화(Tue)	수(Wed)	목(Thu)	금(Fri)	토(Sat)
찬송	146동 / 89동	179 / 167	200 / 235	252 / 184	180 / 168	336 / 383
성경	느 12: / 13:	수 1:	수 2:	수 3:	수 4:	수 5:
적용	찬양 감사/ 느헤미야 개혁	강하고 담대 하라	붉은 줄을 매라	요단 물을 밟자	길갈에 돌 세[움	길갈 굴러간다는 뜻

* 비록 악마의 수효가 가옥들의 지붕에 있는 기왓장처럼 많을 지라도 나는 두렵지 않다. < 마르틴 루터 Martin Luther, 1483-1546, 독일, 종교개혁자>

7단원 교육 은총의 달

은혜와 진리가 충만한 주님

찬송 / 445, 441, 196 / 통일 502, 498, 174

성경 / **요한복음 1:1-18**

요절 / **요한복음 1:14**

"말씀이 육신이 되어 우리 가운데 거하시매 우리가 그의 영광을 보니 아버지의 독생자의 영광이요 은혜와 진리가 충만 하더라."

목표 / 은혜와 진리가 충만한 주님의 은총으로 살아가도록 한다.

시작하는 말

여러분! 오늘 말씀은 인간의 사고가 도달할 수 있는 가장 높은 경지의 사고思考입니다. 곧 "하나님의 아들 예수 그리스도는 하나님의 말씀이다.", "하나님의 아들 예수 그리스도는 생명의 창조자이시다"입니다.

하나님의 아들 예수 그리스도는 생명 그 자체이며, 우리 삶의 본질이 되십니다. 오늘 말씀은 아주 차원이 높은 영적인 말씀입니다. 여러분들에게 고상한 말씀이 깨달아지는 은총이 있으시기를 축복합니다.

오늘의 말씀

1. 하나님의 아들 예수그리스도는 말씀 그 차체이십니다(요 1:1~5).

요한은 한 번도 들어보지 못한 '메시야'나 '구세주'에 대해서 이방인이 이해할 수 있도록 "말씀(λόγος, 로고스)이, 곧 예수 그리스도이시다."라고 가르치고 있습니다. 여기서 하나님의 말씀은 하나님의 권능, 곧 세상을 만들고 모든 이에게 빛과 생명을 주는 권능으로 나타납니다.창 1:3, 6, 11; 시 33:6; 사 55:11 예수님은 기록된 하나님의 말씀처럼 이 땅에 오신 하나님의 말씀이십니다. 그리스도는 영원하시고, 태초에 계셨던 분요 17:5이며 땅이 생기기 전, 곧 만세 전부터 세움을 입은 분잠 8:23 이십니다. 그리스도는 창조주시요,1:3절 생명이요 빛이신 분이십니다.요 1:4~5절

· 함께 읽어요 : 요한복음 1장 2~4절

"[2] 그가 태초에 하나님과 함께 계셨고 [3] 만물이 그로 말미암아 지은바 되었으니 지은 것이 하나도 그가 없이는 된 것이 없느니라. [4] 그 안에 생명이 있었으니 이 생명은 사람들의 빛이라."

2. 빛에 대하여 증언하러 온 사람, 세례 요한이 있습니다(요 1:6~8).

그리스도에 대해 특별한 증인이었던 한 사람이 있었으니, 곧 세례 요한이었습니다. 그분의 사명은 ① 빛에 대하여 증언하고, ② 그를 통하여 그리스도를 믿게 하려는 데 목적이 있었습니다. 그는 겸손한 사역자였습니다. 예수님께서도 친히 말씀하시기를 "여자가 낳은 자 중에 세례 요한보다 큰 이가 일어남이 없도다"라고 하셨습니다.마 11:11절

본문 19절~28절에 세례 요한은 자신이 메시야가 아니라고 합니다.20절 엘리야도 다른 선지자도 아니라고 했습니다.21~22절 다만 자신은 "선지자 이사야의 말과 같이 '주의 길을 곧게 하라고 광야에서 외치는 자의 소리'로다"라고 증언했습니다. 여러분! 출애굽 시 이스라엘의 위대한 영도자 모세도, 메시야의 길 안내자 세례 요한도 겸손한 자였습니다. 말씀을 들으시는 여러분! 모두 세례 요한의 겸손의 은총을 받으시기 바랍니다.

함께 읽어요 : 요한복음 1장 23절

"이르되 나는 선지자 이사야의 말과 같이 주의 길을 곧게 하라고 광야에서 외치는 자의 소리 로라 하니라."

3. 예수 그리스도는 생명이요, 은혜와 진리가 충만하십니다(요 1:9~18).

세상은 어두움으로, 죄와 절망, 질병과 죽음, 타락과 지옥의 어두움으로 가득 차 있습니다. 하지만 예수 그리스도 안에 소망이 있으니, 그리스도가 참 빛이시요. 빛은 어두움을 몰아내기 때문입니다.

첫째로, 예수 그리스도는 빛으로 오셨습니다.요 1:9절

그리스도는 참 빛the true Light이십니다. 세상 사람들 중에 거짓된 빛이 많이 나타났습니다. ① 참 빛은 예수 그리스도이십니다. 참 빛은 깨끗하고 순수하시며, 빛은 꿰뚫고, 밝히 밝혀 주십니다. ② 그리스도의 사명은 사람들에게 어두움에서 광명을 주는 빛의 사명입니다.

둘째로, 그리스도는 택한 자에게 큰 은총을 베푸셔서, 빛으로 오신 예수 그리스도를 영접하고 믿으면 하나님의 자녀가 되는 권세를 주셨습니다.요 1:12절 그리스도께서 말씀이 육신을 입으셔서사람이 되셔서 은혜와 진리를 구체적이고 현저하게 보여 주셨습니다. 하나님의 모든 영광이 임하여 아버지의 독생자의 영광을 보여주신 것입니다.

그리스도는, 곧 하나님의 아들이십니다. 오직 그분만이 하나님을 보았습니다. 그분은 아버지의 품속에 있는 독생자獨生子이신 하나님이시며,요 3:16절 아버지 하나님을 계시啓示;보여주시려고하시려고 사람의 몸을 입고 나타내 보이신 것입니다. 그의 사명, 곧 십자가에 달리셔서 대속의 은혜를 주시고자 오셨습니다. 여러분들과 여러분들의 가정에 그리스도로 말미암아 은혜와 진리가 충만하시기를 간절히 소원합니다.

· 함께 읽어요 : 요한복음 1장 14절, 17절

"14 말씀이 육신이 되어 우리 가운데 거하시매 우리가 그의 영광을 보니 아버지의 독생자의 영광이요 은혜와 진리가 충만 하더라. 17 율법은 모세로 말미암아 주어진 것이요 은혜와 진리는 예수 그리스도로 말미암아 온 것이라."

정리하는 말

사랑하는 성도 여러분! 오늘 말씀은 바로 여러분들에게 주신 하나님의 메시지입니다. 겸손히 하나님의 독생자 예수 그리스도를 영접하시고, 깨닫기만 하면 영생과 생명이 임합니다. 모세는 여호와께 율법만 받았어도 얼굴에 빛이 났습니다. 오늘 여러분들에게는 하나님의 독생자 예수 그리스도의 생명의 복음을 받았습니다. 이를 믿고 하나님의 자녀가 되어 하늘의 영광, 그리고 은혜와 진리가 충만하시기를 간절히 소원합니다.

평가와 결심

1. 요한복음 서두에서 밝혀주는 고귀한 말씀 첫째가 무엇입니까?
   (요 1:1~5, 하나님의 아들 예수 그리스도는 말씀이시다)
2. 세례 요한의 크신 사명 두 가지가 무엇입니까?
   (요 1:6~8, ①빛에 대하여 증언 ② 그리스도를 믿게 하려고 함)
3. 사도 요한이 가르쳐 주고 있는 예수 그리스도는 어떤 분입니까?
   (요 1:1~14, 빛과 생명, 은혜와 진리가 충만, 독생 하신 하나님)

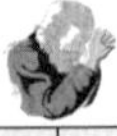

주간 경건의 시간 <27> · 날마다 말씀과 함께

요일 / 내용	주일/월(Mon)	화(Tue)	수(Wed)	목(Thu)	금(Fri)	토(Sat)
찬송	146동144동	531 / 321	491 / 543	456 / 509	415 / 471	258 / 190
성경	요 1: / 2:	요 3:	요 4:	요 5:	요 6:	요 7:
적용	생명, 빛/ 가나의 혼례	흥하여야 하겠고	영이신 하나님	생명의 부활로	하나님의 일	와서 마시라

* 무엇보다도 너 자신을 존중하라. < 피타고라스, B. C. 582-500, 그리스 철학자, 수학자>

최선을 다한 영생 교육

찬송 / 453, 445, 525 / 통 506, 502, 315
성경 / **요한복음 5:19-39**
요절 / **요한복음 5:39**
"너희가 성경에서 영생을 얻는 줄 생각하고 성경을 연구하거니와 이 성경이 곧 내게 대하여 증언하는 것이니라."
목표 / 가정마다 교회마다 영원한 생명 교육을 최선을 다해 실천한다.

시작하는 말

본문에서 예수님은 자신이 하나님과 동등하다고 선포하십니다. 예수님은 놀랍게도 모든 권세가 자신에게 속해 있다고 선포하셨습니다. 예수님은 하나님을 '내 아버지'라고 부르시고 아버지와 동등하시다고 선포하십니다. 한 발 더 나아가 "나와 아버지는 하나라"고 강조하십니다. 오늘 여러분들에게 찾아오신 그분이 만유의 주 하나님의 아들 독생자 이십니다. 아들을 보고 믿는 자가 영생을 얻는 것입니다.40절

오늘의 말씀

1. 예수 그리스도가 하나님인 증거가 있습니다(요 5:19~21).

예수님과 하나님이 동등하다는 것은 분명한 증거가 있습니다.
① 첫 번째 증거는, 예수님의 완전한 순종이었습니다.19절 예수님은 자

신이 하나님이셨기에 하나님처럼 행동하셨습니다.

② 두 번째 증거는, 주님이 행하신 위대한 일들입니다.5:20절 하나님은 자신의 아들을 사랑하셔서 주님을 통하여 섭리하시고 역사하셨습니다.

③ 세 번째 증거는, 생명을 주시는 주님의 권능이었습니다.5:21절 하나님께서는 당신이 택한 자에게 예수 그리스도를 통해 생명을 주셨습니다.

· 함께 읽어요 : 요한복음 5장 21절

"아버지께서 죽은 자들을 일으켜 살리심같이 아들도 자기가 원하는 자들을 살리느니라."

2. 예수 그리스도는 하나님과 동일 본질인 증거가 있습니다(요 5:22~26).

많은 사람이 예수님이 하나님이라는 사실을 일부러 부인하려고 합니다. 예수 그리스도는 자신을 믿고 갈구하는 자에게 생명을 주십니다.

④ 네 번째 증거는, 예수 그리스도를 법적 과정을 주관하는 자로 세우셨습니다.5:22~23절 하나님께서는 아무도 심판하지 아니하시고, 모든 심판을 다 아들에게 일임하여 맡기실 것이라고 말씀하십니다.

⑤ 다섯 번째 증거는, 하나님은 인간의 운명을 주관하시는 예수 그리스도의 권능, 즉 사람들을 죽음에서 생명으로 구원하시는 그 권능이었습니다.5:24 요한복음에는 예수께서 자신을 하나님의 아들이라고 스스로 일컬은 곳이 세 군데요 5:25, 10:36, 11:4절 나타납니다.

⑥ 여섯 번째 증거는, 예수 그리스도의 생명력, 즉 스스로 존재하심에 있습니다. 예수 그리스도는 인간과 같은 하나님의 피조물이 아니라 하나님과 동일 본질이십니다. 하나님은 생명의 근원이며 생명의 주권자이십니다.

· 함께 읽어요 : 요한복음 5장 26~27절

"26 아버지께서 자기 속에 생명이 있음 같이 아들에게도 생명을 주어 그 속에 있게 하셨고 27 또 인자됨으로 말미암아 심판하는 권한을 주셨느니라."

3. 예수 그리스도는 신성과 인성을 겸비한 하나님이십니다(요 5:27~30).

하나님께서는 항상 일하십니다. 예수께서는 "내 아버지께서 이제까지 일하시니 나도 일한다"고 말씀하십니다. 요 5:17

⑦ 일곱 번째 증거는, 심판을 행하시는 예수 그리스도의 권능이었습니다. 예수 그리스도는 인성을 가진 인자로서 사람의 아들들이 살아가는 것처럼 사셨습니다. 그러므로 인간의 사정을 누구보다 잘 아시기에 심판할 권한과 권위를 하나님께서 주신 것입니다. 5:27절; 히 5:7절

⑧ 여덟 번째 증거는, 예수 그리스도가 인자되심에 대한 선포였습니다. 5:28~30절 예수께서는 자기 자신에 대해 '인자'라고 즐겨 사용하셨습니다.

⑨ 아홉 번째 증거는, 모든 사람들을 무덤에서 일으키시는 예수 그리스도의 권능입니다. 5:28~30절 무덤 속에서 예수님의 음성을 들을 때가 옵니다.

"선한 일을 행한 자는 생명의 부활로, 악한 일을 행한 자는 심판의 부활로 나오리라." 29절.

사랑하는 성도 여러분! 그리스도를 믿고 그분께 순종한 모든 사람들에게 부활이 있을 것입니다. 믿는 자들의 부활뿐만 아니라, 주 예수 그리스도를 거부하고 그분께 불순종한 모든 사람들의 부활도 역시 일어날 것입니다. 악인의 부활은 심판대에 서기 위한 비참한 부활입니다.

그리스도의 심판은 공평할 것입니다. 그분은 자신이 '듣는 대로' 하나님께서 뜻하시는 바에 따라 정확하게 심판하실 것입니다. 그리스도는 하나님의 뜻에 순종하여 온전히 심판을 행하실 것입니다. 세상에서 주님만을 믿고 경건한 삶을 살아온 사람들만이 '생명의 부활'에 참여하게 될 것입니다. 이날을 위해 믿음을 굳건히 지키시기를 기원합니다.

· 함께 읽어요 : 요한복음 5장 28~29절

"28이를 놀랍게 여기지 말라 무덤 속에 있는 자가 다 그의 음성을 들을 때가 오나니
29 선한 일을 행한 자는 생명의 부활로, 악한 일을 행한 자는 심판의 부활로 나오리라."

정리하는 말

사랑하는 성도 여러분! 성경의 진리를 통해 영생을 얻는 줄 믿으시고 성경 연구에 힘쓰십시오. 이 성경은 허물과 죄로 죽었던 우리를 살리신 예수! 십자가에서 우리 죄를 대속하신 예수! 우리 죄 때문에 죽었다가 부활하신 예수! 있을 곳을 예비하시고 다시 오실 그리스도를 분명하게 증언하고 있습니다. 영원한 생명은 예수 그리스도로부터 임하게 됨을 명심하시고 영생을 위한 교육에 최선을 다 하시기를 바랍니다.

평가와 결심

1. 예수 그리스도가 하나님과 동등하다는 증거가 무엇입니까?
   (요 5:19~21, 그분의 순종, 행하신 위대한 일, 생명 주시는 능력)
2. 또 예수 그리스도가 하나님과 동등하다는 증거가 무엇입니까?
   (요 5:22~26, 법적과정을 주관, 운명 주관하시는 권능, 생명력)
3. 또 예수 그리스도가 하나님과 동등하다는 증거가 무엇입니까?
   (요 5:27~21, 심판의 권능, 인자되심 선포, 무덤에서 일으키시는 권능)

주간 경건의 시간 <28> · 날마다 말씀과 함께

요일 / 내용	주일/월(Mon)	화(Tue)	수(Wed)	목(Thu)	금(Fri)	토(Sat)
찬송	28동 / 29동	314 / 511	353 / 391	436 / 493	542 / 340	521 / 253
성경	요 8: / 9:	요 10:	요 11:	요 12:	요 13:	요 14:
적용	진리와 자유/ 내가 믿나이다	양의 문	눈물 흘리심	어린 나귀	제자들 발 씻기심	진리의 영

* 자신을 버리는 자에게 누가 달라붙겠는가?

< 필립 시드니 경, 1554-1536, 영국 군인, 시인 >

참된 양식, 참된 음료

찬송 / 266, 526, 309 / 통 200, 316, 409
성경 / **요한복음 6:47-68**
요절 / **요한복음 6:55**
"내 살은 참된 양식이요 내 피는 참된 음료로다."
목표 / 주님의 참된 양식 · 참된 음료로 만족한 삶을 살아가도록 한다.

시작하는 말

성경을 읽을 때마다 하나님께서 "오호라 너희 모든 목마른 자들아 물로 나아오라 돈 없는 자도 오라 너희는 와서 사 먹되 돈 없이, 값없이 와서 포도주와 젖을 사라"고 하시는 초청의 말씀이 너무도 아름답고 감사할 뿐입니다. 찬송 중에 ♬ "목마른 자들아 다 이리 오라!"♬ 는 찬송은 감동적이고 눈시울을 촉촉하게 적십니다. 여러분들의 개인마다 가정마다 참된 양식과 참된 음료로 치유가 임하시기를 소원합니다. 예수 그리스도는 바로 여러분들의 참된 양식이요, 참된 음료이십니다. 돈 없이 값없이 포도주와 젖을 공급받으시기를 주님의 이름으로 축복합니다.

오늘의 말씀

1. 그리스도는 생명의 떡이십니다(요 6:47~51).

여러분! 오늘 말씀은 예수께서 디베랴의 갈릴리 바다 건너편으로 가실 때, 많은 무리들을 위해 어린이의 점심밥인 보리떡 5개와 물고기 2마리로 5천명을 먹이신 후에 하신 매우 의미 깊은 말씀입니다.

우리가 주님을 믿는 사람이라면, 다음 네 가지를 믿어야 합니다.

① 그리스도께서 생명의 떡이십니다. 요 6:32절 ② 그리스도께서 하늘로부터 비하의 신분으로 오셔서 인간을 죽음으로부터 구원하시기 위해 오셨습니다. 요 3:17절 ③ 그리스도께서 산 떡이십니다. 요 6:51절 ④ 그리스도께서 생명을 주시기 위하여 자신의 육체를 희생하셨습니다. 하늘에서 내려 온 생명의 떡을 먹으면 죽지 않습니다. 요 6:50절

예수께서는 '나의 줄 떡은 곧 세상의 생명을 위한 내 살이라'고 말씀하셨습니다. ① 예수 그리스도께서는 육체로 오셨다는 것입니다. 딤전 3:16 ② 예수 그리스도께서는 세상의 생명을 위하여 자신의 육체를 내어 주셨습니다. 히 2:14~15절

· 함께 읽어요 : 요한복음 6장 33절
"하나님의 떡은 하늘에서 내려 세상에 생명을 주는 것이라."

2. 믿는 자는 생명의 떡과 참된 음료를 먹고 마셔야 합니다(요 6:52~58).

예수께서 하늘에서 내려온 산 떡이라고 말씀하니 종교인들은 당황했습니다. 요 6:52~53절 떡을 먹으면 그 결과 ① 영생합니다. 사망을 정복하고 부활합니다. 54절 ② 진정한 만족을 얻습니다. 55절 ③ 초자연적인 교제를 하게 됩니다. 56절 ④ 삶의 목적과 의미로 가득한 삶을 삽니다. 57절 ⑤ 썩지 않는 양식으로 생명에 영원한 활력을 줍니다. 58절 사람은 누구나 생명의 떡을 먹어야 합니다. 그리고 생명수이신 참된 음료를 마셔야 합니다. 성찬예식에 참석할 때마다 주님을 사모하듯이 주님만 바라보고 승리하시기 바랍니다.

· 함께 읽어요 : 요한복음 6장 54절
"내 살을 먹고 내 피를 마시는 자는 영생을 가졌고 마지막 날에 내가 그를 다시 살리리니"

3. 생명의 떡, 영의 양식을 먹으면 영생의 축복이 임합니다(요 6:54~58).

인간은 누구나 영생의 열망이 마음 속 깊이 잠재해 있습니다. 생명을 보존하고 싶은 욕망이 누구에게나 있는 것입니다. 그러나 인간에게 죄가 들어 온 후, 죄의 뿌리가 인생의 모든 삶을 흩트려 놓았습니다. 우리의 영혼을 망친 것입니다. 인간은 육신의 양식만을 추구하고 자신의 기분을 좋게 하고 육신의 정력을 넘치게 하여 욕망대로 살아가려고 합니다. 그러나 예수 그리스도를 좇는 영의 양식을 먹으면 우리의 영혼을 다시 살게 합니다.

하나님께서는 탕자와 같은 우리 미천한 인간들이 돌아와 생명 강수가 흐르는 잃어버린 새 에덴동산을 찾아 영의 양식과 참된 음료로 충족해 하면서 살아가기를 원하십니다. "오호라 너희 모든 목마른 자들아 물로 나아오라 돈 없는 자도 오라 너희는 와서 사 먹되 돈 없이, 값없이 와서 포도주와 젖을 사라."사 55:1절고 하십니다. 예수님께서는 수가성 야곱의 우물가에서 만난 사마리아 여자에게 이런 말씀을 하셨습니다.

"[13] 이 물을 마시는 자마다 다시 목마르려니와 [14] 내가 주는 물을 마시는 자는 영원히 목마르지 아니 하리니 내가 주는 물은 그 속에서 영생하도록 솟아나는 샘물이 되리라"고 말입니다.요 4:13~14절

예수 그리스도께서는 생명의 떡이시며, 영생수를 주십니다. 그리스도를 영접하면 ① 영생을 주십니다.요 6:40절 ② 진정한 만족을 주십니다. ③초자연적인 교제와 친교, 배려, 돌보심을 받습니다.56절 ④ 삶의 목적과 의미가 분명하며 은총이 충만한 삶을 얻는 줄 믿으시기 바랍니다.

· 함께 읽어요 : 요한복음 6장 55~57절

"[55] 내 살은 참된 양식이요 내 피는 참된 음료로다 [56] 내 살을 먹고 내 피를 마시는 자는 내 안에 거하고 나도 그의 안에 거하나니 [57] 살아 계신 아버지께서 나를 보내시매 내가 아버지로 말미암아 사는 것 같이 나를 먹는 그 사람도 나로 말미암아 살리라."

정리하는 말

구약에서 이스라엘 백성들이 만나를 먹었으나 죽었습니다. 그러나 하늘로서 내려온 산 떡이신 예수 그리스도를 믿고 영접하면 영원히 살도록 축복하십니다. 예수 그리스도의 십자가 보혈은 골고다에서부터 계속 흐르고 흘러 온 세상 사람들의 죄악을 씻어 정결케 하시고 생명을 주셨습니다. 여러분의 자신과 가정에 참된 양식, 참된 음료인 그리스도로 말미암아 활기찬 동력을 얻고 인생 여생에 만족을 누리시기를 축복합니다.

평가와 결심

1. 예수 그리스도는 자신을 무엇이라 말씀하십니까?
   (요 6:55, 참된 양식이시며, 참된 음료라고 하십니다)
2. 예수 그리스를 영접한 자는 어떤 복을 받습니까?
   (요 6:54, 영생을 가졌고 마지막 날 부활하게 하십니다)
3. 예수 그리스도를 영접한 자는 어떤 구체적인 복을 받습니까?
   (요 6:54~58, ① 영생, ② 만족, ③ 친교, ④ 생의 의미 충만한 삶)

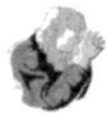

주간 경건의 시간 <29> · 날마다 말씀과 함께

요일 / 내용	주일/월(Mon)	화(Tue)	수(Wed)	목(Thu)	금(Fri)	토(Sat)
찬송	91동/ 93동	336 / 383	151 / 138	254 / 186	196/ 174	210 /245
성경	요 15: / 16:	요 17:	요 18:	요 19:	요 20:	요 21:
적용	포도나무/기쁨 충만	아는 것 영생	내가 왕이니라	내가 목마르다	성령을 받으라	내 양을 치라

* 하나님을 믿으라, 그러나 만일의 경우에 대비하라.

< 올리버 크롬웰, 1599-1658, 영국 장군, 정치가 >

제30과

주님의 희생으로 맺어진 열매

찬송 / 43, 42, 40 / 통 57, 11, 43
성경 / 요한복음 12:12-36
요절 / 요한복음 12:24
"내가 진실로 진실로 너희에게 이르노니 한 알의 밀이 땅에 떨어져 죽지 아니하면 한 알 그대로 있고 죽으면 많은 열매를 맺느니라."
목표 / 그리스께서 죽어야 열매 맺는다는 말씀을 이해한다.

시작하는 말

옛날이나 지금이나 예수 그리스도를 믿고 따르는 근본적인 목적을 오해하는 경우가 많습니다. 예수님을 '정복자'나 '공급자'로, 또는 '너그럽고 수동적인 분'으로 이해하는 자들이 많습니다. 예수님이 예루살렘에 입성하신다는 소문을 듣고 많은 사람들이 '맞으러 나왔습니다.' 그 중에 '호산나'를 '이제 구원 하소서' '우리가 기도하오니 구하소서'란 뜻 부르면서 종려나무 가지를 흔들면서 열렬하게 환영하는 자들이 있었습니다.

오늘의 말씀

1. 주님은 어린 나귀를 타고 예루살렘에 입성하셨습니다(요 12:12~15).

명절에 예수께서 예루살렘에 오신다는 소문에 많은 사람들이 맞으러 나왔습니다. 사람들은 이 땅 위에 유토피아를 세우실 지상의 구주로 생각했습니다. 그러나 주님은 왕이시면서도 비천하게 어린 나귀, 즉 당나귀를 타시니 제자들은 옷을 벗어 길 위에 펼쳤습니다. 나귀를 타심은 '평화의 왕'으로 오신 분을 상징함이며, 예언의 성취이기도 합니다.슥 9:9절

그러나 제자들마저 이 의미를 모르고 있다가 성령이 임하고서야 메시야 되심을 깨달았습니다.요 12:16절 예수님은 평화의 왕으로 겸손히 나귀를 타시고 왕도에 입성하신 것입니다.

· 함께 읽어요 : 요한복음 12장 13절

"종려나무 가지를 가지고 맞으러 나가 외치되 호산나 찬송하리로다. 주의 이름으로 오시는 이 곧 이스라엘의 왕이시여 하더라."

2. 예수님의 입성에 온 세상이 그를 따랐습니다(요 12:16~19).

수많은 사람들은 진지했습니다. 그들은 예수를 믿었습니다.요 11:45절 그러나 구경거리로 생각하는 사람들도 있었습니다. 기득권층이었던 종교지도자들은 예수님을 메시야로 환영하고 있는 군중들이 얄미웠을 것입니다. '온 세상이 저를 좇는도다'라고 하면서 초조함을 금치 못했습니다.

그들이 감탄하며 진리에 관해 외치는 소리를 주목하십시오. "온 세상이 저를 좇는도다." 심지어 예수님의 적조차 예수께서 세상을 정복하시는 것을 눈으로 목격했습니다. 모든 예루살렘에 거했던 순례자들이 흥분에 휩싸여 있음에 틀림없습니다. 수많은 사람들이 예수님을 구주라고 외치면서 베다니와 예루살렘 사이의 길을 꽉 메우고 있었습니다.

· 함께 읽어요 : 요한복음 12장 19절

"바리새인들이 서로 말하되 너희 하는 일이 쓸 데 없다 보라 온 세상이 그를 따르는도다 하더라."

3. 예수님께 십자가의 영광과 능력이 나타납니다(요한복음 12:20~36).

이때에 세상 사람을 대표하는 몇 명의 헬라인이 예수님을 찾아왔습니다. 유월절에 참석하기 위해 예루살렘에 왔던 몇 명의 헬라인 순례자가 왕으로 선포되고 있었던 예수님을 만나고 싶어 했습니다.

제자 요한은 이 헬라인들을 이방 나라와 예수님을 보기를 원하고, 하나님을 두려워하는 세상의 모든 사람들을 대표하는 사람들로 여겼습니다.

첫 번째 오해는 메시아의 영광에 대한 것입니다. 헬라인 몇 명은 예수께서 수많은 군중들에 의해 영광 받으시는 것을 보았습니다. 그 무리들에 동참하고 싶었습니다. 그래서 예수님과의 면담을 요청했습니다. 그래서 예수께서는 그들을 만나셨을 때, 메시아에 대해 오해하고 있는 세상 사람들의 생각을 바로 잡아 주시려고 하셨습니다.

예수님은 영광으로 가는 길은 승리와 영광을 통해서나, 지배와 정복을 통해서가 아니라, 오직 자기 자신을 죽이는 것을 통해서, 그리고 하나님과 사람을 섬기는 것을 통해서라는 사실을 분명히 가르치시려 했습니다.

① 예수님은 때가 왔다고 하셨습니다. 하나님의 아들은 이제 영광을 받으셔야만 했습니다. 그분의 죽음을 가리키는 것이었습니다. 예수님은 "한 알의 밀이 땅에 떨어져 죽지 아니하면 한 알 그대로 있고 죽으면 많은 열매를 맺느니라." 요 12:24절 고 말씀하셨습니다.

② 또한 예수님은 사람의 때가 이미 도래했다고 하셨습니다. 예수께서 말씀하시는 때란 자신의 죽음을 상징하고 있습니다.

'하나님의 목적에 맞게 정해진 십자가를 질 시간', 곧 '예수께서 세상에 오신 큰 목적을 이루실 시간'이 다가온 것입니다.

· 함께 읽어요 : 요한복음 12장 27절

"지금 내 마음이 괴로우니 무슨 말을 하리요 아버지여 나를 구원하여 이때를 면하게 하여 주옵소서 그러나 내가 이를 위하여 이때에 왔나이다."

정리하는 말

오늘날 세상의 많은 사람들이 예수님의 오신 목적을 오해합니다. 진정한 의미도 모르면서 자기 뜻에 맞도록 변경시켜 적용합니다. 그러나 옛날이나 지금이나 변함없는 진리는 예수께서 자신을 십자가에 못 박혀 세상 만민들을 구원하시려고 오셨다는 사실입니다. 자신이 죽어야 열매를 맺는다는 사실을 실현시키기 위해 오신 것입니다. 오직 독생자 예수 그리스도를 통한 십자가의 은총 때문에 우리가 살아난 것인 줄 믿으시고 주님께 깊은 감사를 드리고 하나님께 영광 돌리시기 바랍니다.

평가와 결심

1. 예수께서는 어떻게 예루살렘에 입성하셨습니까?
   (요 12:12~15, 나귀를 타고 예루살렘에 입성하심)
2. 입성하시는 예수님의 모습을 보고 어떤 반응이었습니까?
   (요 12:16~19, 많은 군중은 환영, 바리새인들은 불평분만이었음)
3. 예수께서 세상에 오신 목적이 무엇입니까?
   (요 12:20~36, 십자가를 지시고 백성의 죄 대속하러 오셨음)

주간 경건의 시간 <30> · 날마다 말씀과 함께

요일 / 내용	주일/월(Mon)	화(Tue)	수(Wed)	목(Thu)	금(Fri)	토(Sat)
찬송	37동 / 36동	490 / 542	498 / 275	499 / 277	459 / 514	527 / 317
성경	민 1: / 2:	민 3:	민 4:	민 5:	민 6:	민 7:
적용	증거의 성막/진 편성과 행군	내 것이 됨이라	고핫 자손 임무	부정한 사람	나실 인의 법	드린 헌물

* 눈매가 부드러운 자비가 애원을 할 때, 마음의 문을 닫아 버리는 것은 증오의 대상이 된다. < 찰스 스프라그, 1791-1875, 미국 시인 >

나실인의 절제와 규례

찬송 / 363, 284, 283 / 통일 479, 206, 183
성경 / 민수기 6:1-21
요절 / 민수기 6:3
"포도주와 독주를 멀리하고 포도주로 된 초나 독주로 된 초를 마시지 말며 포도즙도 마시지 말며 생 포도나 건포도도 먹지 말지니"
목표/ 나실인의 구별된 절제 규례를 이해하며 적용하고 살아가도록 한다.

시작하는 말

사람마다 절박한 상황에 다다를 때, 법을 잘 지켰던 사람은 용케 빠져나올 수 있습니다. 그러나 자유방임으로 살아온 사람들은 위기 대처방법을 몰라 우왕좌왕하다가 몰락합니다. 신앙생활이나 사회생활도 마찬가지입니다. 본문은 나실인의 규례는 하나님께 더 가까이 나아가기 위해서는 하나님께 서원하고, 이를 잘 이행하려면 절제해야 함을 보여줍니다. 하나님의 규례 앞에 경건하고 구별된 삶을 사시기를 축복합니다.

오늘의 말씀

1. 서원의 목적은 성별되어 전적으로 헌신코자 함입니다(민 6:1~3).

'나실인'이란 여호와께 더 가까이 나아가기를 원하여 서원한 자입니다. 즉 전적으로 성별되어 그분께 드려지기를 원하는 자입니다.

본문에 나오는 서원은 어렵고 힘든 서원, 독특하고 색다른 서원, 통상적인 서원과는 다른 서원을 의미합니다.

나실인은 여호와 하나님께 더 가까이 나아가고자하는 강력한 욕구를 가지고 있었습니다. 그는 여호와를 보다 개인적으로, 더 친밀하게 알려는 열망을 가지고 있었습니다. 그는 여호와께 전적으로 헌신하고자 했으며, 온전히 성별되어 드리고자 하는 강렬한 열망을 가지고 서원했습니다.

· 함께 읽어요 : 사사기 13장 7절

"그가 내게 이르기를 보라 네가 임신하여 아들을 낳으리니 이제 포도주와 독주를 마시지 말며 어떤 부정한 것도 먹지 말라 이 아이는 태에서부터 그가 죽는 날까지 하나님께 바쳐진 나실인이 됨이라 하더이다하니라."

2. 여호와께 서원한 자에게는 의무가 있습니다(민 6:3~12).

나실인의 서원에는 세 가지 특별한 의무가 있었습니다. 그 사람은 여호와께 세 가지, 매우 특별한 헌신을 해야 합니다.

이 세 가지 헌신에는 음식, 외모, 그리고 교제에 관한 것이 포함되어 있었습니다. 이 내용에 주목해야 합니다.

① 술을 금합니다.3~4절 여기에는 모든 종류의 마약과 취하게 하는 것이 다 포함됩니다. 이는 마음을 무디게 하며 혼미케 하여 정신을 흐려놓기 때문입니다. 나실인은 구별되어 영민한 마음으로 여호와께 집중해야 했습니다. ② 삭도를 머리에 대서는 안 됩니다.5절 머리털은 그가 서원했다는 것을 공개적으로 드러내는 징표였기 때문입니다. ③ 가족의 시체라도 가까이 해서는 안 됩니다.6~12절 죽은 시신과 접촉하는 것은 불결하고 부정한 것이라서 오염될 수 있기에 멀리해야 하는 것입니다.

· 함께 읽어요 : 민수가 6장 6절

"자기의 몸을 구별하여 여호와께 드리는 모든 날 동안은 시체를 가까이 하지 말 것이요."

3. 서원을 이행한 후 드려야 하는 예배입니다(민 6:13~20절).

나실인은 서원을 이행 한 후 드려야 하는 예배가 있습니다. 그 사람은 계속 여호와를 좇으며 전적으로 하나님께 헌신하여야 했습니다. 이것이 서원의 이행을 나타내는 예배를 드려야 하는 이유였습니다.

첫째로, 여호와께 나아가 제물을 드렸습니다. 13~15절

먼저 번제를 드려 지속적으로 자기가 구속하나님과의 화해을 받아야 할 필요가 있음을 인정해야 했습니다. 그는 자기가 전적으로 하나님께 의지해야 함을 인식하고 있었습니다.

둘째로, 제사장으로 자기를 대신하여 제물을 드리도록 했습니다. 16~17절

셋째로, 머리털을 밀고 화목 제물 밑의 불로 태웠습니다. 18절 머리털은 하나님께 대한 그의 서원과 헌신의 표지였습니다.

넷째로, 제사장의 삶은 숫양의 어깨와 무교병을 나실인의 두 손에 뒀습니다. 19~20절 이것들은 제사장들에 의하여 여호와께 요제를 드려져야 했습니다. 그런 후에 제사장은 이것들의 가슴과 넓적다리와 함께 여호와의 성물로 생계를 위한 일부로 받게 되었습니다.

다섯째로, 나실인이 포도주를 마실 수 있는 경우가 있습니다. 20절

이 모든 과정이 행해지고 난 후에 나실인은 포도주를 마실 수가 있습니다. 나실인은 자신의 머리털을 화목 제물 아래 불사름으로써, 그가 지속적인 헌신과 보다 더 친밀한 교제를 원하고 있음을 나타냈습니다.

나실인의 서원의 규례에 대한 중요성은 하나님의 율법이며, 하나님께서 친히 만들어 놓으신 규례라는 것입니다. 여러분도 나실인의 삶에 동참하시기 바랍니다.

· 함께 읽어요 : 민수기 6장 24~26절

"[24] 여호와는 네게 복을 주시고 너를 지키시기를 원하며 [25] 여호와는 그의 얼굴을 네게 비추사 은혜 베푸시기를 원하며 [26] 여호와는 그 얼굴을 네게로 향하여 드사 평강 주시기를 원하노라 할지니라하라."

정리하는 말

사랑하는 성도 여러분! 하나님께서는 나실인의 서원을 통하여 당신과 더 가까이 하고자 하는 이들에게 길을 열어놓으시고, 축복 하십니다.

여러분! 본문에 나실인의 서원에 관한 규례를 말씀하시고, 곧 이어 제사장의 축복을 말씀하신 것은 매우 의미가 깊습니다. 여러분에게도 이러한 규례의 법도를 잘 지켜 제사장의 축복의 은총이 임하기를 소원합니다.

평가와 결심

1. 나실인의 서원 목적이 무엇입니까?
   (민 6:1~2, 성별되어 전적으로 헌신하고자 내려짐)
2. 여호와께 서원한 자의 의무가 무엇입니까?
   (민 6:3~12, ① 금주, ② 머리 밀지 말 것, ③시체 가까이 하지 말 것)
3. 서원을 이행 한 후에 해야 할 일이 무엇입니까?
   (민 6:13~17, 제물을 드려 하나님께 예배해야 합니다.)

주간 경건의 시간 <31> · 날마다 말씀과 함께

요일 / 내용	주일/월(Mon)	화(Tue)	수(Wed)	목(Thu)	금(Fri)	토(Sat)
찬송	37동 / 36동	80 / 101	90 / 98	95 / 82	397 / 454	516 / 265
성경	민 8: / 9:	민 10:	민 11:	민 12:	민 13:	민 14:
적용	일곱 등잔/ 유월절 지킴	우리의 눈	강림하신 영	미리암이 벌 받다	눈의 아들 호세아	내 종 갈렙

* 가장 훌륭한 용기의 매력은 그것이 발명, 영감, 천재의 섬광이 되는 것이다.

<랄프 왈도 에머슨, 1803~1882, 미국, 시인, 수필가>

8단원 규례 준수의 달

성령의 인도 따라 진행하라

찬송 / 449, 457, 459 / 통 377, 510, 514
성경 / 민수기 9:9-23
요절 / 민수기 9:21

"혹시 구름이 저녁부터 아침까지 있다가 아침에 그 구름이 떠오를 때에는 그들이 진행하였고 구름이 밤낮 있다가 떠오르면 곧 행진하였으며"

목표 / 성령에 따라 진행하며 성령 충만의 삶을 살아가는 태도를 기른다.

시작하는 말

이스라엘 백성들의 광야 생활은 한 마디로 장구합니다. 이집트에서 가나안까지 1주일, 길어야 한 달 걸리는데 40년을 허비했습니다. 불순종의 고리를 끊겠다는 근본적인 이유겠지만 구름이 일어나면 따라서 진행하고 머물면 열흘이건 한달이건 머물러 있어야 했습니다. 이것이 바로 하나님께서 이스라엘 백성을 훈련시키는 과정입니다. 성도 여러분! 하나님의 인도하심에 따라 '한걸음씩 순종'을 배우고 익히시기 바랍니다.

오늘의 말씀

1. 하나님은 유월절을 제정하시고 지키도록 했습니다(민 9:1~14).

하나님께서 이스라엘 백성들을 위해 처음으로 마련해 주신 것은 구원에 초점이 맞춰져 있습니다. 즉 유월절은 위대한 출애굽, 즉 하나님께서 자신의 백성을 애굽의 종살이로부터 구원해 내신 일을 축하하고 기념하는 절기입니다. 애굽은 모든 속박과 매여 있는 세상에 대한 상징입니다. 유월절은 하나님께서 자신의 백성들을 애굽, 즉 세상의 노예생활로부터 건지신 위대한 구원 사건을 기억하도록 일깨우기 위하여 제정하신 것입니다. 반드시 지켜야 하고 13절 이때 모든 사람들을 초청하셨습니다. 14절 본토인이든 이방인이든 조건은 하나님께 대한 믿음이었습니다.

· 함께 읽어요 : 민수기 9장 2~3절

"[2] 이스라엘 자손에게 유월절을 그 정한 기일에 지키게 하라 [3] 그 정한 기일 곧 이 달 열 넷째 날 해 질 때에 너희는 그것을 지키되 그 모든 율례와 그 모든 규례대로 지킬지니라."

2. 하나님은 '불기둥'과 '구름기둥'을 마련해 놓으셨습니다(민 9:15~17).

여러분! 불기둥과 구름기둥은 하나님의 백성들이 광야를 여행하고 통과하는 동안 그들을 인도할 구름이었습니다. 하나님의 임재하심과 인도에 대한 상징으로서 밤에는 불기둥이 되었습니다.

① 구름이 회막 위를 덮었습니다. 회막會幕 봉헌 직후에 구름이 있었습니다. 출 40:34~38 ② 구름이 밤에는 불 모양으로 바뀌었습니다. 15~16절 백성들은 구름기둥과 불기둥을 보면서 하나님께서 임재하시고 그들과 함께 계신다는 것을 확신했으며, 밤낮으로 그들을 인도하시고 그들을 보호하신다는 것을 믿을 수 있었습니다. ③ 구름 성령 임재이 이스라엘을 인도했습니다. 17절 이 모든 것은 하나님이 미리 준비하신 섭리였습니다.

· 함께 읽어요 : 민수기 9장 16~17절

"[16] 항상 그러하여 낮에는 구름이 그것을 덮었고 밤이면 불 모양이 있었는데 [17] 구름이 성막에서 떠오르는 때에는 이스라엘 자손이 곧 행진하였고 구름이 머무는 곳에 이스라엘 자손이 진을 쳤으니"

3. 구름은 여호와께서 이스라엘 백성에게 연락하는 방편이었습니다. (민 9:18~23)

구름은 여호와께서 자신의 백성에게 명령하시는 방법 중 하나였습니다. 즉 그분께서 자신의 백성에게 말씀하시는 방법들 중 하나였습니다. 그분의 명령을 좇아서, 구름의 움직임에 따라서 백성들은 일어나 출발하기도 했고, 멈추어 진을 치기도 했습니다.

① 만일 구름이 회막 위에 멈춰있다면, 그것은 하나님께서 자신의 백성에게 머무르라고 명령하시는 것입니다. 18~21절

② 만일 구름이 떠오른다면 그들은 떠나야 했습니다. 21절

③ 만일 구름이 회막 위에 이틀이나 한 달, 혹은 일 년이나 머물러 있다면 백성들 역시 멈추어 있어야 했습니다. 그러다가 만일 구름이 떠오른다면 그들은 즉시 그것을 좇아야 했습니다. 22절

④ 백성들은 구름의 움직임에 따름으로써 여호와의 명령에 순종했습니다. 23절 구름의 움직임은 이스라엘 백성이 나아갈 하나님의 말씀이자, 지시이기 때문입니다.

여기서 이 사실을 통하여 두 가지 의미를 알아야 합니다.

① 하나님은 자신의 백성들과 항상 함께 계신다는 사실입니다.

② 하나님은 자신의 백성들을 보호하시고 인도하신다는 사실입니다.

이 의미는 이스라엘 지도자와 백성들의 보이지 않는 싸인sign이었습니다. 우리의 신앙도 그렇습니다. 세상 사람들은 알지 못하지만 성도들과 지도자들과 하나님 사이에는 영적인 싸인sign이 분명히 존재합니다.

· 함께 읽어요 : 민수기 9장 19절

"구름이 성막 위에 머무는 날이 오랠 때에는 이스라엘 자손이 여호와의 명령을 지켜 행진하지 아니하였으며"

정리하는 말

여러분! 여러분은 하나님이 말씀하시는 무언의 싸인을 지키고 계십니까? 모름지기 여러분은 하나님과의 약속대로 믿고 순종해야만 하는 '언약 백성'입니다. 오늘 내가 어디서 무엇을 하며, 누구를 만나며, 어떤 이야기를 할까 계획할지라도, 하나님이 허락하시는 싸인이 없다면 허사입니다. 하나님이 말씀하시고 역사하시는 성령의 인도에 따라 즉각 순종하고 진행하시기 바랍니다. 그 길만이 우리 인생의 형통의 길입니다.

평가와 결심

1. 하나님은 왜 유월절을 제정하시고 지키라고 명령했습니까?
   (민 9:1~14, 출애굽 위대한 구원사건을 기억하고 감사하라고)
2. 하나님은 구름 기둥과 불기둥을 왜 만들어 놓았습니까?
   (민 9:15~23, 하나님의 임재하심과 인도하심의 징표로 만드심)
3. 구름이 하나님과 이스라엘 사이에 어떤 역할을 했습니까?
   (민 9:18~23, ① 하나님 임재와 인도하심 ② 행동의 지시 사인)

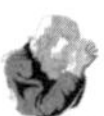

주간 경건의 시간 <32> · 날마다 말씀과 함께

요일 / 내용	주일/월(Mon)	화(Tue)	수(Wed)	목(Thu)	금(Fri)	토(Sat)
찬송	144동 / 145동	147 / 136	143 / 141	150 / 135	149 / 147	151 / 138
성경	민 15: / 16:	민 17:	민 18:	민 19:	민 20:	민 21:
적용	드릴 예물/ 다단과 아비람	싹 난 지팡이	제사장 직무	법의 율례	두 번 친 반석	불 뱀, 놋 뱀

* 개선이 없는 회개는 새는 구멍을 고치지 않고 계속 펌프질하는 것과 같다.

< 루이스 딜윈, 1778-1855, 영국 자연주의자 >

8단원 규례 준수의 달

안식일 규례를 지키라

찬송 / 44, 43, 42 / 통 56, 57, 11
성경 / 민수기 15:1-41
요절 / 민수기 15:41
"나는 여호와 너희 하나님이라 나는 너희의 하나님이 되려고 너희를 애굽 땅에서 인도해 내었느니라. 나는 여호와 너희의 하나님이니라."
목표 / 주일, 즉 안식일의 규례를 지키는 습관과 태도를 기른다.

시작하는 말

이스라엘 사람들은 지친 광야생활 중에서 20세 이하 사람들만 약속의 땅에 들어가기까지 40년 동안 광야에서 방랑생활을 해야만 했습니다. 그들은 하나님의 종을 대신할 지도자를 선발하고, 네 명의 경건한 모세, 아론, 여호수아, 그리고 갈렙을 죽이려고까지 했습니다. 하나님은 백성들이 낙담하여 패배감과 슬픔을 느꼈을 때, 그들을 위로하시며 그들의 자녀들은 약속의 땅에 들어가게 되고, 자녀들의 유업이 될 것이라 하셨습니다. 그리고 하나님을 섬기는 법을 가르쳐 주셨습니다.

오늘의 말씀

1. 하나님께서 자신의 백성들에게 율법을 주셨습니다(민15:1~29).

여러분! 번거롭고 힘든데 왜 교통법규를 지켜야 합니까? 바쁘고 복잡할수록 교통법규를 지켜야 안전한 것처럼, 언약백성들은 법을 지켜야 합니다.

첫째로, 특별한 소제와 전제의 율법은 헌신과 그리스도의 희생에 대한 감사를 상징합니다.15:1~16절 제물은 제물을 드리는 사람을 대신하고 있음을 알아야 하며, 율법은 절대적인 순종을 필요로 함을 아시기 바랍니다.

둘째로, 부지중에 지은 죄에 대한 용서를 다루는 것이 율법입니다.15:22~29절 무지의 죄나 고의적이지 않은 죄에 대해서는 용서를 받을 수 있습니다.

셋째로, 고의적인 죄도전적인 죄, 고의적인 죄, 뻔뻔스러운 죄, 주제 넘는 죄를 다루는 것이 율법입니다.15:30~36절

넷째로, 옷단 귀에 술을 붙이라는 율법입니다.15:37~41절

· 함께 읽어요 : 민수기 15장 28절

"제사장은 그 부지중에 범죄 한 사람이 부지중에 여호와 앞에 범한 죄를 위하여 속죄하여 그 죄를 속할지니 그리하면 사함을 얻으리라."

2. 고의적인 죄를 다스리는 율법입니다(민 15:30~31).

하나님은 고의적인 죄, 즉 하나님께 주제 넘게 행한 것이나, 하나님은 심판하지 않으실 것이라고 생각하는 자들의 죄를 다루는 율법을 주셨습니다. 이 율법은 모든 세대, 모든 사람에게 심각한 경고를 하고 있습니다. 여기서 고의적인 죄의 본질에 대해 주목하시기 바랍니다.

고의적인 죄란 ① 여호와를 모독하는 것입니다. ② 하나님의 말씀을 무시하는 것입니다. ③ 하나님의 계명들을 고의적으로 지키지 않는 것입니다. 하나님의 분명한 경고는 하나님의 심판이 고의적인 죄를 범한 사람에게 내린다는 의미입니다. 세상 법정에서도 고의적인 죄는 엄하게 다뤄지고 있습니다. 고의적인 죄는 그를 보고 있는 모든 사람들에게 양향을 주고 전염병과 같기 때문에 법으로 엄하게 처벌되는 것입니다.

· 함께 읽어요 : 민수기 15장 30절

"본토인이든지 타국인이든지 고의로 무엇을 범하면 누구나 여호와를 비방하는 자니 그의 백성 중에서 끊어질 것이라."

3. 모세는 고의적인 죄의 실례에 대해 처방합니다(민 15:32~41).

본문을 대하면서 사랑의 하나님께서 너무 하시는 것 아니냐는 비난을 퍼부을 수도 있습니다. 이에 지도자 모세도 심각한 고민에 빠졌습니다.

회중들이 안식일에 나무하는 자를 발견하고, 그를 모세와 아론과 온 회중 앞으로 끌고 왔습니다. 마치 간음하다 현장에서 잡혀 군중들에게 질질 끌려온 예수님 앞의 여인과 같은 처지를 당한 것입니다.요 8:1~11절 여러분이 그 현장의 지도자라면 어떻게 처리하시겠습니까?

본문은 하나님의 면전에서 거만하게 행한 사람에 대한 것입니다. 그는 안식일 율법을 고의적으로 어겼습니다.

안식일 율법은 하나님의 백성에게 매우 중요했습니다. 안식하며 함께 예배하는 것은 믿는 자들의 공동체를 유지하고, 하나님께서 정하신 그들의 사명을 수행하는 데 필수적이었습니다.

이제 사건의 처음부터 처리하는 과정을 정리해 봅니다.

① 그 죄인을 붙잡아 모세와 아론, 그리고 모든 백성 앞으로 데리고 왔습니다. ② 모세가 여호와께 구하여 어떻게 할 것인지를 알게 되기까지, 그 죄인을 가두어 두었습니다. ③ 여호와께서 그를 죽이도록 명하셨습니다. ④ 회중은 그 죄인을 여호와께서 명하신 대로 죽였습니다.

사랑하는 여러분! 안식일, 즉 주일主日은 하나님과 그 백성에게 아주 중요합니다. 온전히 하루를 안식하고 예배하는 것은 절대적으로 필요한 하나님의 명령입니다. 그날을 지키는 것은 너무도 중요하기에 십계명에 포함되었습니다. 여러분! 주일을 거룩하게 지키시기 바랍니다.

· 함께 읽어요 : 민수기 15장 40절

"그리하여 너희가 내 모든 계명을 기억하고 행하면 너희의 하나님 앞에 거룩하리라."

정리하는 말

오늘날과 같이 너무 바쁘고 힘들 때, 하나님의 백성들이 주일을 꼬박꼬박 자키면서 살아갈 수 있느냐고 반문합니다. 그러나 하나님께서는 엿새 동안 일하고 하루를 안식하고 하나님께 예배하는 날로 지키라고 하셨습니다. 이날은 긴장을 풀고 휴식하고 미래를 향한 충전의 시간이 필요했기 때문입니다. 하나님의 백성이 함께 예배하며 하나님의 일을 행하는 것이 필요하기 때문에 제정하신 것입니다. 안식일의 법도에 순종하여 큰 은총을 받아 금생 내세에 복된 삶을 사시기 바랍니다.

평가와 결심

1. 하나님께서 왜 우리에게 율법을 주신 것입니까?
   (민 15:1~21, 하나님의 백성에게 꼭 필요하기 때문에 주심)
2. 고의적인 죄를 범한 자에게 어떻게 처리하라 했습니까??
   (민 15:30~31, 본보기로 엄하게 다루고 처리하도록 하였음)
3. 고의적인 죄를 범한 실례를 모세는 어떻게 처리했습니까?
   (민 15:32~41, ① 공개적으로 ② 하나님께 묻고 ③ 처리하였음)

주간 경건의 시간 <33> · 날마다 말씀과 함께

요일 / 내용	주일/월(Mon)	화(Tue)	수(Wed)	목(Thu)	금(Fri)	토(Sat)
찬송	117동/ 93동	209 / 247	220 / 278	317/ 353	325/ 359	391 /446
성경	민 22: / 23:	민 24:	민 25:	민 26:	민 27:	민 28:
적용	발람 선지/ 발람의 축복	하나님의 영	평화의 언약	두 번째 인구조사	영이 머무는 자	절기 준수

* 우리는 우리의 희망대로 약속하지만 우리의 이기심과 두려움에 의해 이행한다.
< 둑 드 라 프랑스아 로슈푸코, 1630~1680, 프랑스 궁내 관, 도덕가 >

8단원 규례 준수의 달

하나님의 절기를 지키라

찬송 / 263, 265, 251 / 통 197, 199, 137
성경 / 민수기 28:16-31, 29:12-16
요절 / 민수기 28:26
"칠칠절 처음 익은 열매를 드리는 날에 너희가 여호와께 새 소제를 드릴 때에도 성회로 모일 것이요 아무 일도 하지 말 것이며"
목표 / 유월절, 칠칠절, 장막절을 지키고, 주의 은총을 누리며 살아간다.

시작하는 말

작은 나라 이스라엘이 어떻게 해서 그렇게 강한 민족이 되었습니까? 이는 그들이 세계인들이 가지지 못한 종교 문화를 지녔기 때문입니다. 그 중심이 성경이요, 율법이요모세5경, 십계명하나님 사랑, 인간 사랑이요, 절기를 지켰다는 것입니다. 여러분! 하나님은 3대 절기유월절, 칠칠절, 장막절를 국가적 명절로 꼭 지키도록 명령하셨습니다. 이 명령은 우리의 명령이기도 합니다. 절기를 지키면서 사랑과 은혜가 충만하시기를 바랍니다.

오늘의 말씀

1. 유월절에 관한 규례를 잘 지켜야 합니다(민 28:16~25).

유월절은 우리들의 삼일절이나 광복절해방기념일과 같습니다. 우리의 조국을 두고도 떠돌아 다녀야 하는 그런 설움에서 벗어난 그 기쁨의 날입니다. 이스라엘 민족은 이날을 기념하면서 민족정신을 가다듬고, 하나님의 출애굽 역사를 기억하며 민족적인 단결과 하나님 섬김의 신앙을 새롭게 다져갔던 것입니다. 우리에게는 8월 애국은총의 달에 8·15 광복절이 있다는 것은 큰 감동이 됩니다. 여러분! 절기를 잘 지켜가면서 하나님의 은총에 음미하면서 감사하는 여러분이 되시기를 바랍니다.

· 함께 읽어요 : 민수기 15장 16~17절

"16 첫째 달 열 넷째 날은 여호와를 위하여 지킬 유월절이며 17 또 그달 열 다섯째 날부터는 명절이라 이레 동안 무교병을 먹을 것이며"

2. 칠칠절에 관한 규례를 잘 지켜야 합니다(민 28:26~31).

구약에 칠칠절에 관한 규례가 있습니다. 이것은 수확에 대하여 하나님께 감사하며 자신의 생명을 새롭게 헌신하는 절기로서 영혼들을 추수하는 위대한 절기였습니다. 이는 오순절을 상징하는 절기이기도 했습니다. 이 칠칠절은 무교절과 월삭 제사 때에 필요로 했던 같은 수의 희생제물들을 드려야 했습니다. 무교절이 지난 후 꼭 50일이 되는 날에 지켰습니다. 레23:15~22 신약의 오순절 성령강림은 그리스도의 부활 후 50일 만에 발생했습니다. 그날 성령께서 다락방에 임하여 제자들 위에 강림하셔서 수많은 영혼들을 결실하도록 하셨습니다. 행 2:1, 4

여러분! 신약시대를 살아가는 성도들에게 예수 그리스도의 구원의 은총이 임한 것처럼, 하나님께서 이스라엘 백성들에게 명하신 절기는 은총을 동반했습니다. 절기를 잘 지키므로 주님의 형통의 복이 임하시기 바랍니다.

· 함께 읽어요 : 민수기 28장 26절

"칠칠절 처음 익은 열매를 드리는 날에 너희가 여호와께 새 소제를 드릴 때에도 성회로 모일 것이요 아무 일도 하지 말 것이며"

3. 장막절 또는 초막절에 관한 규례를 잘 지켜야 합니다(민 29:12~16).

여러분들이 읽었던 본문 바로 뒤에, 민수기 29장 12절 이하에는 장막절, 곧 초막절에 관한 규례가 나옵니다. 또한 레위기에도 자세히 나옵니다.레 23:33~44 이 축제는 하나님의 백성이 약속된 땅으로 가는 도중에 장막에서 살아야 했던 때, 즉 광야 방랑기를 기념하는 절기입니다. 이것은 또한 그 해의 끝에 수확을 거두어들이는 것을 기념하는 절기이기도 했습니다.출 23:16 장막절은 믿는 자가 이 세상을 거쳐 하늘로 행진하여 가는 것에 대한 상징입니다. 그들은 약속된 가나안 땅을 향하여 행진하는 동안 장막 안에서 살아야 했습니다. 그 백성들에게 하나님의 법과 계명을 순종하라고 가르치는 데는 무려 40년이 걸릴 예정이었습니다. 사막이나 광야가 영원한 정착지가 아닙니다. 결과적으로 그들은 어떤 종류의 영구적 거처도 건축하지 못하고 약속된 땅으로 행진하는 동안에 그들은 임시 거처인 장막 안에서 살았던 것입니다.

이 장막절은 ① 7월 15일에 지킵니다.레 23:34 ② 성회로 시작하여 7일 동안 번제를 드림으로써 성회를 열고 마칩니다.레 23:35~36절 ③ 장막절과 다른 축제들의 중요성이 강조되었습니다.레 23:37~38절

절기들은 ① 모두 매년 예배하기 위하여 모이는 성회였습니다.37절 ② 구속, 즉 화목을 위한 희생제물과 다른 제물들을 통하여 하나님께 나아감을 목적으로 드려졌습니다.37절 ③ 자유로운 제사들이나 정규적인 안식일 예배를 대처해서는 안 되었습니다. ④ 하나님을 예배하거나 기념하는 특별기간이 되어야 했습니다.38절

· 함께 읽어요 : 민수기 29장 12절

"일곱째 달 열 다섯째 날에는 너희가 성회로 모일 것이요 아무 일도 하지 말 것이며 이레 동안 여호와 앞에 절기를 지킬 것이라."

정리하는 말

오늘날과 같이 바쁜 세상에 일주일씩이나 예배한다고 생각해 보세요. 지루할 것입니다. 그러나 이들은 기쁜 마음으로 절기를 축제로 알고 지켰습니다. 여기서 공동체 신앙생활을 통해서 영적으로 자녀들을 자연스럽게 성장시켜 나간 것입니다. 여러분! 살기 힘들고 어려울 때일수록 예배를 통해 하나님께 더 가까이 나아가는 은총을 받으시기를 소원합니다.

평가와 결심

1. 이스라엘의 3대 절기가 무엇 무엇입니까?
   (민 28:16, 26, 29:12, 유월절무교절, 칠칠절오순절, 장막절초막절입니다.)
2. 칠칠절은 언제 그리고 기간은 얼마나 지킵니까?
   (레 23:33~44, 유월절무교절을 지나 50일 되는 날 1주일 동안지킴)
3. 이스라엘이 광야생활을 기념해 지킨 절기는 무엇입니까?
   (민 29:12~26, 광야 이동하면서 천막 생활을 기념하는 장막절)

주간 경건의 시간 <34> · 날마다 말씀과 함께

요일 / 내용	주일/월(Mon)	화(Tue)	수(Wed)	목(Thu)	금(Fri)	토(Sat)
찬송	146동 / 89동	179 / 167	200 / 235	252 / 184	180 / 168	336 / 383
성경	민 29: / 30:	민 31:	민 32:	민 33:	민 34:	민 35:
적용	속죄일 장막절/ 서원 서약	전리품 분배	요단 동쪽 지파	아론의 임종	가나안땅 경계	도피성

* 약속하지 않고 행하는 것이 약속하고 행하지 않는 것보다 백배나 낫다.
< 아더 워윅, 1625년경, 영국 수필가 >

8단원 규례 준수의 달

제35과

기다릴 줄 아는 지혜

찬송 / 539, 494 492 / 통 488, 188, 544

성경 / **하박국 2:1-20**

요절 / **하박국 2:3**

"이 묵시는 정한 때가 있나니 그 종말이 속히 이르겠고 결코 거짓되지 아니하리라 비록 더딜 지라도 기다리라 지체되지 않고 반드시 응하리라"

목표 / 세월이 아깝지만 기다림의 지혜로 주의 은총 누리며 살아간다.

시작하는 말

오늘날 사람들은 기다릴 줄 모르고 고속도로에서 전력 질주하는 운전자처럼 살아갑니다. 젊은이들은 그렇다 치더라도 나이가 지긋한 분들조차 기다릴 줄 모릅니다. 세상을 새치기로 살아가려고 합니다. 그러나 오늘 하박국 선지자에게 주신 "비록 더딜지라도 기다리라"는 말씀을 마음에 새기면서 기다리는 미덕으로 살아가시기를 부탁드립니다.

오늘의 말씀

1. 성질 급한 하박국 선지자는 성루에 올라 기다렸습니다(합 2:1~2).

"하나님! 아무리 그래도 그렇죠, 유다보다 악한 바벨론이 어떻게 심판의 도구가 될 수 있습니까?" 악이 횡행하는 유다의 현실을 탄원한 하박국에게 하나님께서 바벨론을 들어 유다를 징계하시겠다는 응답을 주자

발끈했습니다. 하나님의 거룩하심에 대한 그의 의문은 하나님의 응답으로 해결이 된 것이 아니라, 오히려 혼란에 빠졌습니다. "그물에 제사하며 투망 앞에 분향하는 저들에게 소득이 넘치게 하시고, 계속 여러 나라들을 무자비하게 멸망시키는 것이 옳습니까?"라고 부르짖으며 이제는 하나님께서 뭐라고 하시는지 보리라 하고 성루에 올라가 기다렸습니다.

· 함께 읽어요 : 하박국 2장 1절

"내가 내 파수하는 곳에 서며 성루에 서리라 그가 내게 무엇이라 말씀하실는지 기다리고 바라보며 나의 질문에 대하여 어떻게 대답하실는지 보리라 하였더니"

2. 비록 더딜지라도 기다리라고 하십니다(합 2:3).

저는 오늘 본분을 읽으면서 "꼭 내 말하는 것 같다." 그런 생각을 하면서 웃습니다. 하나님의 응답을 기다리는 간절한 태도에 주목하십시오. 이러한 선지자의 태도를 통해서 살펴볼 수 있는 것은 무엇입니까? ① 하박국의 책임의식입니다. ② 하나님의 응답에 대한 하박국의 확신입니다. 또한 ③ 하박국의 인내입니다. 하나님께서는 응답을 기다리는 선지자에게 이 묵시를 기록하여 달려가면서도 읽을 수 있게 하라고 했습니다.2:2절 그 묵시는 정한 때가 있으니 지체되지 않고 반드시 응하리라는 것입니다.2:3절

사랑하는 성도 여러분! 신앙생활의 문제는 인내하지 못하는 데서 생깁니다. 아브라함이 인내하지 못하고 하갈을 취하여 생긴 이스마엘 족속 때문에 얼마나 고통입니까? 여러분! 신앙의 인내는 성령의 열매입니다. 우리 다 함께 기다리는 미덕으로 신앙의 결실을 맺으시기 바랍니다.

· 함께 읽어요 : 하박국 2장 3절

"이 묵시는 정한 때가 있나니 그 종말이 속히 이르겠고 결코 거짓되지 아니하리라. 비록 더딜지라도 기다리라 지체되지 않고 반드시 응하리라."

3. 의인은 그 믿음으로 말미암아 살리라(합 2:4).

하나님께서는 바벨론의 죄악을 지적하시면서 하나님의 거룩하심, 곧 그분의 공의를 보려면 믿음으로 그 때를 기다려야 한다고 말씀하십니다.4절

우리들에게는 바벨론과 같은 죄악이 언제나 도사리고 있습니다. 본문에는 바벨론으로 대표되는 불신앙의 두 가지 특징을 언급합니다.

첫째는, 교만한 것입니다. 여기 교만하다는 말은 하나님을 인정하지 않고 무시하는 것입니다. 그분의 말씀에 순종치 않고 자신의 고집대로 사는 것을 말합니다.

둘째는, 정직하지 못한 것입니다. 이것은 하나님 앞에서나 인간들 앞에서 신실치 못한 것입니다. 하나님과의 관계에서 진실하지 못한 사람은 다른 모든 관계에서도 성실치 못합니다. 이들은 사악한 욕망으로 가득 차 있어서 약한 자들을 착취하고, 거짓되고, 잔혹한 방법으로 자신의 영광을 구하며, 타인의 상처에 개의치 않고 이기적으로 살아갑니다.

한편, 불신앙에 대조되는 의인에 대한 말씀이 있습니다.

"의인은 그의 믿음으로 말미암아 살리라"는 것입니다.

① 의인은 예수 그리스도의 대속을 믿음으로 받아들임으로써 그리스도 안에서 주시는 선물을 통해서 하나님과의 올바른 관계회복을 맺은 사람을 의미합니다. ② '믿음으로 말미암아' 라는 말은 예수 그리스도와 하나님을 신뢰하고 그 신뢰에 따라 행동하는 것을 말합니다.

여러분! 예수 그리스도를 믿음으로 의義롭다 칭함을 받고, 성삼위 하나님의 은총으로 살아가시기를 소원합니다.

· 함께 읽어요 : 하박국 2장 4절

"보라 그의 마음은 교만하며 그 속에서 정직하지 못하나 의인은 그의 믿음으로 말미암아 살리라."

정리하는 말

오늘날 성질 급한 사람이 모든 장소나 환경에서 손해 보는 일이 많습니다. 서두르다가 일을 잘못되게 만듭니다. 그러나 하박국 선지자의 경우는 하나님의 놀라운 계시의 성취를 믿고, 기다리며 살아가는 지혜를 얻었습니다. 오늘 여러분들의 가정이나 직장, 그리고 교회 안에서 '기다림의 지혜'로 하나님의 은총을 체험하시기를 간절히 소망합니다.

평가와 결심

1. '바벨론을 들어 유다를 심판 하다니요?' 누구 말입니까?
   (합 2:1~2, 하박국의 질문이며, 하나님의 응답을 성루에 가서 기다립니다)
2. 하나님은 무어라고 답하셨습니까?
   (합 2:3, 묵시는 정한 때가 있으니 비록 더딜지라도 기다리라고 함)
3. 놀라운 하나님의 교훈은 무엇입니까?
   (합 2:4, 그들이 교만하지만 의인은 그의 믿음으로 말미암아 살리라)

주간 경건의 시간 <35> · 날마다 말씀과 함께

요일 / 내용	주일/월(Mon)	화(Tue)	수(Wed)	목(Thu)	금(Fri)	토(Sat)
찬송	146동 / 89동	179 / 167	200 / 235	252 / 184	180 / 168	336 / 383
성경	민 36: / 합 1:	합 2:	합 3:	습 1:	습 2:	습 3:
적용	슬로브핫의 기업 / 그물에 제사	의인은 믿음으로	여호와 나의 힘	여호와의 날	공의와 겸손	예루살렘 딸

* 인생에서 가장 어려운 일은 그대 자신을 이해하는 일이다.

< 탈레스, B. C. 640~546, 그리스 철학자 >

믿음의 법으로 정진하라

찬송 / 545, 543, 546 / 통일 344, 342, 399
성경 / 로마서 3:1-31
요절 / 로마서 3:28
"그러므로 사람이 의롭다 하심을 얻는 것은 율법의 행위에 있지 않고 믿음으로 되는 줄 우리가 인정하노라."
목표 / 믿음의 법으로 하나님의 은총 속에 살아가도록 한다.

시작하는 말

성경에서 중요한 성경 세 장이 트라이앵글처럼 연관되어 있는데 창세기 3장은 죄의 기원을, 요한복음 3장은 하나님의 사랑으로 구원을, 그리고 로마서 3장은 믿음으로 의롭게 되는 칭의의 은총을 가르쳐 줍니다.

본문 로마서 3장은 모든 사람이 다 죄인인데, 우리 예수 그리스도를 믿으면 의롭다하시는 칭의稱義; 의롭다하심의 교리는 '하나님의 작품'입니다.

말이 그렇지 허물과 죄로 죽었던 우리들을 살리신 것은 하나님의 독생자가 십자가에서 죄 값을 치르는 방법밖에 다른 방법이 없었던 것입니다. 하나님의 최고의 은총이 여러분들에게 임하시기를 소원합니다.

오늘의 말씀

1. 세 가지 질문을 통해 주시는 교훈입니다(롬 3:1~8).

로마서 1장에서 이방인의 죄와 2장에서 유대인의 죄를 언급한 바울은 결론에 이르기 전 세가지 질문을 전개합니다. ① 유대인의 나음이 무엇이며 할례의 유익이 무엇이냐?롬 3:1절 저들이 하나님의 말씀을 맡은 것, 선민의식을 가지고 우쭐대지만 아무 유익이 없다는 것입니다. ② 불신자들이 믿지 않아 망한다고 하나님의 미쁘심을 폐할 수 있느냐? 그럴 수 없다는 것입니다.롬 3:3 ③ 우리 불의가 하나님의 의를 드러나게 하여 진노를 내리신다고 하나님이 불의하시냐? 그렇지 않다는 것입니다.3:5절 인간의 범죄가 자초하고 있음을 언제나 잊어서는 아니 될 것입니다.

· 함께 읽어요 : 로마서 3장 5절
"그러나 우리 불의가 하나님의 의를 드러나게 하면 무슨 말 하리요 내가 사람의 말대로 말하노니 진노를 내리시는 하나님이 불의하시냐?"

2. 천하 세상에 의인은 하나도 없다는 것입니다(롬 3:9~18).

사도 바울은 인간의 죄의 보편성을 말하고 있습니다. 그러므로 모든 사람이 다 죄 아래 있음을 선언하고 있습니다. 결론적으로 모든 인간의 구원의 불가피성을 말하고자 한 것입니다.

① 우리는 다 죄 아래 있습니다. 헬라인이방인이나 유대인이나 다 죄인이라는 것입니다.

② 의인은 하나도 없습니다. 바울은 이론적으로만이 아니라 구체적으로 죄악 된 생활 상죄악 목구멍, 혀, 입술, 입을 첨부함으로써 만인이 죄인임을 구체적으로 입증하고 있습니다. 우리 모두 죄인들입니다. 하나님의 십자가 사랑이야말로, 곧 우리를 살리신 하나님의 은총입니다.

함께 읽어요 : 로마서 3장 28절
"그러므로 사람이 의롭다 하심을 얻는 것은 율법의 행위에 있지 않고 믿음으로 되는 줄 우리가 인정하노라."

3. 믿음으로 의롭다 함을 얻는 것입니다(롬 3:19~31).

'믿음으로 의롭다 함'을 얻는 교리는 바로 로마서의 주제입니다. 본문은 이신득의而信得義, 믿음으로 의롭게 됨의 필요와 전제를 설명하고, 그리고 적용을 제시하고 있습니다.

첫째로, 이신득의의 필요성입니다. 율법 아래 있는 인류는 행위로는 하나님의 심판의 대상입니다. 그 사실을 율법이 증언하고 있으며, 그것은 '율법'이란 죄를 깨닫게 한다는 것입니다. "이같이 율법이 우리를 그리스도께로 인도하는 초등교사가 되어 우리로 하여금 믿음으로 말미암아 의롭다 함을 얻게 하려 함이라" 갈 3:24절고 했습니다.

둘째로, 이신득의를 전제하고 있습니다. 하나님께서 율법 외에 다른 한 법을 만든 것이 전제되고 있습니다. 믿음으로 의롭다 함을 얻게 하는 법입니다.

셋째로, 이신득의의 적용입니다. 하나님은 그리스도의 십자가의 희생으로 화목제물이 되게 하시고, 그 구속의 은혜를 받는 길은 오직 믿음만을 요구 하십니다. 27절 그러므로 믿음으로 의롭다 하심을 입은 그리스도인들에게는 하나님의 전적인 은혜이기에 그 어떤 자랑도 있을 수가 없고, 다만 감사만이 있을 뿐입니다. 이와 같은 믿음으로 받은 구원의 은혜는 모든 사람에게 동일하게 적용되는 것을 믿으시기 바랍니다.

'믿음'이란 율법의 행위 없이 사람을 의롭게 합니다. 이 믿음은 모든 사람을 동일하게 대하시는 하나님의 사랑이십니다. 그래서 결과적으로 믿음은 율법을 굳게 세워줍니다. 그리스도께서는 율법을 세우시고, 성취하시고 완성하셨습니다. 우리 성도들은 예수 그리스도의 은혜에 감격하여 하나님께 영광 돌리고 기쁘시게 해야 할 것입니다.

· 함께 읽어요 : 로마서 3장 26~27절

"26 너희가 다 믿음으로 말미암아 그리스도 예수 안에서 하나님의 아들이 되었으니
27 누구든지 그리스도와 함하기 위하여 세례를 받은 자는 그리스도로 옷 입었느니라."

정리하는 말

사랑하는 성도 여러분! 오늘 말씀은 바로 여러분들에게 하나님의 위대하신 사랑의 은총이 임하여, 이제는 죄인이 아니라 당당한 의인으로 서게 만들었다는 선언이기도 합니다. 하나님의 독생자 예수 그리스도를 영접하시고, 굳건한 믿음으로 하나님의 흠 없는 자녀가 되어, 하늘의 영광이 여러분들의 삶의 현장에 충만하시기를 간절히 소원합니다.

평가와 결심

1. 성도들이 의롭다 함을 얻는 것이 무엇으로 말미암아 됩니까?
   (롬 3:21, 행위가 아니라 오직 믿음으로 의롭다함을 얻는다)
2. 바울은 천한 인간 인류 모두 무엇이라고 선언합니까?
   (롬 3:10~18, ①유대인 ② 헬라인 ③ 모든 인류 모두 죄인이라)
3. 사도 바울이 주장하고 있는 본서의 주제가 무엇입니까?
   (롬 3:20~22, 오직 믿음으로 의롭게 된다는 이신칭의이신득의)

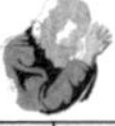

주간 경건의 시간 <36> · 날마다 말씀과 함께

요일/내용	주일/월(Mon)	화(Tue)	수(Wed)	목(Thu)	금(Fri)	토(Sat)
찬송	73동74동	542 / 340	549 / 431	540 / 219	545 / 344	544 / 343
성경	롬 1: / 2:	롬 3:	롬 4:	롬 5:	롬 6:	롬 7:
적용	의인은 믿음/ 하나님 심판	믿음의 법	하나님을 믿으매	하나님과 화평을	하나님의 은사	율법과 죄

* 역사는 예언의 두루마리를 펼치는 것이다. < 제임스A. 가필드, 1831-1881, 미국20대 대통령>

믿음의 말씀을 전하라

찬송 / 426, 445, 417 / 통 215, 502, 476
성경 / 로마서 10:1-21, 5:12-21
요절 / 로마서 10:8
"그러면 무엇을 말하느냐 말씀이 네게 가까워 네 입에 있으며 네 마음에 있다 하였으니 곧 우리가 전파하는 믿음의 말씀이라."
목표 / 가정마다 교회마다 믿음의 말씀 전하는 은총을 받도록 한다.

시작하는 말

본문에서 바울은 이스라엘의 뼈아픈 실수를 말하면서, 하나님의 의를 알지 못하는 심각성을 이야기하고 있습니다. 본문은 하나님의 의에 대한 훌륭한 가르침입니다. 하나님의 의義의 복음은 이스라엘에 국한 된 것이 아니라 세계적이며 우주적임을 밝히고 있습니다. 이스라엘의 불순종으로 인하여, 복음이 온 세상에 주어질 것을 증거 해 주고 있습니다.

전 우주적인 복음의 은총을 오늘 우리들에게 주신 줄 믿고 하나님의 크신 은혜에 감격하고 주님께 감사하시기를 소원합니다.

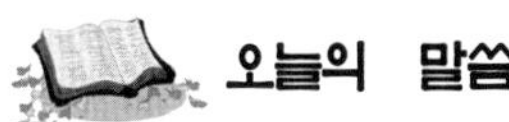

오늘의 말씀

1. 이스라엘의 실수는 그리스도를 배척한 것입니다(롬 10:1~11).

바울의 가슴에는 이스라엘의 구원을 위한 불타는 열망이 있었습니다. 그는 그의 동족을 사랑했고 그들을 매우 아꼈습니다. 이스라엘이 하나님을 향한 열심은 있었지만, 그 열심은 온전한 지식에 의한 것이 아니었습니다. 하나님을 인격적으로 알지 못했습니다. 왜 이스라엘 백성들이 하나님께 관한 불완전하고 부정확한 지식을 갖게 되었습니까?

이스라엘은 ① 하나님의 의를 몰랐습니다. 칭의에 대한 하나님의 방법, 즉 하나님께서 받으실 만한 존재가 되기 위해 사람이 어떻게 해야 하는지 모르고 있었습니다. ② 자기 의를 세우려고 힘썼습니다. ③ 하나님의 의에 복종하기를 거부했습니다. 그래서 그들은 하나님의 의義이신 예수 그리스도를 배척한 것입니다.

· 함께 읽어요 : 로마서 10장 3절

"하나님의 의를 모르고 자기 의를 세우려고 힘써 하나님의 의에 복종하지 아니하였느니라."

2. 하나님의 의는 예수 그리스도이십니다(롬 5:12~21).

첫째로, 예수 그리스도는 율법을 통해 의롭게 되려던 사람의 노력을 필요 없게 만든 분이십니다. 사람은 더 이상 칭의를 위해 노력할 필요가 없게 되었습니다. 그리스도께서는 ① 율법의 목적이 되기에 율법을 폐하셨습니다. ② 스스로 율법의 요구를 완전히 이루심으로써 율법을 폐하셨습니다. ③ 사람이 맞게 될 율법의 저주와 형벌을 무력하게 깨뜨리심으로써 율법을 폐하시고, 그 율법을 복음으로 완성하셨던 것입니다.

둘째로, 하나님의 의는 사람의 의, 즉 사람의 방법과 반대입니다. 세상 율법을 잘 지킨 의로 하나님께 나아가려 하지 마시기 바랍니다.

셋째로, 하나님의 의는 구원자를 찾아내려고 애쓸 필요 없습니다. 바로 그리스도 안에 있는 사람이 구원자이기 때문입니다. 10:6~10절

· 함께 읽어요 : 로마서 10장 10절

"[26] 사람이 마음으로 믿어 의에 이르고 입으로 시인하여 구원에 이르느니라."

3. 믿음으로 의에 이름은 택한 백성을 사랑하심 입니다(롬 10:12~21).

하나님께서는 이 세상과 그 속에서 살고 있는 모든 사람들을 사랑하십니다. 그분의 사랑은 민족이나 국가나 특정한 사람에게 국한되지 않습니다. 복음은 우주적이며 온 세상을 위한 것입니다.롬10:12~17절

첫째로, 복음이 이스라엘만을 위한 것이 아니라는 증거입니다.

① 하나님 앞에서 모든 사람을 차별이 없이 동일하게 대하십니다.12절

② 모든 사람들은 동일한 약속으로 구원받는 다는 것입니다.13절

③ 세상은 복음을 떠나서는 구원받을 수 없다는 것입니다.14~15절

④ 성경은 복음이 온 세상에 주어진 것이라고 말씀하셨습니다.사 53:1절

⑤ 이스라엘의 불순종으로 인하여, 복음이 온 세상에 주어질 것을 증거 해 주고 있기 때문입니다. 18~21절

둘째로, 믿음에는 세 단계가 있습니다. 첫 번째 단계는 들음의 단계요, 두 번째 단계는 마음으로 동의하는 단계요, 세 번째 단계는 맡기는 단계입니다. '믿음'이란 위임, 즉 진리에 자신을 전적으로 맡기는 것을 말합니다. 복음에 순종해야 한다는 사실에 주목하십시오. 순종과 믿음이 복음과 관련될 때는 동의어가 됩니다.16절 그리스도를 믿는다는 것은 그분께 순종한다는 것이며, 순종한다는 것은 그분을 믿는 것입니다.

셋째로, 이스라엘의 불순종은 ① 그들이 복음을 듣지 못했기 때문이 아니요.18절 ② 그들이 하나님 말씀을 알지 못했기 때문이 아니라,19절 그들이 불순종하고 거스르는 백성이기 때문에 거역한 것입니다.

· 함께 읽어요 : 로마서 10장 21절

"이스라엘에 대하여 이르되 순종하지 아니하고 거슬러 말하는 백성에게 내가 종일 내 손을 벌렸노라 하였느니라."

정리하는 말

성도 여러분! 이스라엘은 하나님의 은혜로우신 초청을 뿌리쳤습니다. 그들은 계속해서 불순종하고 반역하는 길을 선택했습니다. 그들은 명백한 증거에도 불구하고 그들의 마음을 닫고, 이 세상의 진정한 구세주이신 그리스도에 대한 진리를 받아들이기를 거절했습니다. 먼저 믿는 우리라고, 이러한 교만과 거역의 죄를 저지르지 마시기를 부탁드립니다. 하나님의 초청과 은총에 거절하시지 마시고 순종하시기를 바랍니다.

평가와 결심

1. 이스라엘의 실수가 무엇입니까?
   (롬 10:1~11, 하나님의 칭의를 모르고 스스로 의를 세우려 함)
2. 구원의 열쇠인 하나님의 의가 바로 누구입니까?
   (롬 10:9절, 13절, 예수 그리스도이심)
3. 그리스도를 믿음으로 의롭게 됨은 누구에게 주어졌습니까?
   (롬 10:10~15, 세계 모든 백성, 만민에게 믿음으로 의롭게 됨)

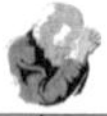

주간 경건의 시간 <37> · 날마다 말씀과 함께

요일 / 내용	주일/월(Mon)	화(Tue)	수(Wed)	목(Thu)	금(Fri)	토(Sat)
찬송	25동 / 23동	314 / 511	353 / 391	436 / 493	542 / 340	521 / 253
성경	롬 8: / 9:	롬 10:	롬 11:	롬 12:	롬 13:	롬 14:
적용	성령의 법/ 약속의 말씀	믿음의 말씀	남은 자	영적 예배	세상 권세	비판

* 우리의 열심이 참되고 순수할진대 우리는 이교도보다 죄인에게서 더 노하게 될 것이다.

< 조셉 에디슨, 1672-1719, 영구 수필가, 국무장관 >

9단원 말씀 은총의 달

제38과 여호와의 말씀대로 일어나라

찬송 / 304, 305, 130 / 통 404, 405, 42
성경 / 요나서 3:1-10
요절 / 요나서 3:3
"요나가 여호와의 말씀대로 일어나서 니느웨로 가니라 니느웨는 사흘 동안 걸을 만큼 하나님 앞에 큰 성읍이더라."
목표 / 여호와 하나님의 말씀대로 순종하며 살아가는 태도를 가진다.

시작하는 말

말씀을 등지고 니느웨의 정반대 쪽 다시스로 가는 배를 타고 가다가 풍랑을 만나 바다에 던져졌다가 물고기를 통해 구원 받은 사건은 본서의 결말이 아니라 시작입니다. 하나님의 주권을 벗어날 수 없음을 깨달은 요나는 처음에 받은 명령을 다시 받고 니느웨로 향합니다. 놀랍게도 하나님의 심판과 경고를 들은 니느웨 백성들은 자신들의 죄악을 고백하고 악한 길에서 돌이켰습니다. 말씀을 듣고 '여호와의 말씀대로' 순종하는 자세가 필요함을 절실하게 깨닫게 됩니다.

오늘의 말씀

1. 요나에게 니느웨에 선포할 사명이 다시 주어졌습니다(욘 3:1~2).

하나님께서 다시 요나에게 사명을 주십니다. 하나님의 말씀을 거부했던 자에게 다시 사명이 주어지고 있음에 주목하십시오. 절대적인 주권으로 만물을 통치하시는 하나님께서 불순종한 종을 버리지 않으시고 다시 한 번 순종의 기회를 주신 것입니다. 니느웨는 성곽 둘레가 약 8마일 약 13km, 성의 두께가 15m, 높이가 30m나 되는 큰 성읍입니다. 하나님의 주권을 벗어날 수 없다는 것을 깨달은 요나는 처음에 받은 명령을 다시 받고, 이제 니느웨로 향합니다. 요나가 회개하고 돌이키자 처음과 똑같은 말씀, 똑같은 사명을 주셨다는 점에 주목하시기 바랍니다.

· 함께 읽어요 : 요나서 3장 2절
"일어나 저 큰 성읍 니느웨로 가서 내가 네게 명한 바를 그들에게 선포하라 하신지라."

2. 요나가 니느웨로 가서 하나님의 심판을 선포합니다(욘 3:3~6).

바람과 바다, 그리고 물고기까지 하나님의 말씀에 순종했던 것처럼 요나도 순종합니다. 큰 성읍이므로 3일 길인데 요나는 하룻길을 행하며 외쳐 가로되 "사십 일이 지나면 니느웨가 무너지리라"고 했습니다. 선포한 메시지는 아주 간단했습니다. 그런데 반응은 놀라웠습니다.

백성들의 반응입니다.5절 하나님의 명령에 따라 메시지를 전하기는 했지만, 니느웨 백성들이 듣고 돌이킬 만큼 간곡하게 열정을 쏟아 외친 것도 아닐 것입니다. 그저 냉담한 마음으로 전했을 뿐인데도 그 결과는 놀라웠습니다. 니느웨 백성은 하나님을 믿고, 금식을 선포하고, 무론 대소하고, 굵은 베옷을 입었고, 왕이 이 소식을 듣고 왕복을 벗고 굵은 베옷을 입고 재 위에 앉았습니다. 이것은 그들이 진정으로 통회하고 마음을 낮추었다는 사실을 보여줍니다. 요나가 외친 단순한 선포에 악을 행하던 큰 성읍의 왕과 백성들이 회개했다는 것은 놀라운 기적이었습니다.

· 함께 읽어요 : 요나서 3장 5~6절
"5 니느웨 사람들이 하나님을 믿고 금식을 선포하고 높고 낮은 자를 막론하고 굵은 베 옷을 입은지라. 6 그 일이 니느웨 왕에게 들리매 왕이 보좌에서 일어나 왕

복을 벗고 굵은 베 옷을 입고 재위에 앉으니라."

3. 니느웨 왕과 모든 백성이 하나님께 회개했습니다(욘 3:7~10).

요나의 단순한 외침의 결과는 백성들의 변화를 가져왔습니다. 왕은 소문으로만 들었는데도 왕복을 벗어던지고, 굵은 베 옷을 입고, 재 위에 누었다는 것입니다. 이스라엘의 하나님이 니느웨를 멸망시킨다는 요나의 메시지를 비웃거나 그냥 지나쳐 버리지 않았습니다. 우리에게도 이런 자세가 필요합니다.

니느웨 성읍의 회개는 가장 낮은 자로부터 높은 왕에 이르기까지 총체적인 것이었습니다. 왕이 대신으로 더불어 조서를 내려 니느웨에 선포합니다. 7절을 함께 읽습니다. "왕과 그의 대신들이 조서를 내려 니느웨에 선포하여 이르되 사람이나 짐승이나 소 떼나 양 떼나 아무것도 입에 대지 말지니 곧 먹지고 말 것이요 물도 마시지 말 것이며", 계속해서 8절을 읽습니다. "사람이든지 짐승이든지 다 굵은 베 옷을 입을 것이요 힘써 하나님께 부르짖을 것이며 각기 악한 길과 손으로 행한 강포율법을 어긴 특수한 행위에서 떠날 것이라"고 했습니다.

3절에서 "여호와의 말씀대로" 순종한 결과 놀라운 일이 기적처럼 일어났습니다. 하나님을 알지 못하는 이방인이었던 니느웨 백성들은 요나의 메시지를 듣고 즉시 회개했습니다.

이렇게 심판의 경고에 마음을 낮추고 악한 길에서 떠나자 하나님께서는 말씀하신 재앙을 거두셨습니다. 하나님의 명령을 순종한 요나를 살려주셨던 것처럼 니느웨도 멸망에서 건져주셨습니다.

· 함께 읽어요 : 요나서 3장 10절

"하나님이 그들이 행한 것 곧 그 악한 길에서 돌이켜 떠난 것을 보시고 하나님이 뜻을 돌이키사 그들에게 내리시리라고 말씀하신 재앙을 내리지 아니하시니라."

정리하는 말

니느웨가 구원받을 수 있었던 것은 하나님의 말씀을 충실하게 전하는 자, 하나님께 대한 믿음, 하나님의 은혜의 손길이 있었음을 기억하시기 바랍니다. 하나님께서는 택한 백성들만이 아니라, 이방의 왕과 백성들도 '여호와의 말씀대로' 듣고 순종할 때, 니느웨 백성들처럼 하나님의 진노의 채찍을 드셨다가도 용서해 주신다는 사실을 명심하시기 바랍니다.

평가와 결심

1. 요나에게 두 번째 주신 명령이 무엇입니까?
   (욘 3:2, 일어나 니느웨로 가서 네게 명한 바를 선포하라)
2. 요나는 두 번째 주신 명령을 받고 어떻게 했습니까?
   (욘 3:3~4, 그 성읍으로 가서 하루 동안 다니며 외쳤음)
3. 요나의 선포를 듣고 니느웨 왕과 백성들은 어떻게 했습니까?
   (욘 3:5~9, 하나님을 믿고 금식선포하고 굵은 베 옷을 입고 회개함)

주간 경건의 시간 <38> · 날마다 말씀과 함께

요일 / 내용	주일/월(Mon)	화(Tue)	수(Wed)	목(Thu)	금(Fri)	토(Sat)
찬송	39동/ 36동	213 / 348	214 / 349	262 / 196	320/ 350	393 /447
성경	롬 15: / 16:	옵 1:	욘 1:	욘 2:	욘 3:	욘 4:
적용	선과 덕/문안하라	행한 대로	제비를 뽑으니	주의 성전을	니느웨 회개	하나님의 자비

* 다른 사람들의 죄악은 우리 눈앞에 있고, 우리 자신의 죄는 우리 뒤에 있다.
< 루시우스 아나이우스 세네카, B. C. 4 - A. D. 65, 로마 스토아 철학자, 정치가 >

만군의 여호와의 말이니라

찬송 / 455, 357, 546 / 통 507, 397, 399
성경 / 스가랴 1:1-21
요절 / 스가랴 1:16
"그러므로 여호와가 이처럼 말하노라 내가 불쌍히 여기므로 예루살렘에 돌아왔은즉 내 집이 그 가운데에 건축되리니 예루살렘 위에 먹줄이 쳐지리라 만군의 여호와의 말이니라."
목표 / 하나님의 말씀에 의지하여 살아가는 태도를 기른다.

시작하는 말

스가랴의 예언들은 학개가 첫 메시지를 전한 때로부터 두 달 후에 시작되었습니다. 주전 520년 성전 재건을 격려하기 위해 스가랴는 장차 도래할 영광스러운 메시야 왕국을 그리면서 그들의 현재적 삶을 돌아보고 회개하도록 촉구하고 있습니다. 스가랴의 예언은 성전 재건 뿐 아니라 돌아온 자들의 영적 상태에 관심을 보였습니다.

오늘의 말씀

1. 스가랴는 회개를 촉구하고 있습니다(슥 1:6).

스가랴 선지자는 메시야 왕국을 맞이하기 위해서는 먼저 회개해야 할 것을 강조했습니다. 스가랴 선지자에게 임한 하나님의 말씀은 자신이 진노하시는 하나님이라는 사실을 백성들에게 알리고,2절 그들에게 돌아오라고 말씀 하시는 것입니다.3절 특별히 이스라엘 열조에게 내리신 하나님의 진노를 그 후손된 백성들이 깊이 반성하고 회개해야 한다는 것이었습니다. 또한 하나님의 진노의 결과로 예루살렘 성전이 파괴되고 나라가 패망하며 백성들이 포로생활을 당한 것이었습니다.시 137:1~6절 그러므로 열조를 본받지 말라는 것입니다.슥 1:4~6절

· 함께 읽어요 : 스가랴 1장 4절
"너희 조상들을 본받지 말라 옛적 선지자들이 그들에게 외쳐 이르되 만군의 여호와께서 이같이 말씀하시기를 너희가 악한 길, 악한 행위를 떠나서 돌아오라 하셨다 하나 그들이 듣지 아니하고 내게 귀를 기울이지 아니 하였느니라 여호와의 말이니라."

2. 하나님께서 스가랴에게 첫 번째 환상을 보여주셨습니다(슥 1:7~17).

스가랴가 환상을 본 시기와 그것이 여호와 하나님으로부터 온 것이라는 사실이 언급되어 있습니다. 이 환상들은 첫 번째 메시지가 있은 때로부터 3개월이 지난 후에 주어진 것으로 성전재건이 시작 된지 5개월째 되는 날이었습니다.학 1:14~15절 성전 재건을 앞두고 여러 가지 상황으로 백성들은 실의와 절망에 빠져있었습니다. 스가랴를 통해 하나님께서 주신 이 환상들을화석류 나무는 구속 운동하는 교회를 상징 통해 새로운 희망과 용기를 갖게 될 것입니다. 하나님께서는 당신의 백성들을 항상 기억하시고 어려울 때마다 찾아 오셔서 새로운 용기와 힘과 위로를 주실 것입니다.

· 함께 읽어요 : 스가랴 1장 21절 b
"그 뿔들이 유다를 흩뜨려서 사람들이 능히 머리를 들지 못하게 하시니 이 대장장이들이 와서 그것들을 두렵게 하고 이전의 뿔들을 들어 유다 땅을 흩뜨린 여러 나라의 뿔들을 떨어뜨리려 하느니라하시더라."

3. 스가랴에 두 번째 환상을 보여 주셨습니다(슥 1:18~21).

스가랴 선지자에게 보여준 두 번째 환상은 네 개의 뿔이었습니다. 스가랴 선지자는 천사에게 물었습니다.

이것들이 무엇입니까? 그때에 대답하기를 '이들은 유다와 이스라엘과 예루살렘을 흩뜨린 뿔이라'고 가르쳐 줍니다.18~19절

그리고는 그 때에 여호와께서 대장장이 네 명을 보이십니다. 스가랴 선지자는 "그들이 무엇 하러 왔나이까?" 그렇게 물었습니다. 그때에 대답하기를 "그 뿔들이 유다를 흩뜨려서 사람들이 능히 머리를 들지 못하게 하니 이 대장장이들이 와서 그것들을 두렵게 하고 이전의 뿔들을 들어 유다 땅을 흩뜨린 여러 나라의 뿔들을 떨어뜨리려 하느니라"고 21절 가르쳐 주십니다.

종합적으로 해석하자면 네 뿔들짐승 교회를 해하려는세력을 대장장이들하나님의 능력들이 와서 뿔들을 떨어뜨리리라는 것입니다. 어느 시대나 하나님의 성전이나 교회를 해하려는 세력이 있습니다.

요즈음은 성경을 가르쳐 준다고 하면서 묘하게 교인들을 파고듭니다. 또 무료 신학교라고 간판까지 걸어놓고 많은 선량한 성도들을 유혹하여 사명을 받았다고 부추겨 공부시켜준다고 하면서 다가오기도 합니다.

이단의 계략과 미혹의 영에 조심하시기 바랍니다. 그리고 자녀들을 잘 단속해야 합니다. 가정에서부터 교회 목회자들의 지도를 받으면서 성경교육을 철저하게 하는 것이 상책입니다. 꾸준히 성경을 통독하도록 하고 성경으로 이야기하는 시간들을 가지는 것이 필요합니다. 여러분들의 가정에 견고한 믿음을 위해 이러한 성경공부의 은총이 임하시기를 축복합니다.

· 함께 읽어요 : 사도행전 17장 11절

"베뢰아에 있는 사람들은 데살로니가에 있는 사람들보다 더 너그러워서 간절한 마음으로 말씀을 받고 이것이 그러한가 하여 날마다 성경을 상고하므로"

정리하는 말

하나님의 말씀은 성도들의 길이요 진리입니다. 구약의 선지자들을 통해서 기록하도록 하기도 하고, 꿈이나 환상을 통해서도 지시해 주셨습니다. 신약시대에는 여러 사도들을 통하여 편지 형태로도 주셨습니다. 여러분들에게 전수해 주신 하나님의 말씀을 통해 영성을 회복하고, 하나님을 경외하며, 예배하며 전도하는 가정되시기를 간절히 소원합니다.

평가와 결심

1. 스가랴 선지자는 백성들에게 무엇을 촉구하고 있습니까?
   (슥 1:3, 악한 길에서 돌아오라고 회개를 촉구하고 있음)
2. 스가랴가 본 첫 번째 환상에서 화석류는 무엇을 상징합니까?
   (슥 1:2, 교회를 상징, 교회를 통해 구속운동, 보혈은총을 전함)
3. 스가랴 본 두 번째 환상에서 네 뿔은 무엇을 상징합니까?
   (슥 1:18~21, 네 뿔은 교회와 성도들을 해하려는 세력)

주간 경건의 시간 <39> · 날마다 말씀과 함께

요일 / 내용	주일/월(Mon)	화(Tue)	수(Wed)	목(Thu)	금(Fri)	토(Sat)
찬송	88동 / 146동	321 / 351	498 / 275	357 / 397	374 / 423	456 / 509
성경	슥 1: / 2:	슥 3:	슥 4:	슥 5:	슥 6:	슥 7:
적용	위로의 말씀/눈동자	정결한 관	나의 영으로	날아가는 두루마리	평화의 의논	진실한 재판

* 희랍의 역사는 시詩요, 라틴의 역사는 그림이며, 현대의 역사는 연대기이다.
< 프랑수아 르느 샤토브리앙, 1768-1848, 프랑스 작가, 정치가 >

10단원 선교 실천의 달

제40과

진리의 성읍 예루살렘

찬송 / 285, 249, 546 / 통일 209, 249, 399
성경 / 스가랴 8:1-23
요절 / 스가랴 8:3
"여호와가 이같이 말하노라 내가 시온에 돌아와 예루살렘 가운데에 거하리니 예루살렘은 진리의 성읍이라 일컫겠고 만군의 여호와의 산은 성산이라 일컫게 되리라."
목표 / 진리의 성읍을 건설해가는 열심 속에 살아가도록 한다.

시작하는 말

재앙으로 인하여 폐허가 된 '예루살렘 성읍이 회복되리라'는 여호와의 메시지는 곤경 가운데 있는 이스라엘 사람들에게 희망과 좌절을 동시에 가져다주었습니다. 그들의 가장 큰 희망은 예루살렘의 회복이지만 그들이 처한 현실은 미래에 이룰 꿈의 실현이 도저히 불가능한 것으로만 생각되었기 때문입니다. 그러나 '하나님의 열심이 이루시리라'는 말씀입니다. 사랑하는 성도 여러분! 아무리 힘들고 어려울지라도 희망의 끈을 놓지 마시고, 희망의 은총을 포기하지 마시기를 바랍니다.

오늘의 말씀

1. 이스라엘을 회복하시겠다는 약속을 지키십니다(슥 8:1~8).

하나님께서는 이스라엘을 끔찍이 사랑하십니다. 본문에서는 미래에 대한 약속과 메시야 왕의 소망을 통해 예루살렘의 회복을 위한 일곱 가지 약속의 말씀이 주어지고 있습니다. 이것은 ① 유다를 향한 하나님의 열정입니다.1~2절 본문에서 자기 백성을 향한 하나님의 깊은 관심과 뜨거운 사랑을 보여주고 있습니다. ② 예루살렘의 회복을 말씀합니다.3~6절 유다를 향한 하나님의 열심은 그들을 수치와 고난의 상태에 머물도록 둘 수 없었습니다. ③ 온 세상으로부터 모아질 하나님의 백성입니다.8:7~8절 그때에 하나님의 백성이 세상 모든 곳에서 모이게 됩니다.

· 함께 읽어요 : 스가랴 8장 8절
"인도하여 다가 예루살렘 가운데에 거주하게 하리니 그들은 내 백성이 되고 나는 진리와 공의로 그들의 하나님이 되리라.

2. 위로와 격려를 주십니다(슥 8:9~17).

하나님께서는 회복의 약속에 이어서 위로와 격려의 말씀을 주십니다.

① 성전 재건 중인 백성들을 격려하십니다.9~15절 하나님은 성전 재건 중인 백성들에게 용기를 주는 말씀이 선포하십니다.9절 그리고 격려의 말씀이 이어집니다.10~11절 이제는 좋은 기후와 함께 땅의 놀라운 결실이 약속됩니다.12절 이제부터는 은혜를 베푸시겠다는 하나님의 확고한 의지가 선포됩니다.14~15절

② 유다 백성에게 주시는 명령입니다.8:16~17절 본문에서 16절의 긍정적 명령과 17절의 부정적 명령이 제시된 것은 하나님의 말씀에 순종해야하는 점을 강조하고 있는 것입니다. 하나님은 그의 백성을 사랑하시고 그들이 잘되고 하나님의 은총 속에 살아가도록 명령하고 있습니다.

함께 읽어요 : 스가랴 8장 16절
"너희가 행할 일은 이러하니라. 너희는 이웃과 더불어 진리를 말하며 너희 성문에서 진실하고 화평한 재판을 베풀고"

3. 회복하심은 하나님의 명령을 순종한 결과입니다(슥 8:18~23).

하나님은 이스라엘 백성들이 마음과 종교의 중심인 예루살렘을 회복시켜 주십니다. 이스라엘 백성들은 성전을 중심으로 하나님께 예배하며 절기를 지키면서 민족적인 단결을 도모했고, 자자손손 하나님을 섬기는 법을 전했던 것입니다.

첫째로, 이제 회복의 날에 이루어질 일들을 말씀해 주십니다.

① 금식의 절기를 기쁨의 절기로 바꾸어 주십니다. 8:18~18절

금식 준수에 대한 하나님의 결론적인 응답은 하나님께서 슬픔의 절기였던 금식 일을 기쁨의 절기가 되게 하시겠다는 약속입니다. 회복의 그 날에는 슬픔의 날이었던 금식 일에 즐거운 축제가 시작될 것입니다. 19절

② 이방인들도 하나님을 찾을 것입니다. 8:20~22절 금식의 날이 희락의 날로 바뀌게 되는 하나님의 이 놀라운 은혜와 축복은 유다 백성들에게만 국한 된 것이 아니었습니다. 이스라엘의 회복은 이제 이방인에게까지 구원으로 이어집니다. '여러 백성', '많은 성읍' 20절이라는 말로 강조되고 있음은 '은혜의 보편성'을 말하는 것입니다.

둘째로, 메시야 시대의 도래를 예언합니다. 8:23절

이스라엘의 회복에 대한 말씀의 완전한 성취는 궁극적으로 메시야 시대에 이루어질 것입니다. 이 성읍 주민이 저 성읍 주민에게 가서 "우리가 속히 가서 만군의 여호와를 찾고 여호와께 은혜를 구하리라." 21절 이방 사람들이 유다 사람의 옷자락을 잡고 하나님이 함께 하심을 들었으니 그들도 함께 가겠다는 것입니다.

· 함께 읽어요 : 스가랴 8장 23절

"만군의 여호와가 이와 같이 말하노라 그 날에는 말이 다른 이방 백성 열 명이 유다 사람 하나의 옷자락을 잡을 것이라. 곧 잡고 말하기를 하나님이 너희와 함께 하심을 들었나니 우리가 너희와 함께 가려 하노라 하리라 하시니라 ."

정리하는 말

사랑하는 성도 여러분! 일을 이루시는 것은 여호와 하나님의 관심과 사랑과 열심입니다. 오늘 여러분들이 하나님의 열심을 이끌어 내시기만 하면 됩니다. 여러분들 모두 세계 선교의 일원으로서 진리의 성읍 예루살렘의 재건과 건축자들이 되시기를 바랍니다. 하나님의 열심과 은총이 손닿지 않은 그 곳, 저 북방 얼음산까지 충만케 하시기를 소원합니다.

평가와 결심

1. 성전재건에 힘든 이스라엘에게 주신 첫 약속이 무엇입니까?
   (슥 8:3~8, 첫째는 회복해 주시겠다는 약속입니다)
2. 성전재건에 힘든 이스라엘에게 주신 둘째 약속이 무엇입니까?
   (슥 8:9~17, 둘째는 위로와 격려입니다)
3. 회복 주신 후 이스라엘백성에게 주신 교훈이 무엇입니까?
   (슥 8:14~17, 하나님의 명령과 말씀을 순종하라는 것)

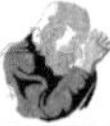

주간 경건의 시간 <40> · 날마다 말씀과 함께

요일 / 내용	주일/월(Mon)	화(Tue)	수(Wed)	목(Thu)	금(Fri)	토(Sat)
찬송	249동/ 93동	438 / 495	212 / 347	333 / 381	388 / 441	386 / 439
성경	슥 8: / 9:	슥 10:	슥 11:	슥 12:	슥 13:	슥 14:
적용	진리의 성읍 / 나귀 새끼	고난의 바다	은총 연합	예루살렘 구원	더러운 귀신	여호와의 날

* 원한은 고통스러운 감정을 느끼게 하지만, 극도에 달한 것이 아니면 견딜만한 것이다.

< 헨리 홈, 1692-1782, 스코틀랜드 판사>

10단원 선교 실천의 달

제41과

복음에 죽도록 충성하라

찬송 / 323, 317, 333 / 통 355, 353, 381
성경 / **요한계시록 2:1-11**
요절 / **요한계시록 2:10 b**
"너희가 십일 동안 환난을 받으리라 네가 죽도록 충성하라 그리하면, 내가 생명의 관을 네게 주리라."
목표 / 복음 선교에 충성하는 굳건한 믿음의 주인공이 되도록 노력한다.

시작하는 말

본문에서 소아시아 일곱 교회는 다른 교회들을 대표하며, 이들 교회의 특성에 따라 주신 말씀은 오늘 우리들에게도 적용되는 메시지입니다. 첫 번째 메시지는 에베소 교회에 주어졌습니다. 에베소 교회는 정통 교회요, 그리스도와 하나님의 말씀에 충성한 교회였습니다. 문제는 '처음 사랑을 잃어버린 교회'였습니다. 우리가 사회와 역사를 통해 볼 때 일곱 가지 형태의 교회가 있음을 알 수 있습니다. 말세를 살아가는 우리가 에베소 교회를 통해 주시는 교훈인 '처음 사랑'을 회복하기를 소원합니다.

오늘의 말씀

1. 오늘 메시지의 수신자는 교회와 사역자입니다(계 2:1).

이 편지는 교회에게 뿐만 아니라 그 교회의 사역자들에게 쓰여 진 것입니다. 이것은 매우 놀라운 사실입니다. 왜냐하면 이는 주께서 사역자를 그 교회의 상태에 대해 책임 있는 자로 여기신다는 것을 의미하기 때문입니다. 에베소 교회의 시작은 미약했습니다. 아볼로가 12명의 신자들을 가르쳤으나, 성령의 임재를 알지 못했습니다. 바울이 회당에서 3개월 동안 가르치다가 철학자의 학교인 두란노로 옮겨 만 2년 동안 그리스도를 전했습니다. 이적을 행하심에 따라 교회가 왕성하게 성장했습니다. 부도덕하고 이교적인 사회가 그리스도를 믿는 신앙인들로 변화시키는 삶으로 이끌었습니다. 복음은 사람을 변화시키고 일으키십니다.

· 함께 읽어요 : 요한 계시록 2장 1절
"에베소 교회의 사자에게 편지하라 오른손에 있는 일곱별을 붙잡고 일곱 금 촛대 사이를 거니시는 이가 이르시되"

2. 에베소 교회는 칭찬 거리가 많았습니다(계 2:2~4).

첫째로, 에베소 교회는 ① 그리스도를 위해 행하고 수고했습니다. 여기 헬라어로 '수고 한다'(*κόπος*; 코포스)라는 말은 지치고 땀나고 탈진할 정도까지, 최선을 다해 능력의 한계까지 일한다는 의미입니다. ② 인내했습니다. 이 말은 그리스도를 섬기는 일과 인생의 모든 시험과 시련에 대처하는 일에서 끝까지 견디며 흔들리지 않는다는 의미입니다. ③ 악한 자들을 용납하지 않았습니다. ④ 모든 설교자들과 교사들을 시험하여 거짓된 것을 밝혀서 거부했습니다. ⑤ 그리스도의 이름을 위하여 모든 것을 참고 견뎠습니다.

둘째로, 에베소 교회는 처음 사랑을 버렸습니다. 4절

처음에 에베소 교회는 주 예수 그리스도께 자신을 완전히 헌신하고 바쳤던 아름다운 교회요, 그리스도께 충성되고 헌신한 정통 교회였습니다. 그러나 이런 '처음 사랑'을 버렸습니다. 그래서 책망을 받았습니다.

· 함께 읽어요 : 요한계시록 2장 4절
"그러나 너를 책망할 것이 있나니 너의 처음 사랑을 버렸느니라."

3. 복음을 위해 초심으로 돌아가 죽도록 충성해야 합니다(계 2:5~11).

첫째로, 에베소 교회 신자들은 그리스도를 향한 감정, 첫 사랑을 잃어버렸습니다. 하나님 사랑을 잃어버리니 이웃 사랑도 떠났습니다. 주께서는 돌아오라고 권고하십니다. 어디서 떨어졌는지 생각하고, 회개하여 처음 행위를 가지라고 했습니다. 초심으로 돌아가야 하는 것입니다.

둘째로, 서머나 교회의 사자에게 편지한 내용입니다.계 2:811절

교회는 때때로 무서운 핍박을 받게 됩니다. 그러나 서머나 교회의 경우는 더욱 심했습니다. ① 서머나(Σμύρνα; 스뮈르나)는 '쓰다'는 의미입니다. ② 서머나는 자부심이 강한 도시로, 문화의 아름다움, 상업적 부와 사교 생활에 대한 긍지가 컸습니다.8절 ③ 서머나라는 성읍은 교회를 가혹하게 핍박하고 있었습니다. 교인이기 때문에 직장을 잃게 하고, 축제에 참석하지 못하게 했고, 신앙 때문에 엄청난 불이익을 당했습니다.

셋째로, 그리스도께서 환난과 핍박을 당하고 있는 교회를 위해 특별한 메시지를 주셨습니다. ① 그리스도께서는 나는 처음이요, 마지막이시라는 것입니다. ② 죽었다가 살아나신 분이라고 하십니다. ③ 서머나 교회를 칭찬하셨습니다. 엄청난 환난을 견디고, 궁핍을 견디고, 영적 부요자라고 하셨습니다.

머지않아 교회를 향해 더 많은 핍박이 오고 있다고 알려주신 것입니다. 마귀가 10일 동안 공격하게 되리라는 것입니다. 이것은 주님께서 허락하신 환난입니다. 성도는 우리가 당하는 핍박을 견뎌내야 하는 것입니다. 그것이 생명의 면류관을 가져다는 축복입니다.

· 함께 읽어요 : 요한계시록 2장 10절

"너는 장차 받을 고난을 두려워하지 말라 볼지어다. 마귀가 장차 너희 가운데에서 몇 사람을 옥에 던져 시험을 받게 하리니 너희가 십일 동안 환난을 받으리라 네가 죽도록 충성하라 그리하면 생명의 관을 네게 주리라."

정리하는 말

사랑하는 성도 여러분! 하나님의 말씀은 살아있습니다. 그렇기에 하나님의 신실한 종들은 말씀을 지키기 위해 순교를 마다하지 않은 것입니다. 서머나 교회는 주님께서 허락하신 그 고난을 피하려하지 않고 당당하게 죽을 수 있는 용기를 잃지 않았습니다. 하나님의 사랑의 종들이신 여러분! 복음 선교를 위해 죽도록 충성을 다하시기를 바랍니다.

평가와 결심

1. 에베소 교회에 주신 메시지가 무엇입니까?
   (계 2:1~4, 첫 사랑 버린 것 회개하고 처음 행위를 가져라)
2. 에베소 교회에 칭찬하신 내용이 무엇입니까?
   (계 2:2~3절, 행위와 수고와 인내, 악한 자 용납지 않은 것)
3. 서머나 교회에 주신 메시지가 무엇입니까?
   (계 2:8~11, 죽도록 충성하라 생명의 관을 네게 주리라)

주간 경건의 시간 <41> · 날마다 말씀과 함께

요일 / 내용	주일/월(Mon)	화(Tue)	수(Wed)	목(Thu)	금(Fri)	토(Sat)
찬송	73동 / 39동	314 / 511	353 / 391	436 / 493	542 / 340	521 / 253
성경	계 1: / 2:	계 3:	계 4:	계 5:	계 6:	계 7:
적용	일곱 별 / 죽도록 충성	생명책	만물이 주 뜻대로	다윗의 뿌리	감람유와 포도주	아멘 찬송 영광

* 고통스러운 원수에게는 진정한 친구가 되는데 필요한 선을 가지고 있는 경우가 거의 없다는 말을 너무나 많이 들어왔다. < 핏질스본, 1710-1799, 영국 저술가 >

10단원 선교 실천의 달

제42과 증언하는 말씀으로 이기라

찬송 / 304, 305, 130 / 통 404, 405, 42

성경 / 요한계시록 12:1-12

요절 / 요한계시록 12:11

"또 우리 형제들이 어린 양의 피와 자기들이 **증언하는 말씀**으로써 그를 이겼으니 그들은 죽기까지 자기들의 생명을 아끼지 아니하였도다."

목표 / 전도, 선교지에서 증언하며 말씀으로 이기는 담대한 믿음을 가진다.

시작하는 말

하나님의 신실한 선교사들은 '증언하는 말씀'으로 세계를 변화시켜 가는 것입니다. 스데반의 증언과 순교는 구라파 선교의 대들보인 사울을 변화시켜 바울이 되게 한 것입니다. 본문 12장에는 주님이 '큰 환난'이라고 부를 만큼, 사람들의 영혼을 위해 벌어지는 큰 영적 전투가 치러지고 있는 것입니다. 영적 전투의 세 주역인 '아이를 밴 여인', '붉은 용', '한 아이=예수'가 나옵니다. 어렵고 힘든 '큰 영적 전쟁'에 '증언하는 말씀'으로 힘을 얻어 승리하시기를 바랍니다.

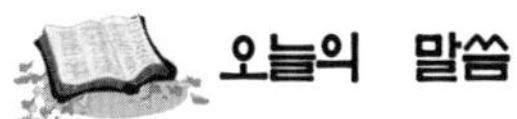

오늘의 말씀

1. 큰 환난 속에서 첫째 주역은 '아이 밴 여자'입니다(계 12:1~2).

그 여자는 하늘의 한 큰 이적, 또는 한 큰 표징으로 언급되고 있습니다. 또한 여자가 하늘에 있다는 데에 주목하십시오. 이것은 그 여자가 세상에 있는 어떤 사람들을 하늘에서 대표하는 존재임을 의미합니다. 그렇다면 그 여자는 누구이며, 그 여자가 대표하는 사람들은 누구입니까? 그 여자는 ① 해를 옷 입고 달이 그 발아래 있고, 머리에 열두 별의 관을 쓰고 있습니다. ② 그 여자는 아이를 뱄으며, 아이가 태어났습니다.

그 여자가 누구입니까? ① 예수의 모친, ② 교회, ③ 이상적인 시온 또는 예루살렘, 선택된 백성, ④ 이스라엘이라고 여러 가지로 해석합니다.

· 함께 읽어요 : 요한계시록 12장 5절
"여자가 아들을 낳으니 이는 장차 철장으로 만국을 다스릴 남자라 그 아이를 하나님 앞과 그 보좌 앞으로 올려가더라."

2. 큰 환난 속 둘째 주역은 '큰 붉은 용', 즉 '사탄'입니다(계 12:3~4).

용은 또한 하늘의 이적 또는 표징으로 일컬어지는 것을 주목하십시오. 이 표징에 대해서 세 가지 중요한 점이 언급되어야 할 필요가 있습니다.

① 용 또는 사탄에 대한 묘사와 그가 지닌 권세가 나타나 있습니다. 사탄은 일곱 머리, 즉 지식이 완전하고 충만합니다. 일곱 왕관은 권위, 통치, 지배력이 큼을 나타냅니다. 열 뿔은 큰 권세를 상징합니다. 사람들의 마음을 어둡게 하는 세상 신神이며, 이 세상의 임금입니다. 사탄은 공중권세 잡은 자입니다. ② 사탄의 기원이 나타나있습니다. 사탄은 하늘의 가장 높고 영화로운 천사들이었으며, 그의 이름은 새벽별, 즉 루시퍼입니다. ③ 용, 즉 사탄의 목표가 있습니다. 이스라엘을 파괴하고, 인간의 마음을 하나님에게서 떠나 죄악으로 떨어지도록 합니다. 사탄은 맨 처음부터 여자의 후손예수 그리스도과 원수가 되어 싸워왔던 것입니다.

· 함께 읽어요 : 요한계시록 12장 9절
"큰 용이 내쫓기니 옛 뱀 곧 마귀라고도 하고 사탄이라고도 하며 온 천하를 꾀는 자라 그가 땅으로 내쫓기니 그의 사자들도 함께 내쫓기니라."

3. 큰 환난 속에서 셋째 주역은 '예수 그리스도'이십니다(계 12:5~12).

성도들의 큰 환난 속에 하나님의 아들 그리스도께서 나타나신 것을 주목하십시오. 예수 그리스도의 사명이 있습니다.

첫째로, 예수 그리스도는 세상을 다스리기 위하여 태어나셨습니다.

그분은 이 땅에 경건함과 의를 가져다주시려고, 즉 세상에 있는 죄와 경건치 못함을 제거하기 위하여 철장 또는 심판의 막대기를 사용하려고 하나님께 보내심을 받으셨습니다.

· 예수께서는 십자가로 그 일을 다 이루셨습니다.

· 예수 그리스도께서는 마지막 때에 세상나라들에 대해서 그 철장을 사용하실 것입니다.

둘째로, 예수 그리스도께서는 승천하셨고, 하나님의 보좌로 높임을 받으셨습니다. 이것은 그분이 세상을 다스리시고 통치하시고 세상에 의를 가져오실 것을 증명해 줍니다.

누가는 이렇게 증언합니다. "그러나 이제 후로는 인자가 하나님의 권능의 우편에 앉아 있으리라"눅 22:69절고 말입니다.

사도 바울은 "성결의 영으로는 죽은 자 가운데서 부활하여 능력으로 하나님의 아들로 인정되셨으니, 곧 우리 주 예수 그리스도시니라."롬 1:4절라고 했습니다.

큰 환난의 배후에 있는 영적 전투, 즉 여자이스라엘에 대한 용사탄의 공격들을 계속해서 보여주고 있습니다. 이러한 영적 전투에서 "어린 양의 피와 자기들이 증언하는 말씀으로써 그를 이겼다"는 것입니다.

· 함께 읽어요 : 요한계시록 12장 11절

"또 우리 형제들이 어린 양의 피와 자기들이 **증언하는 말씀**으로써 그를 이겼으니 그들은 죽기까지 자기들의 생명을 아끼지 아니하였도다."

정리하는 말

본문이 일차적으로 큰 환난에 대해 다루고 있지만, 동일한 영적 투쟁은 역사상 그 어느 시대에서나 있어 왔다는 것입니다. 사탄Satan은 할 수 있는 한 많은 사람들이 하나님께로부터 떠나도록 만들려고 온갖 힘을 다하고 있습니다. 그는 사람들이 하나님 대신 자신을 따르기를 원합니다. 그는 사람들이 하나님께 순종하고 충성하기보다는 자신에게 순종하기를 바라고 원합니다. 여러분 세상 만민이 복음으로 하나님께 순종하며 살기 위해 선교와 전도의 역군들이 되시기를 간절히 소원합니다.

평가와 결심

1. 큰 환난 속 첫째 주역은 누구며 누구를 상징합니까?
   (계 12:1~2, 아이 밴 여자이며 이스라엘이나 교회를 가리킴)
2. 큰 환난 속 둘째 주역은 누구며 누구를 상징합니까?
   (계 12:3~4, 큰 붉은 용 곧 사탄을 가리킴)
3. 큰 환난 속 셋째 주역은 누구며 누구를 상징합니까?
   (계 12:5~12, 여자가 낳은 아이며 예수 그리스도를 가리킴)

주간 경건의 시간 <42> · 날마다 말씀과 함께

요일 / 내용	주일/월(Mon)	화(Tue)	수(Wed)	목(Thu)	금(Fri)	토(Sat)
찬송	39동/ 36동	213 / 348	214 / 349	262 / 196	320/ 350	393 /447
성경	계 8: / 9:	계 10:	계 11:	계 12:	계 13:	계 14:
적용	화 화 화/이 만만	작은 두루마리	두 증인	붉은 용	성도들의 인내	새 노래

* 하나님이 함께하고 계심을 인식함이 유혹에 대항하는 최상의 대책이다.
< 프란시스 윌리엄 페이버, 1814-1863, 영국 로마 가톨릭 신부, 찬송가 작가 >

10단원 선교 실천의 달

예언의 말씀을 지키도록 하라

찬송 / 455, 357, 546 / 통 507, 397, 399
성경 / 요한계시록 22:1-21
요절 / 요한계시록 22:7
"보라 내가 속히 오리니 이 두루마리의 예언의 말씀을 지키는 자는 복이 있으리라 하더라."
목표 / 주님의 명령인 예언의 말씀을 지켜서, 축복을 누리도록 한다.

시작하는 말

요한계시록 처음에 "이 예언의 말씀을 읽는 자와 듣는 자와 그 가운데에 기록한 것을 지키는 자가 복이 있나니"라고 했습니다. 한 마디로 정리하면 예수께서 주신 명령인 "내가 너희에게 분부한 모든 것을 가르쳐 지키게 하라"는마 28:20절 지상명령과 상통합니다. 사도행전의 말씀 "땅 끝까지 내 증인이 되라"는행 1:8절 말씀도 동일한 말씀입니다. 복음을 전하는 사명을 실천하는 것이 은총이요, 축복으로 알고 살아가시기 바랍니다.

오늘의 말씀

1. 하나님은 하늘의 새 예루살렘 모습을 보여주셨습니다(계 22:1~5).

하늘의 새 예루살렘의 모습은 상상이 아닌 실제 회복된 모습입니다.

첫째로, 아름답고 신선한 물이 흐르는 강과 다른 많은 시내가 있을 것입니다. 재창조된 세계는 온전케 된 세계일 것입니다.

둘째로, 성읍에는 생명나무가 있을 것입니다. 22:2절

옛 에덴동산에도 심겨져 있었습니다. 그 열매는 영원한 생명을 불어넣는 자양분이 있을 것이니, 생명의 동산은 아래와 같습니다.

① 생명나무는 달마다 한 과실씩 열두 가지 과실을 연중 맺을 것입니다.

② 생명나무의 잎사귀들은 만국을 소성케 하기 위한 것입니다.

③ 성읍에서는 더 이상 저주가 없을 것입니다. 22:3절

④ 성읍에는 하나님과 어린 양의 보좌가 있을 것입니다. 22:3~4절

⑤ 믿는 자들의 이마에는 하나님의 이름이 쓰여 있을 것입니다. 22:4절

⑥ 성읍에는 영원한 빛이 있을 것입니다. 22:5절

⑦ 하나님과 그리스도를 위해 영원히 왕 노릇할 것입니다. 22:5절

· 함께 읽어요 : 요한계시록 22장 5절

"다시 밤이 없겠고 등불과 햇빛이 쓸데없으니 이는 주 하나님이 그들에게 비치심이라 그들이 세세토록 왕 노릇 하리로다."

2. 주님께서 주신 메시지의 11가지 사실에 주목하십시오(계 22:6~21).

주님이 주신 메시지의 11가지 감동적인 사실을 말씀해 주십니다. 계 22:6~21절

① 신실하고 참됩니다. 6절 ② 예언을 지키는 자에게 복을 줍니다. 7절 ③ 경배를 불러일으킵니다. 8절 ④ 읽고 연구해야 합니다. 10절 ⑤ 핵심은 주의 재림과 장차 임할 심판입니다. 12절 ⑥ 주님으로부터 영접 받을 자들을 말해 줍니다. 14절 ⑦ 우리에게 주님으로부터 거절당할 자들을 말해 줍니다. 15절 ⑧ 주 예수 그리스도에 의해 선포됩니다. 16절 ⑨ 이제껏 인간에게 보내진 초청 중 가장 위대한 초청을 제의합니다. 17절 ⑩ 가감되어서는 안 됩니다. 18~19절 ⑪ 모든 보증 가운데 가장 위대한 보증으로 결론을 맺습니다. 20~21절

· 함께 읽어요 : 요한계시록 22장 10절

"또 내게 말하되 이 두루마리의 예언의 말씀을 인봉하지 말라 때가 가까우니라."

3. 예언의 말씀을 연구하고 순종하는 자에게 복을 주십니다(계 22:7).

하나님의 계시가 열려있으니 예언의 말씀을 진정으로 연구하는 자들은 매우 특별한 방법으로 복을 받습니다. 구체적으로 알아보겠습니다.

① 하나님께 더 가까이 가게 될 것이며, 그분의 임재에 대하여 더 깊은 인식과 지각을 갖게 될 것입니다. ② 마지막 때에 세상에 임할 것을 알게 되며, 주님 오실 때까지 그분 맞이할 준비를 더 잘 갖출 것입니다. ③ 세상에 경건치 않고 악한 것들과 하나님께서 악을 정복하시고 세상에 의를 가져다 줄 것에 대해 더 많이 알 것입니다. ④ 하늘나라에 대해 더 많은 것을 이해하여, 하늘나라 도래를 더욱 열렬하게 소망할 것입니다. ⑤ 하나님의 영에 의해 영광스러운 구원의 날을 대비하여, 그분과 더 가까운 교제 가운데 들어가게 될 것입니다. 주님께서 '내가 속히 오리라'고 하셨으니, 곧 이루어질 사건들을 기억하고 주님을 맞이할 준비를 하여 영원한 형벌을 피하게 될 것입니다. 여러분은 '아멘 주 예수여 어서 오시옵소서'라고 반갑게 맞이하시기 바랍니다. 인류 역사의 종말에 하나님이 계획하신 일곱 대접의 심판이 있을 것입니다.[1)]

· 함께 읽어요 : 요한계시록 22장 20절

"이것들을 증언하신 이가 이르시되 내가 진실로 속히 오리라 하시거늘 아멘 주 예수여 오시옵소서."

---

1) 주님은 인류 역사의 종말을 고할 일곱 대접 심판을 계시하셨습니다.

인류와 세계는 바다와 지구상의 신선한 물이 완전히 오염되어 모든 생물이 죽게 될 것입니다. 태양이 빛을 잃을 것이고, 어둠이 지구를 덮으며, 엄청난 병력과 대규모 군대가 동원 되어 아마겟돈 전쟁에서 순식간에 파멸될 것입니다. 천년 왕국이 도래하고, 주 예수 그리스도께서 백 보좌에서 사탄과 하늘과 땅의 모든 산 자와 죽은 자를 심판하실 것입니다.

마지막으로 그리스도께서 새 하늘과 새 땅을 창조하실 것이며, 새 땅의 수도인 새 예루살렘과, 예수 그리스도와 함께 성도들이 영원히 통치할 날이 올 것입니다. 성령과 신부가 우리를 초청하실 것입니다.

정리하는 말

사랑하는 성도 여러분! 주님은 속히 오십니다. 주님 맞을 준비하시고 그 날에 주님을 영접하는 주인공이 되시기 바랍니다. 무엇보다도 여러분들의 가정과 직장과 삶을 통하여 영원한 복음이 전해지기를 소원합니다.

항상 주님께 감사드리며, "주 예수여 오시옵소서!"라고 신앙을 고백하며, 영원한 천국을 고대하고 재림의 신앙으로 승리하시기를 주님의 이름으로 축원합니다.

평가와 결심

1. 사도 요한에게 무엇을 보여 주었습니까?
   (계 22:1~5, 새 예루살렘의 모습과 생명수 강과 생명나무)
2. 우리는 예언의 말씀을 어떻게 해야 합니까?
   (계 1:3, 예언의 말씀을 읽고, 듣고, 지켜야 함)
3. 우리는 이 예언의 말씀을 왜 전해야 합니까?
   (계 22:6~14, 주님의 명령이며, 지키도록 하기 위해서)

주간 경건의 시간 <43> · 날마다 말씀과 함께

요일 / 내용	주일/월(Mon)	화(Tue)	수(Wed)	목(Thu)	금(Fri)	토(Sat)
찬송	91동 / 89동	243 / 224	168 / 180	357 / 397	374 / 423	456 / 509
성경	계 15: / 16:	계 17:	계 18:	계 19:	계 20:	계 21:
적용	어린양의 노래 / 아마겟돈	큰 음녀	바벨론 패망	옳은 행실	천 년 왕국	새 하늘과 새 땅

* 나에게 음악을 빼앗는다면 나는 더 이상 어디서도 기쁨을 찾지 못할 것이다.
< 존 게이츠, 1795-1821, 영국 시인 >

등이요, 빛이신 주님께 감사

찬송 / 285, 293, 298 / 통일 209, 414, 35
성경 / **시편 119:97-105**
요절 / **시편 119:105**
"주의 말씀은 내 발에 등이요 내 길에 빛이니 이다."
목표 / 주의 말씀은 발에 등이요 길에 빛임을 감사하며 살아간다.

시작하는 말

주의 말씀은 우리의 영혼을 소성시키십니다. 우리의 마음이 탐욕으로 향하지 않게 하시며, 헛된 것에 눈을 돌리지 않게 하십니다. 우리가 믿고 의지할 것은 재물, 권력, 명예 따위가 아니라 살아계신 하나님의 말씀입니다. 우리의 자유와 기쁨이 하나님의 말씀에서 임하는 것입니다.요 8:32 진리인 말씀을 따르는 자는 그가 감옥에 있을지라도 그의 영혼은 자유롭게 호흡하는 사람입니다. 여러분들에게 하나님의 말씀이 등이요, 빛이 되는 은총을 감사하며 살아가시기를 바랍니다.

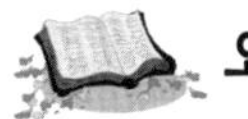

오늘의 말씀

1. 주의 말씀은 참된 지혜가 됩니다(시 119:97~98).

사도 바울은 "성경은 능히 너로 하여금 그리스도 예수 안에 있는 믿음으로 말미암아 구원에 이르는 지혜가 있게 하느니라"딤후 3:15절라고 했습니다. 이 세상의 학문이 인생에게 지혜와 지식을 가르치고 있으나, 그것들이 가르치는 지식들이 모두 참된 지혜는 아닙니다. 참된 '지혜'란 인간으로 하여금 구원에 이르게 합니다. 하나님께서는 이 세상의 지혜로 하나님을 알지 못함을 알고 계셨습니다. 그래서 미련한 것으로 믿는 자들을 구원하시기를 기뻐하셨습니다. 고전 1:19~21절 우리는 하나님의 미련한 것이 인간의 지혜보다 낫고, 하나님의 약한 것이 인간의 강함보다 낫다는 사실을 깨달아야 합니다.

· 함께 읽어요 : 고린도전서 1장 21절
"하나님의 지혜에 있어서는 이 세상이 자기 지혜로 하나님을 알지 못하므로 하나님께서 전도의 미련한 것으로 믿는 자들을 구원하시기를 기뻐하셨도다."

2. 주의 말씀은 인생을 구원하셨습니다(시 119:98~101).

바울은 "깊도다! 하나님의 지혜와 지식의 풍성함이여, 그의 판단은 헤아리지 못할 것이며 그의 길은 찾지 못할 것이로다" 롬 11:33절 라고 했습니다. 그러나 예수 그리스도 안에서 선택함을 받은 성도는 그 지혜를 얻을 수 있습니다. 그의 판단을 측량할 수 있으며, 그의 길을 찾아 따라 갈 수 있습니다. 그것은 하나님의 말씀이 우리를 구원으로 인도하는 지혜가 되기 때문입니다.

예수께서는 "하나님의 말씀을 듣고 지키는 자가 복이 있느니라." 눅 11:28절 라고 말씀하시고, 말씀을 듣고 깨닫는 자는 30배, 60배, 100배의 열매를 맺으리라고 말씀하셨습니다. 마 :13:23절 주의 말씀은 인생을 구원해 주시는 도구이며, 바로 주님 자체이신 것입니다.

함께 읽어요 : 마태복음 12장 23절
"좋은 땅에 뿌려졌다는 것은 말씀을 듣고 깨닫는 자니 결실하여 어떤 것은 백 배, 어떤 것은 육십 배, 어떤 것은 삼십 배가 되느니라하시더라."

3. 주의 말씀은 우리에게 큰 축복이 되셨습니다(시 119:102~105).

사도 요한은 "보라 내가 속히 오리니 이 두루마리의 예언의 말씀을 지키는 자는 복이 있으리라"계 22:7절고 했습니다. 또한 바울은 "하나님의 말씀은 교훈과 책망과 바르게 함과 의로 교육하기에 유익하니"딤후 3:16절 라고 했습니다. 주의 말씀이 없었다면 우리는 아직도 '썩어짐의 종노릇 하는 데서' 헤어나지 못하고 세상의 거짓 지혜를 따라 살아가며 사탄의 노예가 되었을 것입니다.

그러나, 시편 기자의 말씀처럼 하나님의 말씀이 내 발의 등이요, 내 인생항로의 길잡이가 되어 실족하지 않게 하시며, 구원의 확실한 안내자가 되어 하나님의 나라로 인도하니 어찌 감사하지 않을 수 있겠습니까? 우리의 주위에는 아직도 이 구원의 말씀, 축복의 말씀을 믿지 아니하여 캄캄한 밤길 같은 인생을 살아가는 사람들이 많이 있습니다.

베드로 사도는 "그들이 말씀을 순종하지 아니하므로 넘어지나니"벧전 2:8절라고 했습니다. 말씀을 순종하지 아니하는 자들에게는 불과 유황이 타는 곳에서 영원히 고통을 받는 날이 이르게 된다고계 21:8절 성경은 교훈하고 있습니다.

그러나, 말씀에 순종하는 자들은 이 땅에서 말씀으로 살기 때문에 축복이 될 뿐 아니라, 천국에서도 영원한 복을 누리게 될 것입니다 시인은 고백합니다. "내가 주의 율법을 항상 지키리이다. 영원히 지키리이다." 시 119:44절 일생동안 이 말씀을 지키며 살아가시기 바랍니다.

사랑하는 성도 여러분! 여러분들과 자신들의 가정에 하나님의 말씀을 지킴으로 말미암아 복과 은혜가 충만하시기를 간절히 소원합니다.

· 함께 읽어요 : 시편 119편 60절
"주의 계명들을 지키기에 신속히 하고 지체하지 아니하였나이다."

정리하는 말

사랑하는 성도 여러분! 오늘 주신 이 말씀은 이스라엘에게 말씀을 맡기심 같이 우리들에게는 지키는 복을 허락하셨음을 감사해야 합니다. 말씀으로 오신 주님이 어둔 세상에 우리의 등이 되시고, 발에 빛이 되셔서 실족치 않도록 하셨으니 감사할 일입니다. 일생 동안 말씀이 떠나지 않고, 그 말씀을 읽고, 듣고, 지키면서 변치 않는 하늘의 은총과 축복이 넘치시기를 간절히 소원합니다.

평가와 결심

1. 주의 말씀이 첫째 무엇 때문에 감사합니까?
   (시 119:97~98, 참된 지혜이기 때문에 감사함)
2. 주의 말씀이 둘째 무엇 때문에 감사합니까?
   (시 119:98~101, 죄 많은 인간의 구원의 말씀이기 때문에)
3. 주의 말씀이 셋째 무엇 때문에 감사합니까?
   (시 119:101~105, 우리의 축복이기 때문에 감사함)

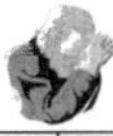

주간 경건의 시간 <44> · 날마다 말씀과 함께

요일 / 내용	주일/월(Mon)	화(Tue)	수(Wed)	목(Thu)	금(Fri)	토(Sat)
찬송	39동/ 37동	376 / 422	491 / 543	456 / 509	345 / 461	285 / 209
성경	시119: 9-16 / 17-24절	25-32절	33-40절	41-48절	49-56절	57-64절
적용	청년이 무엇으로 / 보게 하소서	주의 율례	주의 길	진리의 말씀	고난 중 위로	나의 분깃

* 세상을 본다는 것은 판단을 판단하는 것이다. <조세프 주베르, 1754-1824, 프랑스 도덕가>

영원한 의, 진리에 감사

찬송 / 420, 453, 484 / 통 212, 506, 533
성경 / 시편 119:137-144
요절 / 시편 119:142
"주의 의는 영원한 의요 주의 율법은 진리로소이다."
목표 / 영원한 의와 진리에 감사하는 은총을 받도록 한다.

시작하는 말

세상은 불의가 판을 치는 세상입니다. 그러므로 의가 숨어버렸습니다. 본문 137절을 보세요. "여호와여 주는 의로우시고 주의 판단은 옳으니이다"라고 했습니다. 세상은 얼마나 많은 사람들이 의롭지 못한 재판에 의해 억울한 고통을 당하는지 알 수 없습니다. 가난하고 병들고 돈 없는 사람은 무시를 당하고 억울함을 감수해야 합니다. 오늘 여러분에게 하나님의 영원하신 의가 찾아오시기를 바랍니다. 영원한 의는 하나님의 아들 독생자 예수이십니다. 영원한 의와 진리에 감사하시기 바랍니다.

오늘의 말씀

1. 하나님은 공의로운 판단으로 재판하십니다(시 119:137~138).

시편 기자는 하나님은 "억눌린 사람들을 위해 정의로 심판하시며 주린 자에게 먹을 것을 주시는 이시로다." 시 146:7절 라고 했습니다. 세상의 재판관들은 사람들을 재판할 때 돈이나 권력 등 배경에 따라 판단이 달라집니다. 그러나, 하나님의 심판은 공정하십니다. 세상에서 돈 없고, 배경도 힘도 없고, 의지할 것 없는 사람들의 부르짖음을 외면하시지 않으시고 들어주십니다. 그러므로 하나님의 공의로운 판단은 성도들로 하여금 공정한 대가로 하늘의 상급을 받도록 하십니다. 사도 바울은 이러한 자신에 대해 하나님의 심판을 이렇게 대변합니다.

"[7] 나는 선한 싸움을 싸우고 나의 달려갈 길을 마치고 믿음을 지켰으니", 딤후 4:7~8절 의로우신 재판장이 면류관을 주실 것을 말합니다.

· 함께 읽어요 : 디모데후서 4장 8절

"이제 후로는 나를 위하여 의의 면류관이 예비 되었으므로 주 곧 의로우신 재판장이 그 날에 내게 주실 것이며 내게만 아니라 주의 나타나심을 사모하는 모든 자에게니라."

2. 우리 고백은 '주의 말씀을 사랑 하나이다' 입니다(시 119:140-144).

시인은 본문에서 주의 말씀을 향한 그의 열정을 노래하고 있습니다. 그는 주의 말씀이 심히 순수하므로 '주의 종이 이를 사랑하나이다.' 라고 고백하고 있습니다. 하나님의 말씀은 순수하고 순결합니다. 진실합니다. 약속이 반드시 지켜졌습니다. 앞으로도 계속 지켜질 것입니다.

하나님이 인간에게 하신 말씀이 한 가지라도 지켜지지 않음이 없습니다. 시인은 시편 119편을 히브리어 22자를 8줄씩 기록하여 총 176절의 시를 쓰고 있습니다. 시인은 말씀을 사모하며 부르짖어 고백합니다.

· 함께 읽어요 : 시편 119편 148절

"[147] 내가 날이 밝기 전에 부르짖으며 주의 말씀을 바랐사오며 [148] 주의 말씀을 조용히 읊조리려고 내가 새벽녘에 눈을 떴나이다."

3. 말씀이 진리이기에 사랑하고 감사합니다(시 119:142~144).

우리 주님 예수 그리스도께서는 "그들을 진리로 거룩하게 하옵소서. 아버지의 말씀은 진리니이다." 요 17:17절 라고 말씀하셨습니다. 하나님의 말씀이 참되고 진실하다는 사실을 고백한 다윗은 자기의 행사를 다 주께 맡기는 삶을 살았습니다. 삼하 7:28절 그러기에 하나님께서는 다윗을 가리켜 "내가 이새의 아들 다윗을 만나니 내 마음에 맞는 사람이라 내 뜻을 다 이루리라"고 하셨습니다. 하나님의 말씀을 진리로 인정하고 받아들였으면 우리 성도들은 그 말씀대로 인생을 살아가야 합니다.

다른 많은 말씀을 들은 제자 중에 많은 사람이 떠나는 것을 보시고 주 예수께서 열두 제자들을 향하여 "너희도 가려느냐?" 라고 묻습니다. 그 때에 "시몬 베드로가 대답하되, 주여 영생의 말씀이 주께 있사오니 우리가 누구에게로 가오리이까?" 요 6:68절 라고 대답했습니다. 그래도 수제자首弟子 다운 대답입니다.

사랑하는 여러분! 오늘날의 문제는 진리가 없어서가 아닙니다. 진리와 가치관은 살아있지만, 우리가 그 진리에 근거하지 않고, 세상의 가치관을 선호하는 데서 큰 혼란이 오는 것입니다. 주의 말씀은 영생입니다. 영생을 세상의 무엇과도 바꿔서는 안 됩니다. 내가 가지고 싶다고 다 손에 넣으려는 욕심도 문제입니다. 영생을 위해서 세상의 값싼 모조품들을 다 버릴 수 있는 용기가 있어야 합니다. 하나님의 말씀은 진리이기에 그런 가치와 용기를 우리에 불어넣어 줍니다. 진리의 말씀을 일생동안 아끼고 사랑하면서 이웃에게 전하고 나누어 주기를 간절히 부탁드립니다.

· 함께 읽어요 : 요한복음 18장 37~38절

"37 빌라도가 이르되 그러면 네가 왕이 아니냐 예수께서 대답하시되 네 말과 같이 내가 왕이니라. 내가 이를 위하여 세상에 왔나니 곧 진리에 대하여 증언하려 함이 로라. 무릇 진리에 속한 자는 내 음성을 듣느니라하신대 38 빌라도가 이르되 진리가 무엇이냐 하더라."

정리하는 말

사랑하는 성도 여러분! 성경이 우리에게 가르쳐 주는 것처럼 주 예수 그리스도만이 영원한 의義이십니다. 주님만이 영원한 진리이십니다.

그래서 성경이 허물과 죄로 죽었던 우리를 살리신 예수! 십자가에서 우리 죄를 대속하신 예수! 나의 죄 때문에 죽었다가 부활하신 예수! 있을 곳을 예비 하시고 다시 오실 그리스도를 증언하는 것입니다. 여러분! 성경에서 증언 하는 예수 그리스도를 철저히 믿으시기 바랍니다.

평가와 결심

1. 진리이신 하나님이 우리들에게 행하시는 것이 무엇입니까?
   (시 119: 137~138, 하나님은 공의로운 판단을 하심)
2. 본문에서 우리 성도들이 해야 할 고백이 무엇입니까?
   (시 119: 140~144, '주의 말씀을 사랑 하나이다'라고 고백해야 함)
3. 하나님의 말씀을 대하는 태도는 어떻게 해야 합니까?
   (시 119: 142~144, 말씀이 진리이기에 사랑하고 감사해야 함)

주간 경건의 시간 <45> · 날마다 말씀과 함께

요일 내용	주일/월(Mon)	화(Tue)	수(Wed)	목(Thu)	금(Fri)	토(Sat)
찬송	28동 / 29동	314 / 511	353 / 391	436 / 493	542 / 340	521 / 253
성경	시119:65-72 / 73-80절	81-88절	89-96절	97-104절	105-112절	113-120절
적용	고난당한 것/ 주의 긍휼	주의 말씀	주의 성실	주의 법	발에 등 길에 빛	나의 은신처

* 좋은 예절과 훌륭한 도덕은 서로 맹세한 친구이며 변치 않는 맹우盟友이다.

< 시루스 A. 바툴, 1813-1900, 미국 유일교회 성직자 >

의로운 규례로 찬양과 감사

찬송 / 393, 217, 494 / 통 447, 362, 188
성경 / **시편 119:161-168**
요절 / **시편 119:164**
"주의 의로운 규례들로 말미암아 내가 하루 일곱 번씩 주를 찬양하나이다."
목표 / 의로운 규례로 하루 일곱 번씩 찬양과 감사하는 태도를 가진다.

시작하는 말

성도들의 찬송은 많은 사람들에게 은혜를 끼쳐왔습니다. 초대 기독교 교부 어거스틴Augustine은 그의 회심한 곳인 밀라노에서 교회의 찬송 소리를 듣고 감격하여 그 기쁨 때문에 울기까지 했다고 합니다. 본문은 하나님의 법과 규례를 사모하는 의인의 간절함에 대한 기록입니다. 우리는 사모하던 말씀을 소유했을 때, 누리는 기쁨이 얼마나 큰 것인지를 상상해 볼 수 있습니다. 하루 일곱 번씩 주를 찬양하는 시인의 즐거움의 은총이 여러분들에게도 임하시기를 간절히 축복합니다.

오늘의 말씀

1. 주의 백성들은 주님의 법을 사랑해야 합니다(시 119:161~163).

시편 기자는 죄에 대하여 뿌리 깊은 반감을 지니고 있었습니다. 그래서 그는 단호하게 "나는 거짓을 미워하며 싫어하고 주의 율법을 사랑하나이다." 164절 라고 고백했습니다. 여러분! 거짓을 미워하며 싫어한다는 것은 하나님께서 '거짓된 혀와 무죄한 자의 피를 흘리는 손' 잠 6:17절을 미워하시기 때문입니다. 거짓은 자신의 인격을 속이는 것뿐만 아니라, 타인의 진실까지도 유린합니다. 하나님의 자녀는 거짓된 불의와 타협하거나 용납해서는 아니 되는 것입니다.

· 함께 읽어요 : 시편 119편 161절
"고관들이 거짓으로 나를 핍박하오니 나의 마음은 주의 말씀만 경외하나이다."

2. 주의 의로운 규례 때문에 하나님을 찬양합니다(시 119:164).

다윗은 자신의 처지가 탄식과 한숨으로 점철될 수밖에 없는 형편에서도 "주의 의로운 규례로 말미암아 내가 하루 일곱 번씩 주를 찬양하나이다"라고 고백합니다. 여러분! 일주일에 한 번 주일 예배 참석하여 찬송을 부르는 데도 찬송 가사가 너무 길다고 불평합니다. 우리는 숨 쉬는 순간마다 찬양을 드린다 해도 받은 은혜를 어떻게 다 갚겠습니까?

시인은 사람이 많은 탈취물을 얻은 것처럼 주의 의로운 규례 때문에 기뻐하며, 하나님을 사모하고 주의 말씀을 즐거워하고 있습니다.

율법을 사랑한다는 것은, 곧 거짓을 싫어하고 진리를 사랑하는 것이기 때문입니다.

어렸을 때부터 하나님의 말씀을 사랑하며 말씀을 담은 찬송가를 부르도록 한다면, 그들의 영혼은 맑아지며 하나님 사랑하는 마음과 신앙으로 자라게 될 것입니다. 자녀들과 함께 찬송을 부르십시오. 자녀들과 함께 성경을 통독하십시오. 그들의 마음과 심령에 하나님의 말씀과 찬송이 굳게 자리 잡아 일생동안 그들을 축복으로 인도해 줄 것입니다.

· 함께 읽어요 : 시편 119편 164절
"주의 의로운 규례들로 말미암아 내가 하루 일곱 번씩 주를 찬양하나이다."

3. 주의 법을 사랑하는 자에게 큰 평안이 임합니다(시 119:165~168).

인생이 가장 행복하게 느낄 때는 평안함을 인식할 때입니다. 이러한 평안은 짐승들이 배가 불렀을 때 느끼는 그런 육신의 포만감이 아닙니다.

주님의 영과 하나님의 말씀으로 채워져 세상 잡념들이 자리할 틈이 없이 사라졌을 때, 하나님의 사람은 기뻐할 수 있는 것입니다.

하루 시간을 정하고, 기도로 준비하고, 찬송을 부르며 말씀을 읽고 묵상해 가는 것이야말로 최고 최선의 행복을 가꿔가는 길입니다.

주의 법을 사랑하십시오. 큰 평안이 올 것입니다. 가로 막힌 장애물도 평탄하게 될 것입니다. 항상 사람들을 경계하고 살아간다는 것은 피곤한 일입니다. 마음을 여시고, 이웃을 사랑하고, 원수까지도 사랑하며 살아가는 것은, 자신을 위한 행복의 길인 줄 믿으시기 바랍니다.

삶의 여정에서 원수를 친구로 삼아 살아간다는 것은 사랑의 실천이며, 생산적이고 소망적인 최선의 방법으로 살아가는 아름다운 길입니다.

시인은 자기가 주의 법을 사랑하고 즐거워함을 노래합니다. 주의 법을 사랑하는 자에게 평안이 임할 것을 알려줍니다.시 119:165절

책상 앞에 앉아서 하루를 시작하면서 그리고 하루 일과를 마치고 조용히 침상에 앉아서 손을 모으고 이렇게 기도해 보십시오.

"오! 하나님, 나의 영이 주님의 말씀과 성령으로 만족하게 하옵소서. 오! 하나님, 세상 잡념이 나를 엄습하지 못하게 하옵소서."

오늘 하루 동안에도 주님의 영광을 가린 적은 없는가? 말에서 실수한 적은 없는가? 반성하면서 주의 의로운 규례와 말씀으로 인하여 온 마음 다해 기뻐 찬양할 수 있기를 주님의 이름으로 기원합니다.

· 함께 읽어요 : 시편 119편 166~167절

"166 여호와여 내가 주의 구원을 바라며 주의 계명들을 행하였나이다. 167 내 영혼이 주의 증거들을 지켰사오며 내가 이를 지극히 사랑하나이다."

정리하는 말

하나님의 말씀과 규례를 인하여 기뻐하고 찬양하던 시인 다윗도 우리와 다를 바 없는 실수투성이인 사람이었습니다. 그러나 그는 '주의 의로운 규례를 인하여 하루 일곱 번씩 주를 찬양 하나이다' 라고 고백하고 있습니다. 오늘 여러분들에게도 주의 의로운 규례를 인하여 하루 일곱 번씩 찬양하는 은총이 임하시기를 간절히 소원하고 축복합니다.

평가와 결심

1. 주의 백성들은 주의 의로운 규례를 첫째 어떻게 해야 합니까?
   (시 119:163, 마음에 두고 읽고 묵상하고 사랑해야 함)
2. 주의 백성들은 주의 의로운 규례 인해 둘째 어떻게 해야 합니까?
   (시 119:164, 하루 일곱 번씩 하나님을 찬양해야 함)
3. 주의 법을 사랑하는 자에게 어떤 복이 임합니까?
   (시 119:165, 장애물이 없는 큰 평안이 임함)

주간 경건의 시간 <46> · 날마다 말씀과 함께

요일 / 내용	주일/월(Mon)	화(Tue)	수(Wed)	목(Thu)	금(Fri)	토(Sat)
찬송	25동/ 23동	393 / 447	450 / 376	491 / 543	520/ 257	210 /245
성경	시 119:121-128 / 129-136절	137-144절	145-152절	153-160절	161-168절	169-176절
적용	순금보다/나의 발걸음	영원한 의	읊조리려고	말씀의 강령	의로운 규례	주의 말씀대로

* 도리의 명에 따라 노하기를 자제하는 사람은 용자라 칭하여도 가하다.

< 플라톤, B. C. 427-347, 그리스 철학자 >

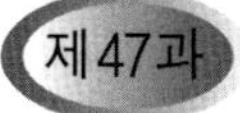

기쁨의 단을 거두는 감사

찬송 / 590, 588, 592 / 통 309, 307, 311
성경 / 시편 126:1-6
요절 / 시편 126:6
"울며 씨를 뿌리러 나가는 자는 반드시 기쁨으로 그 곡식 단을 가지고 돌아오리로다."
목표 / 기쁨의 단을 수확하고 감사하며 살아가도록 한다.

시작하는 말

이 시는 해방의 기쁨을 노래하고 있는 것으로 보아 바벨론 포로에서 귀환한 후 수확의 기쁨으로 천진난만하게 하나님께 감사하고 있습니다. 시인은 과거에 베풀어 주신 구원을 회상하면서 그 구원의 하나님께서 눈물과 수고로 현재를 살아가는 자들을 건지실 뿐 아니라, 영광과 기쁨으로 회복시켜 주실 것을 바라보며 찬양하고 있는 것입니다. 역경 중에도 상황을 변화시키시는 하나님께 감사하시기를 바랍니다.

오늘의 말씀

1. 과거의 역경 중 건져 주신 하나님께 감사해야 합니다(시 126:1~3).

이 시는 고난과 역경 중에 있는 이스라엘 공동체가 하나님의 구원을 신뢰하는 증거로서 하나님께서 이미 이루어 놓으신 구원의 역사를 회상하는 것으로 시작하고 있습니다. 포로지에서 돌아오긴 했어도 고향에서 겪고 있는 것은 그 땅의 황폐함과 생활고와 온갖 어려움이 저들을 괴롭혔을 것입니다. 시인은 시온의 포로를 돌리실 때에 꿈꾸는 것 같았다고 털어놓았습니다. 그래서 입에는 웃음이 가득하고 혀에는 찬양이 찼었다고 고백합니다. 그뿐입니까 주변 사람들이 여호와께서 그들을 위하여 큰일을 행하셨다고 함께 기뻐해 주었습니다.

· 함께 읽어요 : 시편 126장 2절
"그때에 우리 입에는 웃음이 가득하고 우리 혀에는 찬양이 찼었도다. 그때에 뭇 나라 가운데에서 말하기를 여호와께서 그들을 위하여 큰일을 행하셨다 하였도다."

2. 하나님은 현재의 환란과 역경에서 건져주십니다(시 126:4).

시인은 과거에 대한 회상을 통해 이스라엘 신앙 공동체가 하나님을 깊이 신뢰할 수 있는 토대를 마련했습니다. 그 과거는 하나님의 이적적인 권능을 의지할 수 있는 흔들리지 않는 바탕이었습니다.

이 든든한 바탕 위에서 시인은 하나님을 그들의 과거의 어려움만이 아니라, 현재의 어려움도 해결해 주시는 분으로서 신뢰하며 다음과 같이 간구합니다. 4절을 함께 읽습니다. "여호와여 우리의 포로를 남방 시내들 같이 돌려보내소서." 여기에서 포로에서 돌아온 자신들의 어려움을 잘 묘사하고 있음에 주목하시기 바랍니다. 시인은 그들의 처지를 바꿔 주시고 완전히 돌리시기를 기도합니다. 이러한 담대한 기도는 인간 자신에게는 털끝만큼의 근거도 두지 않는 기도입니다. 오로지 하나님의 전적인 이적적 구원의 은혜만을 의지하고 있는 것입니다.

· 함께 읽어요 : 시편 126편 4절
"여호와여 우리의 포로를 남방 시내들 같이 돌려보내소서."

3. 하나님은 분명히 미래에도 영광을 베풀어 주실 것입니다(시 126:5~6).

시인은 현재의 역경에서 건져주실 것을 신뢰하는 간구를 드린 후, 현재의 고난을 넘어 알게 될 영광된 미래를 확신 있게 선언합니다.

그것은 고난에 처한 이스라엘 백성들에게 던지는 위로와 격려의 선포입니다. 5절 말씀을 함께 읽겠습니다.

"눈물을 흘리며 씨를 뿌리러 나가는 자는 반드시 기쁨으로 거두리로다." 여기서 '울며 씨를 뿌리러 나가는 자'란 이스라엘의 현재적인 역경을 상징합니다. 시인이 현재의 고난과 미래의 영광을 농사로 비유하는 데는 어떤 뜻이 있겠습니까? 그리고 씨 뿌림을 왜 눈물을 흘리는 고통으로 표현했겠습니까? 사실 이 비유는 논리적 설득이나 부르짖는 웅변보다도 더 많은 내용과 확신을 마음속에 심어 놓고 있는 것입니다.

그는 현재의 고난에서 미래의 영광으로 이적적인 변화를 일으키실 하나님의 구원의 권능을 사람들이 지나치기 쉬운 자연 세계의 이적을 통해 조용히 설득하며 확신시킵니다. 강요하지 않으면서도 의심의 털끝조차 없는 확신을 보여주는 방식으로, 이것보다 더 좋은 방법은 없을 것입니다.

씨가 뿌려진다는 것은 씨 자체가 죽음을 거친다는 뜻입니다. 그 자체는 일종의 현재적 고통입니다. 그리고 열매를 내기까지 긴 시간을 기다려야 합니다. 이 과정도 고통으로 볼 수 있습니다. 그러나 그 땅 속에 심겨진 씨앗은 죽은 후 다시 싹이 나고 결국 헤아릴 수 없는 많은 열매를 맺게 됩니다. 이것이야말로 하나님의 이적을 보여주는 것입니다. 하나님의 창조적이고 이적적인 능력의 활동만이 자연세계의 이적과 변화를 일으킬 수 있으며, 인간 개인의 생애에까지도 주관하시고 역사하실 수 있는 것입니다.

· 함께 읽어요 : 시편 126편 6절

"울며 씨를 뿌리러 나가는 자는 반드시 기쁨으로 그 곡식 단을 가지고 돌아오리로다."

정리하는 말

씨를 뿌리는 것과 추수하는 일이 분리 될 수 없듯이, 고난과 영광도 결코 떼어놓을 수 없습니다. 그 양자는 함께 있지만 전혀 다른 모습을 지니고 있습니다. 어둠과 빛, 고통과 희락, 억압과 자유처럼 말입니다. 여러분! 죽어야 열매를 맺는다는 사실을 통해, 고난 후 영광을 주신다는 하나님의 놀라운 은총을 깨달으시기를 간절히 소원합니다.

평가와 결심

1. 시인은 무엇을 누구에게 감사하고 있습니까?
   (시 126:1~3, 과거의 역경 중 건져주신 하나님께 감사)
2. 시인은 현재의 무엇을 기도하고 있습니까?
   (시 126:4, 현재의 역경에서 건져주실 것을 기도함)
3. 시인은 분명 어떤 하나님으로 신뢰하고 있습니까?
   (시 126:5~6, 미래에도 영광을 베풀어 주실 하나님)

주간 경건의 시간 <47> · 날마다 말씀과 함께

요일 / 내용	주일/월(Mon)	화(Tue)	수(Wed)	목(Thu)	금(Fri)	토(Sat)
찬송	86동 / 91동	278 / 336	397 / 454	442 / 499	478 / 78	445 / 502
성경	시120: / 121:	시 122:	시 123:	시 124:	시 125:	시 126:
적용	로뎀 나무 숯불/밤의 달	성 안에 평안	눈을 들어 주께 향함	우리 편에 계심	마음 정직한 자	눈물을 흘리며

* 우리가 용서받기 위해 기도하고, 용서하기 위해 기도하는 것보다 아름다운 것은 없다. < 쟝 파울 리히터, 1763-1826, 독일 해학가 >

11단원 은총 감사의 달

수고한 대로 주심을 감사

찬송 / 240, 445, 461 / 통 241, 502, 519
성경 / 시편 128:1-6
요절 / 시편 128:2
"네가 네 손이 수고한 대로 먹을 것이라 네가 복되고 형통하리로다."
목표 / 청년의 때에 창조주를 기억하며 살아가는 태도를 기른다.

시작하는 말

이 시는 하나님을 경외하는 인생이 누리는 복에 관해서 노래하고 있습니다. 시인은 개인 생활과 가정 생활, 그리고 하나님의 백성 전체에 미치는 하나님의 축복을 서로 연관시키면서 하나님을 경외하는 것이 진정한 인생의 기쁨이 된다는 것을 교훈하고 있습니다. 또한 신앙인들로 하여금 복 주시는 하나님을 계속하여 경외하도록 격려합니다. '지혜의 시'를 통해서 가정의 복을 전체 믿음의 공동체에게까지 확대시키고 있는 것입니다. 하나님을 경외하는 믿음으로 형통시기를 소원합니다.

오늘의 말씀

1. 하나님을 경외하는 자는 복이 임할 것입니다(시 128:1).

누구나 복된 인생을 꿈꿉니다. 시인은 하나님을 경외하는 태도와 일상생활에서의 행위, 그리고 하나님께로부터 받는 복이 연관성이 있다고 가르치고 있습니다. 1절을 함께 읽겠습니다. "여호와를 경외하며 그의 길을 걷는 자마다 복이 있도다." 여기서 '여호와를 경외하는 자'란 일상의 삶에서 하나님의 도道에 복종한다는 것입니다. 여기 '하나님을 경외한다'는 것은 구약의 경건의 핵심입니다. 시인은 하나님께서 그분을 경외하며 일생 생활에서 그 뜻을 준행하는 자에게 복을 주신다고 강조합니다.

· 함께 읽어요 : 신명기 10장 12절
"이스라엘아 네 하나님 여호와께서 네게 요구하시는 것이 무엇이냐 곧 네 하나님 여호와를 경외하여 그의 모든 도를 행하고 그를 사랑하며 마음을 다하고 뜻을 다하여 네 하나님 여호와를 섬기고"

2. 하나님의 복은 우리 삶 속에서 실제적으로 역사합니다(시 128:2~3).

시인은 일반적인 복의 원리를 설명하고 이제는 그 원리가 실제적으로 삶의 영역에서 어떻게 나타나는지에 대해 말하고 있습니다.

2절을 함께 읽겠습니다. "네가 네 손이 수고한 대로 먹을 것이라 네가 복되고 형통하리로다." 그는 인생의 가장 근본적인 삶의 두 영역, 즉 일터·직장노동의 현장과 가정 생활에서 누리게 될 복을 이야기 합니다.

첫째는, 그는 인간이 노동하며 그로부터 얻은 소득으로 삶을 영위할 수 있다는 것을 하나님의 복으로 제시합니다.

둘째는, 시인은 하나님을 경외하며 그 도에 행하는 자가 받을 복으로 '행복한 가정 생활'을 말합니다. 그가 말하는 복된 가정이란 남편과 아내, 그리고 자녀들이 함께 사랑하며 어울려 사는 가정을 말합니다.

· 함께 읽어요 : 시편 128편 3절
"네 집 안방에 있는 네 아내는 결실한 포도나무 같으며 네 식탁에 둘러앉은 자식들은 어린 감람나무 같으리로다."

3. 여호와를 경외하는 자는 삶의 총체적인 복을 받습니다(시 128:5~6).

여호와를 경외하는 자의 일상에서의 복을 노래한 시인은 결국 하나님께서 삶의 모든 영역을 다스리시는 유일한 분이시며, 주인이라는 진리를 인식하도록 합니다. 그리고 하나님을 경외하는 삶이 그 중심에 있음을 지적하면서 결론적으로 축복을 선포합니다.

5절을 함께 읽겠습니다.

"여호와께서 시온에서 네게 복을 주실지어다 너는 평생에 예루살렘의 번영을 보며"라고 말씀합니다. 개인과 가정의 복을 말하던 그가 이제는 '시온'을 생각하게 합니다. '시온'은 하나님께서 계신 곳입니다. 그분을 중심으로 마음을 집중하게 될 때, 하나님을 경외하는 자의 복이 노동 생활이나 가정 생활에만 국한 된 것이 아니라는 것을 깨닫게 합니다.

끝으로 이러한 하나님의 복이 시온과 이스라엘에 임하기 위해 시인은 '자손 번영'의 축복을 선포합니다.

결론적으로, 이 시는 한 개인의 경건을 중요시 여기며, 그 경건이 그의 일과 가정생활에서 어떻게 관련되는지를 보여줍니다. 그리고 가정의 경건과 복은 시온으로 상징되는 하나님의 전체 백성과 연결되며, 그 모든 관계의 중심에는 '하나님께 대한 경외'가 핵심인 것을 말씀합니다.

한 개인의 영적 세계와 정신 세계와 생활의 중심 그리고 가정과 민족과 국가의 중심도 '하나님 경외'의 신앙에 뿌리를 둬야 합니다. 그래야 그것들이 서로 연관성이 있고 영향을 끼칩니다. 그러므로 개인주의가 아닌 국가와 전체로서의 하나님의 백성의 공동체를 중요시 여기면서, 편향에 빠지지 않고 균형을 이뤄 아름다운 축복의 공동체를 이루어 가시기 바랍니다.

· 함께 읽어요 : 시편 128편 6절

"네 자식의 자식을 볼지어다. 이스라엘에게 평강이 있을지어다."

정리하는 말

사랑하는 성도 여러분! 여호와를 경외하는 자마다 복이 있습니다. 수고한 대로 먹을 것이며, 복되고 형통할 것입니다. 가정이 복되고 자손이 복을 받을 것입니다. 이런 복이 국가와 민족에까지 이르게 될 것입니다. 여호와께서 시온에서 복을 주시고, 예루살렘의 번영을 보며, 자식의 자식을 볼 것이 분명합니다. 확신하시기 바랍니다. 이런 은총이 여러분의 개인과 가문과 나라에도 임하기를 간절히 소원합니다.

평가와 결심

1. 시인이 첫 번째 소개하는 복된 사람은 어떤 사람을 말합니까?
   (시 128:1, 여호와를 경외하며 그의 길을 걷는 자입니다.)
2. 시인이 두 번째 소개하는 복된 사람은 어떤 사람을 말합니까?
   (시 128:2~3, 일상의 복을 받아 누리는 자입니다.)
3. 시인이 세 번째 소개하는 복된 사람은 어떤 사람을 말합니까?
   (시 128:5~6, 시온과 예루살렘, 이스라엘의 복입니다.)

주간 경건의 시간 <48> · 날마다 말씀과 함께

요일 / 내용	주일/월(Mon)	화(Tue)	수(Wed)	목(Thu)	금(Fri)	토(Sat)
찬송	85동 / 87동	286 / 218	285/ 209	298/ 35	380 / 424	386 / 439
성경	시 127: / 128:	시 129:	시 130:	시 131:	시 132:	시 133:
적용	잠을 주심 / 자식의 자식	지붕의 풀 같음	파수꾼의 아침	고요하고 평온한 영	예배 하리로다	형제가 연합

* 행위를 선하게 하거나 악하게 만드는 것은 그의 의지다. < 로버트 헤릭, 1591~1674, 영국 시인 >

12단원 한해 결산의 달

전력투구의 인생 결산

찬송 / 333, 331, 336 / 통일 381, 375, 383
성경 / 시편 138:1-8
요절 / 시편 138:1
"내가 전심으로 주께 감사하며 신들 앞에서 주께 찬송 하리이다."
목표 / 전력투구의 인생을 살았는가를 점검하고 결단하도록 한다.

시작하는 말

여러분! 오늘 본문 1절은 시인의 아름다움이 나타납니다. '전심으로 주께 감사한다'는 말씀이 참으로 소중한 결심입니다. 이어서 신神들 앞에 주께 찬양하겠다는 고백은 현대를 살아가는 우리에게 큰 교훈을 줍니다. 오직 주님만 바라보겠다는 경외의 고백이기 때문입니다. 우리는 주님만 섬기는 인생이 아름다운 인생임을 명심하고 세상과 결탁하지 마시기 바랍니다. 여러분! 세상의 환경이 제 아무리 어려울지라도 주님께 감사하며 찬송하는 전력투구의 삶을 사시기 바랍니다.

오늘의 말씀

1. 하나님께 충만한 감사로 살아가야 합니다(시 138:1:1~3).

여기 시인을 보십시오. 그는 성전 앞뜰에서 '성전을 향하여' 하나님께 경배합니다. 그의 경배는 감사로 가득 차 있습니다. 여러분들의 하루의 생활이 감사와 찬송으로 시작하며 기쁨이 충만한 삶이 되시기를 바랍니다. 어떤 사람의 하루 생활하는 모습을 비디오로 촬영해 보았답니다. 하루가 끝나고 그걸 열어보았더니 너무도 실망스럽더랍니다. 왜냐하면 하루 종일 바쁘고, 화를 내는 모습이었기 때문입니다. 여러분들의 하루 삶은 어떻습니까? 기분 좋은 하루, 기쁜 찬송이 넘치는 하루, 감사가 충만한 하루로 살아가시기를 바랍니다.살전 5:16~18절

· 함께 읽어요 : 데살로니가전서 5장 16~18절
"16 항상 기뻐하라 17 쉬지 말고 기도하라. 18 범사에 감사하라 이것이 그리스도 예수 안에서 너희를 향하신 하나님의 뜻이니라."

2. 하나님께 전폭적인 감사로 살아가야 합니다(시 138:1:4~6).

시인은 역사적 문맥 안으로 하나님께 대한 감사를 점점 확대해 나갑니다. 자신의 감사가 극에 달해 주체할 수 없어 터져 나오는 것입니다. 그 내용은 하나님께 드리는 왕들의 감사와 찬양입니다.

여러분! 우리 성도들이 찬송과 찬양을 드리는 것은 자연스러운 것입니다. 그런데 시인은 열 왕이 주께 감사할 이유를 말하고 있습니다.

열 왕이 여호와의 도道를 노래해야 할 근거를 제시하고 있습니다.

우리가 섬기는 하나님은 열 왕들보다 더 높으신 하나님이시기 때문입니다. 그러나 낮은 자들에게는 인자하셔서 굽어 살피시는 하나님이시라는 것입니다. 여러분! 이런 하나님께 전폭적인 감사를 드려야 합니다. 우리 전지전능하신 여호와 하나님께 감사가 넘치시기를 바랍니다.

함께 읽어요 : 시편 138장 5~6절
"5 그들이 여호와의 도를 노래할 것은 여호와의 영광이 크심이니이다. 6 여호와께서는 높이 계셔도 낮은 자를 굽어 살피시며 멀리서도 교만한 자를 아심이니 이다."

3. 궁극적 구원의 확신으로 살아가시기 바랍니다(시 138:7~8).

구원 받은 하나님의 백성들은 거저 된 것이 아님을 알아야 합니다. 하나님께서 세상을 이처럼 사랑하셔서 사랑하는 독생자 예수 그리스도를 화목제물로 보내 주셨습니다. 그뿐입니까? 성령께서 십자가의 대속의 은총을 우리에게 적용시켜 주셨습니다. 우리 성도들을 도망가지 못하도록 궁극적인 구원의 은총으로 묶어 놓으셨습니다.

우리가 새벽 날개를 치며 바다 끝에 갈지라도 하나님은 거기 계시고, 땅 속 깊은 흑암 속에 들어갈지라도, 하나님께서 빛으로 찾아 오셔서 인도해 주십니다. 하늘 공중 어느 곳인들 숨을 곳이 있겠습니까?

찬란하고 희망찬 태양이 오늘도 힘 있게 비추어 주십니다. 밤에 달이 지면을 비추듯 주 하나님의 사랑의 빛이 온 세상을 비추어주십니다. 우리가 그 크신 하나님의 사랑을 어디 간들 잊겠습니까?

시인은 환난 중에 다닐지라도 주께서 살아나게 하셨다고 고백합니다. 주님의 손을 펴시어서 원수들의 분노를 막으신다고 했습니다. 주님의 능력의 팔과 오른 손이 구원하신다고 고백합니다.

시인의 고백을 조용히 읊조리며, 오늘 우리들의 삶의 영역 속에 깊숙이 개입하신 하나님의 손길을 저지할 수 없는 줄 믿으시기 바랍니다. 하나님의 구원의 손길은 어제나 오늘이나 영원토록 변함이 없으십니다. 소리 없이 영혼의 깊은 곳까지 들려오는 하나님의 사랑 노래를 온 가족이 함께 부를 수 있기를 바랍니다.

· 함께 읽어요 : 시편 138편 7~8절

"[7] 내가 환난 중에 다닐지라도 주께서 나를 살아나게 하시고 주의 손을 펴사 내 원수들의 분노를 막으시며 주의 오른손이 나를 구원 하시리 이다 [8] 여호와께서 나를 위하여 보상해 주시리이다. 여호와여 주의 인자하심이 영원하오니 주의 손으로 지으신 것을 버리지 마옵소서."

정리하는 말

사랑하는 성도 여러분! 오늘도 하루의 삶을 사시느라고 얼마나 지치셨습니까? 결승선에서 얻은 결과는 만족하십니까? '전력투구의 삶'이란 날마다 시간마다 순간순간마다 하늘의 하나님을 향해 달려가는 과정입니다. 오늘도 살아계신 하나님께서 여러분들의 삶에 깊숙이 개입하셔서 순간순간 승리의 아름다운 결실이 있으시기를 간절히 소원합니다.

평가와 결심

1. 최선을 다해 살아가는 삶은 첫째 어떻게 살아가야 합니까?
   (시 138:1~3, 충만한 감사로 살아가야 합니다)
2. 최선을 다해 살아가는 삶은 둘째 어떻게 살아가야 합니까?
   (시 138:4~6, 확대된 감사로 살아가야 합니다)
3. 최선을 다해 살아가는 삶은 셋째 어떻게 살아가야 합니까?
   (시 138:7~8, 궁극적 구원의 확신으로 살아가야 합니다)

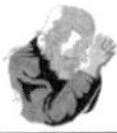

주간 경건의 시간 <49> · 날마다 말씀과 함께

요일 / 내용	주일/월(Mon)	화(Tue)	수(Wed)	목(Thu)	금(Fri)	토(Sat)
찬송	146동144동	531 / 321	491 / 543	456 / 509	415 / 471	258 / 190
성경	시 134: / 135:	시 136:	시 137:	시 138:	시 139:	시 140:
적용	송축하라 / 찬송하라	감사하라	울 지어다!	예배하라	새벽 날개	변호해 주심

* 그리스도의 학교에서 제1과는 자기를 부인하는 것이다.
<매튜 헨리 1662-1714, 영국 신학자>

미래의 번영과 축복의 찬양

찬송 / 453, 445, 525 / 통 506, 502, 315
성경 / 시편 144:1-15
요절 / 시편 144:3
"여호와여 사람이 무엇이기에 주께서 그를 알아주시며 인생이 무엇이기에 그를 생각하시나이까."
목표 / 우리는 미래의 번영과 소원을 간구하며 축복을 확신하도록 한다.

시작하는 말

본문에서 다윗은 '나의 반석이신 하나님'이라고 부르고 있습니다. 그는 개인적인 심령의 문제가 아닌 왕권으로 다스리는 나라의 문제를 들고 하나님께 나아갔습니다. 먼저 그 나라를 지켜 주신 하나님께 대한 신뢰와 감사와 찬양을 드리고, 현재의 대적자들로부터 오는 위험에 놓인 이스라엘에 대한 구원을 간구했습니다. 다윗의 탄원시처럼, 여러분도 가족이나 직장의 문제를 위해 간구할 의무가 있음을 명심하시기 바랍니다.

오늘의 말씀

1. 다윗은 과거 구원에 대한 감사와 찬양을 드렸습니다(시 144:1~4).

이 시는 다윗의 왕권을 근거로 하여 하나님께 탄원을 올리는 궁중 시입니다. 시인은 하나님을 찬양하는 것으로써 그의 간구와 탄원을 시작합니다.

① 하나님의 도우심을 찬양합니다.1~2절 시인은 과거를 회상하면서 "나의 반석이신 여호와를 찬송하리로다"라고 노래합니다. 여기서 왕인 시인은 과거 하나님께서 자신을 도와주신 데 대한 감사와 찬양을 드렸습니다.

② 하나님의 은혜에 대한 놀라움에 사로잡힙니다. 3~4절 시인은 자신의 현재적 형편을 생각할 때 하나님의 은총이 얼마나 큰지 놀라웠습니다.

하나님 앞에서 피조 된 인간으로서의 자기 존재에 대한 자각을 잊지 않았습니다.

· 함께 읽어요 : 시편 144편 2절
"여호와는 나의 사랑이시요, 나의 요새이시요, 나의 산성이시요, 나를 건지시는 이시요, 나의 방패이시니 내가 그에게 피하였고, 그가 백성을 내게 복종하게 하셨나이다."

2. 다윗은 대적의 손에서 구원을 간구합니다(시 144:5~11).

시인은 자신의 겸허한 고백을 통하여 하나님 앞에 간구하고자 주께 나아갑니다. 간구의 상황이 무엇인지 구체적인 역사적 정황은 알 수 없지만 '대적들', 즉 '이방인의 공격'이 있다는 것은 분명합니다. 그들은 동맹을 맺었으나 '거짓'이었고, 정치·군사적 동맹을 파기한 상태였습니다. 그들은 시인과 그 나라를 공격하는 거짓된 오른손이었습니다. 이제 시인은 이전의 역사적 경험처럼 자신의 군사적 능력이나 권세를 신뢰하지 않고, 오직 하나님께 간구했던 것입니다.

· 함께 읽어요 : 시편 144편 8절
"그들의 입은 거짓을 말하며 그의 오른손은 거짓의 오른손이니 이다."

3. 미래의 번영과 축복을 간구하고 찬양합니다(시 144:12~15).

시인은 거듭된 간구를 올린 후, 하나님께 찬양의 서약을 하고 있습니다. 그의 탄원은 찬양으로 귀결됩니다.

9절을 함께 읽겠습니다. “하나님이여 내가 주께 새 노래로 노래하며 열 줄 비파로 주를 찬양 하리이다.” 시인은 10절에서 “주는 왕들에게 구원을 베푸시는 자시요, 그의 종 다윗에게 그 해하려는 칼에서 구하시는 자시니이다”라고 구체적으로 노래합니다.

이 시인은 거듭된 간구를 드린 후, 이스라엘의 미래가 전적으로 하나님의 복 주시는 은혜에 달려 있다고 서술하고 있습니다.

이는 시인이 자기의 나라에 대해 내리실 축복인 동시에, 하나님께 드리는 간구의 성격을 가지고 있습니다. 또한 미래의 번영을 기대하면서 미리 느끼는 기쁨이 표현되어 있습니다.

시인의 축복은 다음과 같이 미래에 다가올 세 가지 기대였습니다.

첫째로, 미래에 건강한 후손을 위한 기대입니다.

둘째로, 물질적 풍요를 위한 기대입니다.

셋째로, 전쟁 없는 평화를 위한 기대입니다.

이 세 가지 축복과 간구 안에 요약되어 있는 시인의 관점은 하나님만이 그 백성의 구원자요, 승리케 하시는 자요, 풍요롭게 하시는 분이라는 것입니다. 이러한 복이 여호와를 자기 하나님으로 삼을 때 주어진다는 것입니다. 여러분! 가장 중요한 사실은 우리의 영적인 문제가 모든 육적인 문제를 아우른 다는 것입니다. 항상 성령이 충만하여 금생 내세에 형통의 복을 누리시기 바랍니다.

· 함께 읽어요 : 시편 144편 15절

“이러한 백성은 복이 있나니 여호와를 자기 하나님으로 삼는 백성은 복이 있도다.”

정리하는 말

사랑하는 성도 여러분! 하나님의 놀라운 복은 우연의 결과라기보다는 성도들이 제대로 신앙생활을 잘 하는 것이 기본임을 알아야 합니다. 다윗은 이 근본적인 사실을 일찍 깨달았기에 백성들로 하여금 여호와를 하나님으로 삼도록 가르쳤으며 새로운 감명을 받았습니다. 여러분! 믿음으로 자자손손 하나님의 축복 속에 살아가시기를 간절히 소원합니다.

평가와 결심

1. 다윗이 왕권을 갖고 구원 요청하기 전 하신 첫째가 무엇입니까?
   (시 144:1~4, 과거에 베풀어주신 구원에 대한 감사 찬송)
2. 다윗이 왕권을 가지고 간구한 내용이 무엇입니까?
   (시 144:5~8, 대적의 손에서 구원하기를 간구함)
3. 다윗이 찬양한 후에 무엇을 기도하고 있습니까?
   (시 144:12~15, 미래의 번영을 위한 축복과 간구함)

주간 경건의 시간 <50> · 날마다 말씀과 함께

요일 / 내용	주일/월(Mon)	화(Tue)	수(Wed)	목(Thu)	금(Fri)	토(Sat)
찬송	87동 / 93동	362 / 481	446 / 500	532 / 323	586 / 521	569 / 442
성경	시 141: / 142:	시 143:	시 144:	시 145:	시 146:	시 147:
적용	나의 기도가/ 나의 분깃	응답 하소서	열 줄 비파	노하기를 더디 하심	하나님께 소망	말씀이 속히 달림

* 공적을 선포하기에 서두는 자선은 자선이 아니요, 다만 긍지와 허세를 부린 것에 불과하다.

< 윌리엄 휴턴, 1723-1815, 영국 골동품 연구가 >

항상 기쁨으로 찬양하는 삶

찬송 / 131, 488, 321 / 통 24, 539, 351
성경 / 시편 148:1-14, 150:1-6
요절 / 시편 148:1
"할렐루아 하늘에서 여호와를 찬양하며 높은 데서 그를 찬양할지어다."
목표 / 항상 기뻐 찬양하는 삶으로 살아가는 태도로 가진다.

시작하는 말

여러분은 하루에 말씀을 읽고 묵상하는 시간, 기도하는 시간, 찬양하는 시간이 얼마나 됩니까? 다윗은 다양한 피조물들을 찬양의 주체들로 내세워 하나님을 우주적으로 찬양하고 있습니다. 이 시는 회복된 이스라엘 공동체가 큰 기쁨으로 감격에 겨워 예배드리는 가운데 하나님을 찬양한 시입니다. 우주 만물의 찬양을 받으실 만큼 존귀하시고 위대하신 분이십니다. 마음을 열고 큰 소리로 찬양을 드리시기 바랍니다. 우주 만물보다 크신 하나님을 찬양하시기 바랍니다.

오늘의 말씀

1. 다윗은 '하늘에 있는 것들아 찬양하라'고 합니다(시 148:1~6).

여러분! 이 시인은 두 가지로 찬양을 권유하고 있습니다. 그 첫째가 하늘에 있는 것들에게 찬양하라고 권유하고 있습니다.

시인은 여호와 하나님을 찬양하는 데에는 온 천하 만물이 다 동원 되어도 부족하다는 것을 분명히 이해하고 있는 신앙을 가지고 있습니다. 그분의 창조적 능력,5절 그 보존의 섭리,6절 홀로 높으시고 뛰어나신 영광,13절 그 택하신 백성에게 주시는 역사적 행위14절를 생각해 볼 때, 온 피조물이 찬양에 모두 합세하여도 하나님의 위대하심을 온전히 반영시키기에는 미치지 못합니다. 우리에게 만입이 있어도 다 못다 합니다.

· 함께 읽어요 : 시편 148장 4~5절

"4 하늘의 하늘도 그를 찬양하며 하늘 위에 있는 물들도 그를 찬양할 지어다 5 그것들이 여호와의 이름을 찬양함은 그가 명령하시므로 지음을 받았음이로다."

2. 다윗은 '땅에 있는 것들아 다 찬양하라'고 합니다(시 148:7~14).

이 위대한 찬양은 우주 만물이 다 연합되어야 하므로, 땅과 그 안에 거하는 모든 것들, 그리고 인간들까지 모두 동원됩니다.

7절에서 12절까지 보면 용들, 바다, 땅,7절 불, 우박, 눈, 안개, 광풍,8절 산들, 작은 산, 과수, 백향목,9절 짐승, 가축, 기는 것, 나는 새,10절 세상 왕들, 백성들, 고관들, 재판관들,11절 총각, 처녀, 노인, 아이들,12절에게 다 찬양하라고 말씀합니다.

우주의 모든 것이 소리들의 축제, 곧 대합창과 대관현악이 되어 조화를 이루고 있습니다. 잘 훈련된 합창단과 관현악단 보다 위대한 찬양이 울려 퍼집니다. 다윗은 시인이요, 음악가요, 타고난 재주꾼입니다. 이러한 재능을 살려 우주의 찬양을 만들어 가고 있습니다. 여러분! 가족합창단, 중창단, 교회 찬양대와 관현악단, 창조주 하나님의 우주 풀 오케스트라 반주에 대우주의 연주회를 만들어 가시기 바랍니다. 할렐루야!

· 함께 읽어요 : 시편 148편 3절

"춤추며 그의 이름을 찬양하며 소고와 수금으로 그를 찬양할지어다."

3. 만유의 피조물들의 조화 속에 이루어진 찬양입니다(시 150:1~6).

시인은 계속해서 소리 높여 부를 찬양을 독려하고 있습니다.

시인은 시편 149편에서는 ① 기쁨의 찬양, 149:1~3절 ② 찬양의 이유는 과거의 구원 사실, 149:4~6b ③ 찬양의 새로운 이유는 미래의 영광, 149:6b~9절 임을 밝혀 주고 있습니다.

편집자가 시편의 결론으로 넣은 것으로 여겨지는 시편 150편은 전 우주적인 찬양으로 가장 많은 악기를 배치한 풀 오케스트라 Full-Orchestra 요, 최대의 음향 효과를 수반한 음악이요, 연주일 것입니다.

시편 150편의 내용은 ① 하나님의 위대성을 찬양하라. 150:1~2절 ② 최선을 다하여 찬양하라. 150:3~5절 ③ 모두 찬양하라. 150:6절 이렇게 짜여져 있습니다.

찬양은 성도가 드려야 할 마땅한 일입니다. 여호와 하나님께서는 그의 백성의 뿔을 높이시는 분이십니다. 시 148:14절a 그를 가까이 하는 백성, 즉 이스라엘 자손의 찬양 받으실 이십니다. 시 148:14절b

사랑하는 여러분! 한해를 보내는 마지막 달에 여러분들의 찬양의 생활을 살펴 볼 수 있기를 바랍니다. 찬양은 아무리 해도 과하지 않습니다. 그분의 위대하심을 찬양 드리세요. 만유 주 하나님의 베푸신 은총을 감사하세요. 어린양 예수 그리스도의 십자가 사랑을 노래하세요. 은혜의 주이신 성령님을 찬송하세요. 나팔소리로 찬양하세요. 비파와 수금으로 찬양하세요. 소고 치며 춤추어 찬양하세요. 현악과 퉁소로 찬양하세요. 큰 소리 나는 제금으로 찬양하세요. 높은 소리 나는 제금으로 찬양하세요. 여러분의 모든 삶으로, 여러분의 모든 것으로, 여러분들의 호흡이 멈추는 그 순간까지 영원한 세계에로~! 찬양을 멈추시지 마시기 바랍니다.

· 함께 읽어요 : 시편 150편 6절

"호흡이 있는 자마다 여호와를 찬양할지어다. 할렐루야!"

정리하는 말

사랑하는 성도 여러분! 물 가운데로 지날 때에 함께 하신 하나님! 불 가운데로 지날 때에 지켜 주신 하나님을 찬양하시기 바랍니다. 새 일을 행하신 하나님! "이 백성은 내가 나를 위하여 지었나니 나를 찬송하게 하려 함이니라"고사 43:21절하신 하나님을 찬송하시기 바랍니다.

여러분들의 가정과 직장 동료와 함께 어울려 찬송 드리는 찬양의 은사가 충만하게 임하기를 간절히 축복합니다.

평가와 결심

1. 본문에서 시인은 첫째 누구에게 찬양하라고 합니까?
   (시 148:1~6, 하늘에 있는 것들아 찬양하라고 함)
2. 본문에서 시인은 둘째 누구에게 찬양하라고 합니까?
   (시 148:7~14, 땅에 있는 것들아 찬양하라고 함)
3. 하나님께 드려야 할 찬양은 어떻게 해야 합니까?
   (시 149:~150:, 우주 피조물들의 조화 속에 이루어진 찬양)

주간 경건의 시간 <51> · 날마다 말씀과 함께

요일 / 내용	주일/월(Mon)	화(Tue)	수(Wed)	목(Thu)	금(Fri)	토(Sat)
찬송	28 / 85	250 / 182	260 / 194	299 / 418	301/ 460	363 /479
성경	시 148: /149:	시 150:	잠 1:	잠 2:	잠 3:	잠 4:
적용	성도찬양/시온주민	제금으로 찬양	지혜와 훈계	지혜의 유익	생명나무	그리하면 살리라

* 자연과의 공감은 선한 인간의 종교의 한 부분이다.

< 프레데릭 헨리 헤지, 1805-1890, 미국 유일교회 목사 >

하나님을 기쁘시게 하라

찬송 / 330, 323, 301 / 통 370, 355, 460
성경 / 잠언 6:6-19
요절 / 잠언 6:6
"게으른 자여 개미에게 가서 그가 하는 것을 보고 지혜를 얻으라."
목표 / 하나님을 기쁘시게 하는 성실한 준비로 살아가는 태도를 기른다.

시작하는 말

오늘 말씀은 연말을 맞는 우리 성도들의 자세에 대하여 공부하게 됩니다. 한해가 마무리가 되어지는 시점에서 우리가 연초에 세웠던 계획이 얼마나 이루어졌는가를 점검하기를 바라고, 또 새로운 한해를 준비해야 하는 것입니다. 본문을 보면 게으른 자에게 주시는 교훈입니다.

만물의 영장으로 지어주셨건만 영장답지 않게 살아가는 것이 오늘날 인간들입니다. 인간은 생각하는 동물임에도 개념 없이 살아가거나, 서글픈 인생을 살아가는 자가 되어서는 아니 될 것입니다.

오늘의 말씀

1. 게으른 자는 개미에게 가서 그 지혜를 배워야 합니다(잠 6:6~8).

'게으른 자'에게 주시는 교훈으로서 '개미'라는 미물을 통해 제시하고 있습니다. 이 곤충의 생태인 근면과 준비성은 어느 시대나 어느 문화를 막론하고 공통적으로 알려져 있습니다. 게으른 자의 약점은 무엇이나 깊이 살펴보고 지혜를 얻고자 하는 자세를 아예 포기한 것입니다. 개미에게 가서 그 하는 것을 보고 지혜를 얻으라고 했습니다.

① 개미는 자발적으로 일합니다. 개미는 두령도 없고 감독자도 없고 통치자가 없어도 스스로 일합니다. ② 예비하는 지혜가 있습니다. 유비무환有備無患이라는 말이 있습니다. 준비가 있으면 근심할 것이 없다는 말입니다. 개미야말로 이런 생활의 본능을 가지고 있습니다. 그래서 게으른 자에게 그 생태를 보고 지혜를 구하라고 권고했습니다.

개미는 "먹을 것을 여름 동안에 예비하며 추수 때에 양식을 모으느니라"8절라고 했습니다. 여름이나 가을이나 개미는 항시 내일을 위해 예비하는 태도를 가지고 있다는 말씀입니다. 참 지혜로운 곤충입니다.

· 함께 읽어요 : 잠언 6장 6절
"게으른 자여 개미에게 가서 그가 하는 것을 보고 지혜를 얻으라."

2. 게으른 자의 실상은 궁핍하고 피폐합니다(잠 6:9~11).

솔로몬은 마치 주인이 늦잠을 잔 종에게 하듯 게으른 자를 훈계하고 꾸중하며 타이르고 있습니다. ① 게으른 자는 때를 모르고 잠을 잡니다. 베드로 사도는 "근신하라 깨어라 너희 대적 마귀가 우는 사자처럼 두루 다니며 삼킬 자를 찾나니"벧전 5:8절라고 경고하고 있습니다. 게으른 자의 잠은 '영적 침체된 것도 모르고', '사명을 망각하고' 잠에 빠져 있는 상태를 말합니다. ② 게으른 자는 변명만 늘어놓습니다.10절 그 결과 빈궁과 곤핍이 강도같이 임하게 될 것입니다.11절

· 함께 읽어요 : 잠언 6장 10~11절
"[10] 좀더 자자, 좀더 졸자, 손을 모으고 좀도 누워있자 하면 [11] 네 빈궁이 강도 같이 오며 네 곤핍이 군사 같이 이르리라."

3. 게으름은 악행을 낳기에 하나님이 미워하십니다(잠 6:12~19).

본문은 악을 행하는 자들에 대한 경고인데, 이러한 내용이 게으른 자에 대한 교훈에 이어 나오고 있는 것은 게으름이 결국은 이런 악행과 연결되기 때문입니다.

본문은 하나님께서 특별히 미워하시는 불량하고 악한 자들의 특성과 그들의 패망에 대하여 말하고 있습니다. 기승을 부리는 악한 세력들의 특성은 다음과 같습니다.

첫째로, 악의 모양과 특성입니다.

① 교만한 눈이라고 했는데, 교만은 모든 죄의 근원으로서 그 마음이 높아지고 뜻이 강퍅하여져서 하나님을 잊어버리게 하며, 대적하고, 사람들로 여호와의 말씀에 거역하도록 하고, 렘 43:2절 이웃을 멸시합니다. 시123:4절

② 거짓된 혀라고 했는데, 거짓 된 혀는 마귀에게 속한 것입니다. 요 8:44절

③ 무죄한 자의 피를 흘리는 손이라고 했습니다.

④ 악한 계교를 꾀하는 마음입니다. 18절

⑤ 빨리 악으로 달려가는 발이라고 했습니다. 18절

⑥ 망령된 증인과 형제를 이간하는 자라고 했습니다.

둘째로, 악인의 패망입니다. 온갖 악을 꾀하여 열성적으로 그것을 도모하는 불량하고 악한 자들은 결국 여호와의 미움을 받아 16절 갑작스런 재앙을 당하게 될 것이며, 아무런 도움을 받지 못하고 당장 패망당하고 말 것입니다. 15절

여러분! 우리는 하나님께서 미워하시는 악은 모양이라도 버리고, 겸손과 진리와 사랑과 선의 근원되시며, 죄인을 구원하시는 일에 최선을 다하시는, 평강의 왕이신 하나님의 본질을 닮아 가시기를 소원합니다.

· 함께 읽어요 : 잠언 6장 16절
"여호와께서 미워하시는 것 곧 그의 마음에 싫어하시는 것이 예닐곱 가지이니"

정리하는 말

사랑하는 성도 여러분! 게으른 자들의 게으름은 그 누구도 고칠 수 없는 고질병과 같습니다. 이러한 게으름은 불량하고 악한 자들의 특성과 연결되어 있습니다. 악한 자들은 결국 여호와 하나님의 미움거리가 되어 갑작스런 재앙을 당하게 될 것입니다. 잘 준비된 사람은 일생일대에 축복과 행복을 누리는 사람이 됩니다. 여러분들에게도 모든 일에 빈틈없이 준비하는 삶의 은총으로 복된 삶이 임하시기를 간절히 축원합니다.

평가와 결심

1. 솔로몬은 무엇을 예로 들어 지혜를 배우라고 하였습니까?
   (잠 6:6~7, 개미에게 가서 그 하는 것을 보고 지혜 얻으라고 함)
2. 게으른 자의 실상은 무엇입니까?
   (잠 6:9~11, ① 때를 모르고 잠만 잠 ② 변명만 늘어놓음)
3. 게으른 자나 악행하는 자의 결과는 무엇입니까?
   (눅 2:8~20, ① 하나님의 미움을 받아 ② 결국은 패망함)

주간 경건의 시간 <52> · 날마다 말씀과 함께

요일 / 내용	주일/월(Mon)	화(Tue)	수(Wed)	목(Thu)	금(Fri)	토(Sat)
찬송	121동 / 120동	312 / 341	315/ 512	350/ 393	314 / 511	363 / 479
성경	잠 5: / 6:	잠 7:	잠 8:	잠 9:	잠 10:	잠 11:
적용	네 샘의 복 / 좀더 자자	사랑함으로 희락	간절히 찾는 자	지혜의 근본	입술을 제어	의인의 열매

* 자연과 지혜는 언제나 같은 말을 하고 있다.

< 유베날, 60-140, 로마 풍자시인 >

13단원 절기 공과

제53과 신년절

새해! 강하고 담대하라

찬송 / 550, 552, 554 / 통일 248, 358, 267
성경 / **여호수아** 1:1-18
요절 / **여호수아** 1 : 6
"강하고 담대 하라 너는 내가 그들의 조상에게 맹세하여 그들에게 주리라 한 땅을 이 백성에게 차지하게 하리라."
목표 / 새해는 먼저 강하고 담대한 신앙을 가지고 살아가도록 한다.

시작하는 말

우리는 새해를 맞이하면, 무엇인가 새로운 희망을 갖게 되고 새로운 결심을 하게 됩니다. 그런데 요즘은 집을 나서기가 무섭습니다. 나를 향해 다가오는 것들이 모두 흉기처럼 다가오기 때문입니다. 그래서 마음을 졸이며 살아가는 것이 현대인들입니다. 그러나 하나님의 자녀들은 하나님께서 세상을 창조하시고 다스리라고 문화 명령을 위임해 주셨습니다. 우리는 사명을 갖고 강하고 담대하게 살아가야 합니다.

오늘의 말씀

1. 가나안 땅을 정복하는 것은 하나님의 정신 교육입니다(수 1:1~5).

모세를 계승한 여호수아는 눈의 아들이요, 이름의 뜻은 '구원'입니다. 그 이름을 '호세아'라고 부르기도 합니다.민13:8 그는 이미 가나안 땅 정탐꾼으로 다녀와 갈렙과 함께 긍정적인 정복론을 주장했으며 그래서 모세의 후계자로 지명되었습니다.민 28:18; 신 31:7 이제 꿈에 그리던 가나안 땅 정복을 위해 이스라엘 백성들의 총 지휘 사령관이 되어 하나님의 뜻에 따라 정신 무장 교육을 시키고 있습니다. 새해에 여전히 모든 상황들이 만만치 않습니다. 이사야에게 주신 말씀처럼 '두려워하거나 놀라지 마시기' 바랍니다.

· 함께 읽어요 : 이사야 41장 10절
"두려워하지 말라 내가 너와 함께 함이라 놀라지 말라 나는 네 하나님이 됨이라 내가 너를 굳세게 하리라 참으로 너를 도와주리라 참으로 나의 의로운 오른손으로 너를 붙들리라."

2. 지도자나 백성에게 '강하고 담대하라' 교훈했습니다(수 1:6~9).

시대적으로 과도기가 가장 위험한 때입니다. 모세의 시대는 가고 여호수아의 시대가 도래했습니다. 모세가 죽은 후 후계자인 여호수아 장군에게 큰 사명을 주었습니다. 백성들과 함께 가나안을 정복하라는 명령입니다. 그 내용은 강하고 분명했습니다.

① 마음을 강하게 하라는 것입니다. 사실 여호수아마저 두려움에 사로잡혀 있었습니다. 민족의 대 지도자 모세에 비하면 나이도 젊고, 경륜도 짧아, 백성들의 신임도도 부족했기 때문일 것입니다.

② 좌로나 우로나 치우치지 말라는 것입니다. 모세는 곁을 떠나갔지만, 개의치 말고 하나님의 율법을 신중히 준행해야 할 것을 명령했습니다. 율법을 지켜 행하고 또한 그것을 네 입에서 떠나지 말게 하라고 하셨습니다. 우리의 삶과 생각과 행동에서 율법을 준수하라는 뜻입니다.

· 함께 읽어요 : 여호수아 1장 7절
"오직 강하고 극히 담대하여 나의 종 모세가 네게 명령한 그 율법을 다 지켜 행하고 우로나 좌로나 치우치지 말라 그리하면 어디로 가든지 형통하리니"

3. '내가 너와 함께 하리라'고 약속해 주셨습니다(수 1: 5, 9절).

5절을 보십시오. "네 평생에 너를 능히 대적할 자가 없으리니 내가 모세와 함께 있었던 것같이 너와 함께 있을 것임이니라." 이렇게 약속해 주셨습니다. 이 말씀은 이사야 선지자를 통하여 주신 '임마누엘의 약속'입니다. 이 임마누엘의 약속은 신약 마태복음 1장에서 예수 그리스도의 탄생으로 이루어지고 성취됩니다.

"보라 처녀가 잉태하여 아들을 낳을 것이요. 그의 이름은 임마누엘이라 하리라 하셨으니 이를 번역한즉 '하나님이 우리와 함께 계시다' 함이라."마 1:23 예수 그리스도, 우리의 구세주가 이 땅에 임했습니다.

여호수아야! 네가 강하고 담대한 마음으로 가나안을 향해 나아가면 정녕 하나님께서 너와 함께 하겠다는 신실한 약속인 것입니다.

금년 한 해는 출발점부터 하나님이 함께 하시는 '임마누엘'의 약속!

내가 모세와 함께 있어서 그를 지시하여, 강하게 하고 그를 지켰고, 그를 형통케 했으며, 그로 광야를 통과하게 한 것처럼 여호와가 여러분들과 함께 하셔서 가나안 복지를 얻도록 해 주시겠다는 약속입니다.

모세가 위대해서 출애굽 역사를 감내하고 광야를 통과한 것이 아니라, 하나님께서 함께 하셔서 그에게 능력과 지혜가 임하게 되었으며 기적적으로 감당하게 되었다는 말씀입니다. 그러므로 주 여호와 하나님을 여러분들의 주님으로 믿고 삶의 중심에 모시며 살아가시기 바랍니다.

· 함께 읽어요 : 신명기 29장 5~6절

"[5] 주께서 사십년 동안 너희를 광야에서 인도하게 하셨거니와 너희 몸의 옷이 낡아지지 아니하였고 너희 발의 신이 해어지지 아니하였으며, [6] 너희에게 떡도 먹지 못하며 포도주나 독주를 마시지 못하게 하셨음은 주는 너희의 하나님 여호와이신 줄을 알게 하려 하심이니라."

정리하는 말

사랑하는 성도 여러분! 한 해가 가고 새해가 밝았습니다. "새해 아침부터 기분 좋게 …, 금년 한 해는 내가 주인공이 되겠지?" 이러한 긍정적인 생각을 가지십시오. 이 목적을 이루기 위해 금년 한 해는 종전대로 여러분들의 기대와 고집대로 사시지 마시고, 하나님께 다 맡기고, 하나님께서 함께 하시겠다는 '임마누엘'의 약속을 믿고, 미약하지만 강하고 담대하게 살으셔서 승리하시는 여러분이 되시길 주님의 이름으로 축원합니다.

평가와 결심

1. 새해를 시작하기 전 준비 첫째가 무엇입니까?
   (수 1 : 1~5, 정신 교육, 두려워하지 말라)
2. 새해를 출발하면서 해야 할 둘째가 무엇입니까?
   (단 1:6~7, 지도자와 백성들에게 주신 교훈, 강하고 담대 하라)
3. 새해를 살아가는 성도들에게 주신 셋째 교훈이 무엇입니까?
   (단 1:5, 9, 너희를 떠나지 않고 너희와 함께 하리라는 약속임)

주간 경건의 시간 <53> · 날마다 말씀과 함께

요일 / 내용	주일/월(Mon)	화(Tue)	수(Wed)	목(Thu)	금(Fri)	토(Sat)
찬송	37동 / 36동	80 / 101	90 / 98	95 / 82	397 / 454	516 / 265
성경	수 1: / 2:	수 3:	수 4:	수 5:	수 6:	수 7:
적용	진군 준비 / 정탐꾼 파송	요단강 건넘	요단 물 벽을 이룸	길갈에서 할례 행함	여리고 성 무너지다	아간의 범죄

* 너무 자유스럽다는 것은 좋지 않다. 필요한 것이 모두 있다는 것도 좋지 않다.

<파스칼 Pascal, 1623-62, 프랑스 철학자, 수학자 >

13단원 절기 공과

제54과 고난절

엘리 엘리 라마 사박다니

찬송 / 151, 150, 149 / 통 138, 135, 147
성경 / **마태복음 27:45-56, 마가복음 15:21-27**
요절 / **마태복음 27:46**
"제 구시쯤에 예수께서 크게 소리 지르시되 엘리 엘리 라마 사박다니 하시니 이를 번역하면 나의 하나님 나의 하나님 어찌하여 나를 버리셨나이까하는 뜻이라."
목표 / 그리스도의 십자가의 대속함을 감사하며 살아가는 태도를 기른다.

시작하는 말

사람은 죽기 전에 하는 마지막 말, 곧 '유언'은 대단히 중요한 의미를 가집니다. 그런데 성경에 예수께서 그 처절한 고통의 십자가 위에서 일곱 마디 말을 남기셨으니 '가상칠언'架上七言입니다. 일곱 마디의 말씀 중에 네 번째 나오는 말씀은 "엘리 엘리 라마 사박다니", 곧 "나의 하나님 나의 하나님 어찌하여 나를 버리셨나이까?"라는 처절한 말씀입니다.

오늘의 말씀

1. 하나님의 고통스러운 처절한 절규의 말씀입니다(마 27:45).

이 말씀은 구약성경 메시야 시편이라고 불리는 시편 22편 1절에 나오는 말씀입니다. 자식을 아무리 사랑한다고 해도 자식이 고통을 호소할 때, 그 고통을 대신 할 수 없습니다. 부모가 대신 죽어 준다 해도 자식에게 털끝 하나만큼도 그 고통을 덜어 줄 수 없는 것이 사실입니다.

주님께서 고난주간 금요일 오전 9시에 십자가에 못 박히셔서 오후 3시에 운명하셨습니다. 그 시간이 장장 6시간입니다. '엘리 엘리'라는 말은 '나의 하나님 나의 하나님', 그리고 '라마'는 '어찌하여', '사박다니'는 아람어로 '나를 버리셨나이까?'라는 뜻입니다.

· 함께 읽어요 : 시편 22편 1절
"내 하나님이여 내 하나님이여 어찌 나를 버리셨나이까? 어찌 나를 멀리하여 돕지 아니 하시오며, 내 신음 소리를 듣지 아니하시나이까?"

2. '하나님'이 '예수님의 부르짖음'에 귀를 막으셨습니다(마 27:46).

여러분! 여기 예수님의 부르짖음은 하나님이 하나님을 향한 부르짖음입니다. 이 부르짖음에 귀를 막으신 것은 하나님이 하나님의 울부짖음에 귀를 막으신 것입니다. 인간 예수님의 고통이 아니라 하나님과 하나님 사이에 일어났던 부르짖음이며, 외침이었습니다. 이 부르짖음은 하나님께서 하나님 스스로를 버리시고 전적인 인간의 구원을 위해 울부짖는 부르짖음입니다.

예수님의 십자가는 하늘 영광을 버리시고 비하의 신분으로, 이 땅에 인간의 몸을 입고 태어나신 그때부터 이미 시작되었습니다. 십자가에 못 박혀 달리신 예수님의 십자가는 2천년 전 사건이지만, 지금도 주님께서 이런 울부짖는 심정으로 죄인들을 부르시고 계십니다. 고난절로 고난이 끝나지 않습니다. 십자가의 고통은 인간의 언어로는 감히 표현할 수도 없는 고난입니다! 그리스도가 당하신 십자가의 고난을 깊이 묵상하시시기 바랍니다. 주님이 당하신 고난은, 곧 우리 성도들을 위한 은총의 고난임을 알아야 합니다.

· 함께 읽어요 : 마태복음 27장 50절
"예수께서 다시 크게 소리 지르시고 영혼이 떠나시니라."

3. 예수님의 십자가는 구원의 공의를 만족시키셨습니다(마 27:45~46).

로마서 6장 23절에 "죄의 삯은 사망이요, 하나님의 은사는 그리스도 예수 우리 주 안에 있는 영생이니라"고 했습니다.

① 죄의 값은 치러져야 합니다.

'죄의 삯은 사망'이라고 했는데, 이 사망은 하나님과의 영적 분리를 의미하며, 이 시점에서 그리스도는 그 영적 분리를 인간적 차원에서 경험하신 것입니다. 물론 주님은 죄가 없으신 분이시지만, 인류를 위한 죄의 값을 치르시기 위해벧전 2:24 그 고통을 몸소 당하신 것입니다.

② 십자가는 하나님의 공의를 만족시키셨습니다.

왜 자기를 버렸느냐고 외치시던 주님의 절규는 하나님의 공의가 얼마나 철저하고 정확한 것인가를 보여주는 하나의 예例인 것입니다.

③ 그리스도께서 극한 고난의 현장 속에서 하나님을 부르신 것은 하나님께 대한 깊은 신뢰를 의미합니다. 예수께서는 자신의 권세로 십자가에서 내려 올 수도 있었습니다. 그 사역 자체를 기피할 수도 있었지만,막 14:36 하나님을 향한 간절한 부르짖음의 응답은 십자가이기에, 성부 하나님을 전적으로 신뢰하고 명하신 구원의 사역을 감당할 수 있었던 것입니다.

사랑하는 성도 여러분! 하나님의 아들 예수 그리스도의 "나의 하나님, 나의 하나님 어찌하여 나를 버리셨나이까?"라는 절규의 부르짖음을 기억하십시오. 주님의 십자가가 죄의 값을 치르시어 하나님의 공의를 만족시키시므로 하나님과의 깊은 신뢰가 완성된 것입니다. 여러분은 얼마나 하나님과의 신뢰가 쌓여져 가고 있습니까? 십자가의 신뢰는 우리 구원의 완성입니다. 여러분! 고난주간에 주님의 고난을 생각하며 날마다 하나님과의 깊은 신뢰를 쌓아 가시기를 간절히 부탁합니다.

· 함께 읽어요 : 마태복음 27장 43절

"그가 하나님을 신뢰하니 하나님이 원하시면 이제 그를 구원하실 지라. 그의 말이 나는 하나님의 아들이라 하였도다하며"

정리하는 말

사랑하는 성도 여러분! 지금도 주님은 여러분들을 위해 하나님 우편에서 기도하시고 계십니다. 많은 중세시대의 성자들이 그리스도의 고난을 깊이 묵상하면서 영적 신뢰를 다져갔듯이, 여러분! 그리스도의 고난의 만분의 일이라도 체험하면서 고난 주간을 지나가시기 바랍니다. 십자가의 고난을 깊이 체험할 때, 그리스도의 부활이 새로워지는 것입니다.

평가와 결심

1. 오늘 본문의 가상에서 네 번째 말씀과 그 뜻이 무엇입니까?
   (마 27:46, ① 엘리 엘리 라마사박다니 ② 나의 하나님 나의 하나님 어찌하여 나를 버리셨나이까?)
2. 예수님의 간절한 부르짖음을 하나님은 어떻게 하셨습니까?
   (마 27:45~46, 처절해 귀를 막으셨습니다)
3. 예수님의 간절한 부르짖음 후에 어떻게 되었습니까?
   (마 27:50, 영혼이 떠나셨습니다)

주간 경건의 시간 <54> · 날마다 말씀과 함께

내용 \ 요일	주일/월(Mon)	화(Tue)	수(Wed)	목(Thu)	금(Fri)	토(Sat)
찬송	144동 / 145동	147 / 136	143 / 141	150 / 135	149 / 147	151 / 138
성경	마 26:1-16 / 17-35	마 26:36-56	마 26:57-75	마 27:1-26	마 27:27-44	마 27:45-66
적용	향유부음 / 마지막 만찬	겟세마네기도, 잡히심	공회 앞에 서심	빌라도와 그리스도	십자가 못 박히심	영혼이 떠나시다

* 무기력을 격퇴하고, 태만을 추방하라. < 플라우투스, B.. C. 254-184, 로마 시인 >

13단원 절기 공과

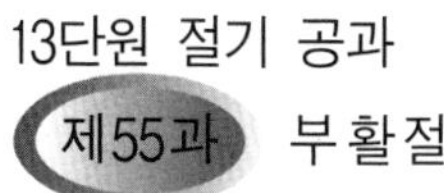

부활절

무덤에서 살아나셨네!

찬송 / 170, 172, 168 / 통 16, 152, 158
성경 / 마가복음 16:1-20
요절 / 마가복음 16:6
"청년이 이르되 놀라지 말라 너희가 십자가에 못 박히신 나사렛 예수를 찾는구나 그가 살아나셨고 여기 계시지 아니 하니라 보라 그를 두었던 곳이니라."
목표 / 언제나 부활신앙으로 살아가는 믿음의 태도를 가진다.

시작하는 말

그리스도의 부활 사건은 4복음에 모두 기록되어 있습니다. 죽음이란 인류에게 가장 무서운 형벌임에 틀림없습니다. 그러나 죽음 이후에 부활은 인류 역사에 있어서 최대 굳 뉴스Good News입니다. 안티 크리스천들은 세상의 별별 논리를 다 펴가며 그리스도의 부활을 부인하려고 합니다. 그러나 그리스도의 부활의 증인들은 목숨을 바쳐서 그리스도의 부활을 증거 했던 것입니다. 그들이 목격한 분명한 고백, '그가 살아나셨고' 이 한 마디가 모든 불신을 덮어버렸습니다.

오늘의 말씀

1. 목격자들의 생생한 증언이 살아있습니다(막 16:1~11).

아리마대 요셉의 새 무덤에 묻힌 후, 3일 만에 다시 살아나신 그리스도를 막달라 마리아 일행이 그 첫 새벽에 시체에 바를 향료를 가지고 무덤으로 찾아갔습니다. 그들은 놀랐습니다. 인봉했던 돌무덤 문이 열렸고, 유해는 없고 텅 빈 무덤만이 있었습니다. 놀라 서서 있는데, 흰옷 입은 청년이 "십자가에 못 박힌 예수를 찾는구나! 그가 살아나셨고 여기 계시지 아니 하니라. 보라 그를 두었던 곳이라"막 16:6 라고 합니다. 무덤 안에는 세마포가 놓였고, 수건은 쌌던 대로 놓여 있었습니다.

흰옷 입은 두 천사가 예수의 뉘었던 곳에 하나는 머리 편에, 하나는 발 편에 앉아 있었습니다.요 20:12 돌문을 연 천사의 증언은 사실입니다.

백부장과 함께 예수를 지키던 자들이 지진과 그 일어난 일들을 보고 심히 두려워하여 이르되 '이는 진실로 하나님의 아들이었도다'라고 증언했습니다. 할렐루야!

· 함께 읽어요 : 마태복음 27장 54절
"백부장과 및 함께 예수를 지키던 자들이 지진과 그 일어난 일들을 보고 심히 두려워하여 이르되 이는 진실로 하나님의 아들이었도다 하더라."

2. 그리스도는 영으로가 아니라 몸으로 부활하셨습니다(눅 24:36~43).

사도시대에 영지주의자들은 예수가 영으로 부활했다고 가르쳤습니다. 그러나 사도 요한은 반박 했고,요일 4:2 성경 본문을 자세히 비교해 보면 분명히 예수 그리스도께서는 몸肉體으로 부활하신 것이 확실합니다.

의사 누가는 누가복음에서 이 사실을 생생하게 증언합니다.눅 24:38 주님은 제자들에게 "영은 살과 뼈가 없으되 너희 보는 바와 같이 나는 있느니라"라고 말씀했습니다. 제자들의 증언을 듣고도 예수님의 부활을 믿지 않던 도마는 예수님의 몸에서 '못 자국과 창 자국을 만져보고' 나서야 "나의 주님, 나의 하나님이라"고 고백하고 확실하게 믿었습니다.

· 함께 읽어요 : 마가복음 16장 14~15절
"14 그 후에 열한 제자가 음식 먹을 때에 예수께서 그들에게 나타나사 그들의 믿음 없는 것과 마음이 완악한 것을 꾸짖으시니 이는 자기가 살아난 것을 본 자들의 말을 믿지 아니 함일러라. [15] 또 이르시되 너희는 온 천하에 다니며 만민에게 복음을 전파하라."

3. 성령과 성경이 그리스도의 부활을 증거 합니다(행 1:8, 요 5:39).

예수님께서 엠마오로 가는 두 제자와 동행하면서 성경말씀을 풀어주십니다. 모세의 율법과 예언서와 시편에서 예수님을 두고 하신 말씀이 반드시 이루어져야 한다고 하셨습니다. 그 기록대로 그리스도는 고난을 받고 죽었다가 3일 만에 몸으로 다시 살아나심으로써, 성경의 말씀이 성취되었다고, 이 말씀 하실 때, 마음이 뜨거워지고 눈이 밝아졌습니다.

여기서 분명히 깨달을 것은 모든 성경의 중심 내용은 십자가에 죽으시고 다시 사신 예수님이요, 모든 성경은 십자가에 달려 죽으시고 부활하신 예수 그리스도를 통하여 읽을 때, 비로소 성경이 바르게 깨달아지는 것을 말하고 있습니다.눅 24:32-44, 46

부활하신 주님은 고기 잡으러 간 일곱 제자를 찾아가 저들에게 희망과 용기를 주시고, 베드로에게는 '내 어린양을 먹이라', '내 양을 치라', '내 양을 먹이라'고 부탁 하셨습니다.요 21:1-17

부활하신 예수님은 40일 동안 계시면서 제자들에게 나타나셔서 확신을 심어 주시고, 승천하시면서 지상 명령을 주셨습니다. "오직 성령이 너희에게 임하시면 너희가 권능을 받고 예루살렘과 온 유대와 사마리아와 땅 끝까지 이르러 내 증인 되리라 하시니라."행 1:8 라고 하셨습니다.

사랑하는 성도 여러분! 우리 주님은 다시 살아 나셨습니다. 죽음 권세 이기시고 다시 살아나셔서 죽은 자들의 부활의 첫 열매가 되셨습니다. 여러분들 모두 부활의 증인되시기를 주님의 이름으로 부탁드립니다.

· 함께 읽어요 : 마가복음 16장 15~16절

"[15] 또 이르시되 너희는 온 천하에 다니며 만민에게 복음을 전파하라 [16] 믿고 세례를 받는 사람은 구원을 얻을 것이요 믿지 않는 사람은 정죄를 받으리라."

정리하는 말

오순절에 성령을 체험한 제자들은 죽음을 두려워하지 않고 그리스도의 부활을 증언했습니다. 박해자들 앞에서도 담대하게 "너희가 십자가에 못 박은 이 예수를 하나님이 주와 그리스도가 되게 하셨느니라"행 2:36라고 증언했습니다. 여러분들도 부활의 도道를 전파하며, 담대하게 그리스도의 부활의 은총을 누리며 살아가시기 바랍니다.

평가와 결심

1. 누가 그리스도의 부활을 증언 했습니까?
   (막 16:1~9, 무덤의 천사, 백부장과 예수 지키던 자들, 제자들)
2. 그리스도의 부활의 성격은 어떠합니까??
   (눅 24:36~39, 영으로만 부활한 것 아니고 몸으로 부활하심)
3. 그리스도의 부활을 가장 확실하게 증언하는 것은?
   (요 5:39, 행 1:8, 성경의 증거와 성령이 증거함)

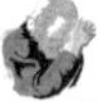

주간 경건의 시간 <55> · 날마다 말씀과 함께

요일 / 내용	주일/월(Mon)	화(Tue)	수(Wed)	목(Thu)	금(Fri)	토(Sat)
찬송	144동/ 145동	177 / 164	366 / 485	384/ 434	401/ 457	417 /476
성경	막 10: / 11:	막 12:	막 13:	막 14:	막 15:	막 16:
적용	바디메오/무화과나무 마름	포도원 농부	재난의 징조	마지막 만찬	십자가에 못 박하심	만민에게 복음 전파

* 하나님의 위대한 구원의 완성은 그리스도의 재림과 함께 올 것이다.

< 폴 믹키 Paul A. Mickey >

13단원 절기 공과

제56과 감사절

기업주이신 하나님께 감사

찬송 / 587, 588, 592 / 통 306, 307, 311
성경 / 여호수아 14:1-15
요절 / 여호수아 14:14
"헤브론이 그니스 사람 여분네의 아들 갈렙의 기업이 되어 오늘까지 이르렀으니 이는 그가 이스라엘의 하나님 여호와를 온전히 좇았음이라."
목표 / 우리 성도들의 기업은 하나님의 기업이니 감사하며 살아간다.

시작하는 말

여러분들이 만약 갈렙의 위치에 있었다면 어떻게 했겠습니까? 열두 정탐꾼 중에 한 사람으로서 지금 총 사령관인 여호수아와 함께 긍정적인 보고를 하고, 가나안 진군에 혁혁한 공을 세웠습니다. 그러기에 당당히 좋은 땅을 분배받을 수도 있었습니다. 그러나 갈렙은 정탐 갔던 척박한 그 땅, 모세가 자신과 그 자손들에게 약속했던 산지 헤브론 고지대를 요청하고 있습니다. 기업주이신 하나님께 감사하시기 바랍니다.

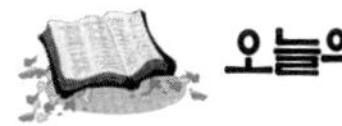

오늘의 말씀

1. 땅 분배 자들이 누구며 그 방법은 어떻게 했습니까?(수 14:1~5).

분배를 주도한 사람들은 먼저 종교 분야의 책임자로서 대제사장 엘르

아살, 그리고 정치 군사 행정의 책임자 여호수아, 그리고 요단 서편 땅 분배받을 각 지파의 책임자들 10명의 족장이 있었습니다. 이들 대표들은 하나님께서 미리 정해준 자들로 그들은 공정하게 진행될 수 있었고, 그 결과 분배 받은 기업에 대하여 불평불만 없이 만족해 했으며, 기업에 대해 강한 소유의식과 그에 따른 책임감을 가졌습니다. 제비-뽑기로 기업이 분배되었기 때문에 하나님께서 작정하신 일임을 고려할 때 불평의 여지가 없었을 것입니다. 하나님께서 명하신대로 분배했을 것입니다.

· 함께 읽어요 : 여호수아 14장 14절

"헤브론이 그니스 사람 여분네의 아들 갈렙의 기업이 되어 오늘까지 이르렀으니 이는 그가 이스라엘의 하나님 여호와를 온전히 좇았음이라."

2. 갈렙이 하나님께서 약속하신 기업을 요구했습니다(수 14:6~12).

유다 자손이 길갈에 있는 여호수아에게 나아오고, 그니스 사람 여분네의 아들 갈렙이 나서서 구체적으로 여호수아에게 요구합니다.

① 그는 가데스 바네아에서 12명 정탐꾼 중에 한 사람이었습니다.

② 그는 긍정적인 보고로 말미암아, 20세 이상 한 사람도 가나안 땅에 들어가지 못했지만, 여호수아와 함께 요단 강을 건너 두 사람만 가나안 땅에 들어갈 수 있었습니다.

③ 45년 전 가데스 바네아 사건으로 말미암아 갈렙은 그의 탁월한 믿음을 인정받아 가나안 땅을 볼 것이요, 그가 밟은 땅을 그와 그 자손에게 주리라는 약속을 받았고, 지금 그 약속이 성취되고 있는 것입니다.

· 함께 읽어요 : 민수기 14장 24절

"그러나 내 종 갈렙은 그 마음이 그들과 달라서 나를 온전히 따랐은즉 그가 갔던 땅으로 내가 그를 인도하여 들이리니 그의 자손이 그 땅을 차지하리라."

3. 갈렙이 건재할 수 있었던 비결은 믿음과 확신입니다(수 14:6~15).

갈렙이 85세의 백전노장으로 아직도 건재할 수 있었던 비결은 무엇이었습니까? 모세는 하나님의 예언적인 말씀의 선포로 광야의 20세 이상의 불신앙의 세대들은 다 모래 속에 묻혀버렸을 것이지만, 여호수아와 갈렙 두 사람만은 가나안 땅으로 인도하여 들어가게 하리라는 약속이었습니다.

그 땅을 다시 밟을 수 있었던 비결은 다른 데 있는 것이 아닙니다.

첫째로 성실한 마음입니다. 갈렙이 탁월한 믿음의 소유자가 될 수 있었던 것은 그의 성실한 성품 때문이었습니다.

둘째로 하나님을 온전히 좇았습니다. 14:8절

오늘날 많은 지도자들이 물질적이고 물량적인 면을 강조합니다. '내가 성실한 마음으로 그에게 보고했고' 여기서 '성실한 마음'이란 '마음속에 있는 그대로'라는 의미입니다. 조금의 거짓이나 가식도 없는 순수한 상태를 말합니다.

갈렙의 성공 비결이 무엇입니까?

① 가나안 땅에 대한 하나님의 약속을 굳게 믿었고,

② 그러한 믿음의 눈으로 가나안 땅을 본 결과,

③ 가나안 땅을 취할 수 있다는 확신과 감사한 마음을 가졌습니다.

오늘날 우리에게 필요한 것은 거창한 프로젝트나 계획보다는 주님 안에서 '성실함'과 '믿음'과 '확신'과 '감사한 마음'입니다.

· 함께 읽어요 : 만수기 14장 37~38절

"[37] 곧 그 땅에 대하여 악평한 자들은 여호와 앞에서 재앙으로 죽었고 [38] 그 땅을 정탐하러 갔던 사람들 중에서 오직 눈의 아들 여호수아와 여분네의 아들 갈렙은 생존 하니라."

정리하는 말

오늘날 세상은 지역주의, 물량주의, 패권주의, 향락주의로 돈과 명예와 패륜으로 썩어지고 피폐해져 가고 있습니다. 현대인은 기도가 필요 없다고 합니다. 오직 현실과 눈앞에 보이는 것이 전부인 것처럼 살아갑니다. 여러분의 기업주는 하나님이심을 명심하시기 바랍니다. 기업주 하나님께 감사, 찬송, 영광, 찬양을 드리면서 살아가시기를 간절히 소원합니다.

평가와 결심

1. 땅 분배의 기본적인 규칙과 방법이 무엇입니까?
   (수 14:2, 제비뽑기로 땅을 분배함, 가나안 입국 전 약속의 유효성)
2. 갈렙의 요구가 무엇입니까?
   (수 14:9~12, ① 약속 이행, ② 이 산지를 지금 내게 주소서)
3. 갈렙의 위대한 신앙생활의 출처가 어디입니까?
   (수 14:6~12, ① 성실한 마음, ② 믿음의 눈, ③ 확신, ④ 감사)

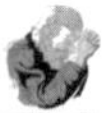

주간 경건의 시간 <56> · 날마다 말씀과 함께

요일 / 내용	주일/월(Mon)	화(Tue)	수(Wed)	목(Thu)	금(Fri)	토(Sat)
찬송	146동 / 91동	598 / 244	400 / 463	413/ 440	386 / 470	415 / 471
성경	수 13: / 14:	수 15:	수 16:	수 17:	수 18:	수 19:
적용	요단 동쪽 기업/ 갈렙의 기업	유다 자손 땅	므낫세 기업	서쪽므낫세 기업	나머지 땅 분배	시므온자손 기업

* 내가 소유한 것이 아니라 내가 행하는 것이 나의 삶을 결정한다.

< 토머스 칼라일T. Carlyle, 1795-1881, 영국 평론가, 역사가 >

13단원 절기 공과

제57과 중추절

오늘부터 너희에게 복을 주리라

찬송 / 592, 591, 588 / 통 311, 310, 307

성경 / 학개 1:1-15

요절 / 학개 2:19

"곡식 종자가 아직도 창고에 있느냐 포도나무, 무화과나무, 석류나무, 감람나무에 열매가 맺지 못하였느니라. 그러나 오늘부터는 내가 너희에게 복을 주리라."

목표 / 창고에 곡식, 열매, 과일 풍성한 복된 중추절을 맞이하도록 한다.

시작하는 말

오늘날 사람들은 명절을 고향에서 보내기보다는 콘도나 여행을 즐기며 보내기를 좋아합니다. 그러나 우리 민족의 고유 명절 추석秋夕이야말로 서양 사람들의 추수감사절보다 더 깊은 정이 갑니다. 추석맞이 하기 위해 온 가족이 모여 송편도 빚고, 풍성한 과일을 선물하면서 조상 성묘省墓도 하며 그 의미를 기립니다. 본 교재를 공부하면서 포로생활에서 돌아와 성전 건축을 촉구하고 있는 학개 선지자의 교훈이 새롭게 다가옵니다. 성전은 이스라엘 백성들의 마음의 고향이었습니다.

오늘의 말씀

1. 하나님은 하나님의 집을 회복시킬 것을 명하십니다(학 1:1~6).

이스라엘 백성들은 옛 예루살렘 성전을 그리워하면서 16년 전, B. C. 536년에 바사 왕 고레스가 포로들의 본국 귀환을 허락하는 조서를 내리자 총독으로 임명된 스룹바벨은 약 5만 명의 백성을 데리고 대제사장 여호수아와 함께 돌아왔습니다. 폐허가 된 성전 터를 치우고 번제단을 쌓고 전제를 드렸으며, 다음해 봄 성전 기초 공사를 마무리했습니다. 그러나 성전 건축을 방해하는 세력들과 부딪쳐 성전 건축은 중단되고 15년이 흘러 주전 520년경 학개 선지자를 통해 백성들의 나태를 꾸짖고, 복을 주시려 성전 건축을 촉구했던 것입니다.

· 함께 읽어요 : 학개 1장 8절
"너희는 산에 올라가서 나무를 가져다가 성전을 건축하라 그리하면 내가 그것으로 말미암아 기뻐하고 또 영광을 얻으리라 여호와가 말하였느니라."

2. 하나님은 백성들로 복에 근원을 깨닫도록 하셨습니다(학 1:7~11).

백성들이 곤경을 겪는 이유가 있었습니다. 하나님께서는 학개 선지자를 통하여 백성들로 하여금 스스로 돌아보게 하고 깨닫도록 하십니다.

첫째로, 스스로의 행위를 살펴보라 하셨습니다.7~8절 나태함을 지적하면서 산에 올라가 나무를 가져다가 성전을 건축하라고 촉구합니다.

둘째로, 곤경의 이유는 자기중심적인 삶의 태도9절라는 것입니다. 백성들이 주님과 하나님의 성전에 무관심의 결과로 산업이 부실해지고, 한재旱災로 인하여 씨를 뿌려도 거둘 것이 없게 하셨다는 것입니다.

하나님의 사업을 우선으로 이행하며 복되게 살아가시기 바랍니다.

· 함께 읽어요 : 학개 1장 9절
"너희가 많은 것을 바랐으나 도리어 적었고 너희가 그것을 집으로 가져갔으나 내가 불어버렸느니라. 나 만군의 여호와가 말하노라 이것이 무슨 까닭이냐 내 집은 황폐하였으되 너희는 각각 자기의 집을 짓기 위하여 빨랐음이라."

3. 백성들은 하나님을 경외하고 순종하여 형통했습니다(학 1:12~15).

학개 선지자의 메시지에 청중들의 반응은 긍정적이었습니다. 그 반응은 두 가지로 나타났습니다.

첫째로, 여호와를 경외하니, 하나님께서 함께 하셨습니다.12~13절

스룹바벨과 대제사장 여호수아와 남은 바 모든 백성들이 학개의 말을 청종했습니다. 학개의 메시지는 단순하였지만 능력이 있었습니다.

둘째로, 말씀대로 성전 건축이 다시 시작되었습니다.14~15절

백성들이 하나님을 경외하고 말씀에 청종하자 하나님께서 그들과 함께 하셨습니다. 본문에서 하나님의 사자로 부르지 않고 성경에서 유일하게 학개 선지자는 '여호와의 사자'학1:13절로 불리고 있음에 주목하십시오. 이는 그가 여호와 하나님께서 보내셨음을 인함입니다.

여호와의 사자의 말씀은, 곧 하나님의 메시지입니다. 하나님께 청종하자 즉각적으로 "내가 너희와 함께 하도다",1:13 "내가 너희와 함께 하노라"2:4는 말씀으로 응답됩니다. 이 말씀이, 곧 '하늘은 땅에 응답하고'호 2:21 라는 말씀의 의미일 것입니다. 이 메시지는 매우 짧지만 가장 중요한 축복의 약속입니다. 이 말씀은 하나님의 일에 헌신을 결단한 그들에게 위로와 용기를 주실 것입니다. 하나님이 함께 하시면 어떤 방해와 어려움도 장애가 될 수 없기 때문입니다. 실제로 이 말씀은 '형통'이라는 단어와 관련이 있습니다. 성경에서 '형통'이란 단어는 아무런 어려움이 없다는 뜻이 아니라, 어려움을 극복할 수 있는 능력을 주셔서 모든 일을 통과하도록 만드신다는 의미인 것입니다. 이를 위해 하나님의 세미한 음성에 귀기우리시 바랍니다.

· 함께 읽어요 : 학개 2장 6~8절

"6 만군의 여호와가 이같이 말하노라 조금 있으면 내가 하늘과 땅과 바다와 육지를 진동시킬 것이요. 7 또한 모든 나라를 진동시킬 것이며 모든 나라의 보배가 이르리니 내가 이 성전에 영광이 충만하게 하리라 만군의 여호와의 말이니라. 8 은도 내 것이요 금도 내 것이니라 만군의 여호와의 말이니라."

정리하는 말

사랑하는 성도 여러분! 금년 추석을 맞으면서 가정이 "더도 말고 덜도 말고 한가위만 같아라"는 복된 현장이 되시기 바랍니다. 여러분들의 가정이 하나님께 헌신을 결단하며 충성을 다짐하는 즐거운 중추절이 되기를 바랍니다. 분명 하나님께서 여러분들의 가계를 통하여 주신 사명의 줄을 끊지 마시고, 주님의 은총으로 복된 가문을 이어가시기를 소원합니다.

평가와 결심

1. 이 단원에서 학개 선지자가 무엇을 촉구하고 있습니까?
   (학 1:4~8, 성전 재건과 건축을 촉구함)
2. 현재 유대 백성들이 당하는 곤경이 무엇입니까?
   (학 1:2~4, 성전 황폐, 자연재해로 씨 뿌려도 수확할 것 없음)
3. 청중들의 긍정적인 반응의 그 결과가 어떻게 나타났습니까?
   (학 1:13~14, 여호와 경외, 함께하심, 성전건축재개)

주간 경건의 시간 <57> · 날마다 말씀과 함께

요일 / 내용	주일/월(Mon)	화(Tue)	수(Wed)	목(Thu)	금(Fri)	토(Sat)
찬송	73동 / 74동	312 / 341	315/ 512	350/ 393	314 / 511	345 / 461
성경	수 20: / 수 21:	수 22:	수 23:	수 24:	학 1:	학 2:
적용	도피성 / 레위 사람 성읍	동쪽 지파 보냄	여호수아 마지막 말	세겜 집회	백성을 촉구함	백성을 위로함

* 당신의 입 안에 들어 있는 한, 말은 당신의 노예이지만 만일 입 밖에 나오게 되면 당신의 주인이 된다. < 유태인>

13단원 절기 공과

제58과 성탄절

큰 감격의 기쁜 소식

찬송 / 122, 108, 101 / 통 122, 113, 106
성경 / 마태복음 2:1-18, 누가복음 2:8~21
요질 / 누가복음 2:10
"천사가 이르되 무서워하지 말라. 보라 내가 온 백성에게 미칠 큰 기쁨의 좋은 소식을 너희에게 전하노라."
목표 / 목자처럼 성실하게 살다 주의 성탄을 축하하며 살아가도록 한다.

시작하는 말

오늘 본문에는 요한의 표현대로 말씀이 육신이 되는 인류 역사상 가장 위대한 사건이 기록되어 있습니다. 이 아기는 인류에게 새 생명을 주기 위해 탄생하셨습니다. 따라서 아기의 탄생은 단순한 탄생이 아니라 전 인류의 탄생거듭남이라 할 수 있습니다. 주님의 은총을 받은 성도들이여! 우리 주님의 탄생을 진심으로 축하하시기 바랍니다.

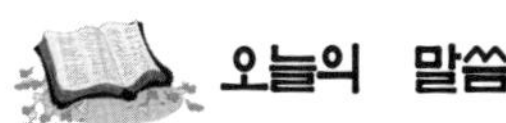

오늘의 말씀

1. 예수는 유대인의 왕으로 탄생하셨습니다(마 2:1~12).

'왕의 복음'이라 일컫는 마태복음에는 동방의 박사들이 그의 별을 보고 따라와서는 유대 땅 예루살렘에 이르러 "유대인의 왕으로 나신 이가 어디 계시냐? 우리가 동방에서 그의 별을 보고 그에게 경배하러 왔노라" 라고 했습니다. 당시 헤롯왕과 예루살렘이 듣고 소동했다고 했습니다. 그리스도의 탄생은 신화가 아닙니다. B. C. 와 A. D. 역사의 중심 선상에 그리스도가 나신 것입니다. 물론 연대적으로 그리스도는 B. C. 4년에 태어난 것으로 역사가들은 밝히고 있습니다.

예수님께서는 다윗의 후손 유대인의 왕으로, 야곱의 후손으로창 49:10, 약속된 메시야로 오신 것입니다.민 24:17; 삼하 7:12-16. 다윗 왕국은 ① 강력한 나라,삼하 5:10 ② 의로운 나라로 하나님께서 합당하게 여기실 정도로 의롭게 나라를 다스렸습니다.행 13:22 다윗의 줄기에서 예수가 탄생했습니다.

· 함께 읽어요 : 사도행전 13장 22절
"폐하시고 다윗을 왕으로 세우시고 증언하여 이르시되 내가 이새의 아들 다윗을 만나니 내 마음에 맞는 사람이라 내 뜻을 다 이루리라 하시더니"

2. 동정녀를 통해 탄생하게 하셨습니다(마 1:21~23, 사 7:14).

오늘날 많은 사람들이 동정녀 탄생을 믿지 못하겠다고 합니다. 그러나 성경은 분명하게 예수 그리스도는 '동정녀'를 통해 나셨다는 것을 문자로 기록해 우리에게 확실하게 전해주고 있습니다.

주님의 제자 마태는 예수 그리스도의 나심을 이렇게 설명합니다.

"그의 어머니 마리아가 요셉과 약혼하고 동거하기 전에 성령으로 잉태된 것이 나타났더니"마1:18 라고요. 제자 누가도 동정녀임을 기록합니다.

그렇습니다. 예수 그리스도의 잉태하심은 성령으로 말미암음이요, 그의 탄생은 구약 선지자 이사야의 주전 700여 년 전 예언한 "처녀가 잉태하여 아들을 낳으리니 임마누엘이라 하리라"는 이 예언이 성취된 것입니다.

· 함께 읽어요 : 누가복음 2장 5절
"그 약혼한 마리아와 함께 호적 하러 올라가니 마리아가 이미 잉태하였더라."

3. 예수 그리스도의 탄생은 큰 감격의 기쁨이 되었습니다(눅 2:8~20).

누가복음의 본문은 수많은 억측들을 불식시키기에 충분합니다. 예루살렘 남쪽 8km 지점에 위치한 유다 지파의 북방 변두리 성읍으로 그 이름이 '떡집', 또는 '빵 집'(Bethlehem) 이라고 불립니다.

밤에 목자들이 들에서 양을 치는데 그들 곁에 주의 사자가 서고, 주의 영광이 그들을 두루 비춥니다. 그들은 너무 무서워했습니다. 큰 기쁨의 좋은 소식을 전한다면서 다윗의 동네에 구주가 나셨으니, 곧 그리스도 주시라고 했습니다. 가서 강보에 쌓여 구유에 뉘여 있는 아기를 보리니 이것이 너희에게 표적이라고 했습니다. 천군 천사들이 하나님을 찬송했습니다.

만왕의 왕 예수 그리스도가 구유에 탄생하신 의미는 심오합니다.

① 주님의 겸손입니다.

주 예수 그리스도는 유대인의 왕으로 오시고 열두 영도 더 되는 천사도 부리실 수 있는 엄청난 권세를 가지고 이 세상에 태어나셨지만, 그 지위와 권세로써 이 세상에 군림하시고 억압하기 위해 오시지는 않으셨습니다. 오히려 그는 평화의 왕, 겸손한 왕으로 세상에 오셨습니다. 마 21:5

② 백성들에게 배척을 당하실 것을 미리 보여줍니다.

아버지 요셉의 고향이었건만 말구유에 누이심은 장차 자기 고향눅 4:24, 자기 백성요 1:11에게 배척받으실 것을 암시하는 것입니다. 주님은 배척받기 위해 오셨고, 죽기 위해 태어나셨습니다. 이것이 바로 매시야로서의 삶입니다. 참담한 사실이지만 구원의 기쁜 소식이기에 천사들은 찬송합니다.

· 함께 읽어요 : 누가복음 2장 14절

"14 '지극히 높은 곳에서는 하나님께 영광이요 땅에서는 하나님이 기뻐하신 사람들 중에 평화로다' 하니라."

정리하는 말

사랑하는 성도 여러분! 만왕의 왕이신 그리스도께서 육신을 입으시고, 하나님의 아들이 사람의 모양으로 허물과 죄로 죽었던 우리를 살리시려 오신 것입니다. 하나님께서는 세상의 비천한 자들, 목자들에게 먼저 그리스도의 소식을 알리셨습니다. 비천하지만 성실했고, 깨어 있었기에 하늘 영광을 보았고, 온 세상에 전할 기쁨의 소식을 전달받았습니다. 오늘 여러분들에게도 이러한 은총이 임하시기를 간절히 소원합니다.

평가와 결심

1. 예수 그리스도의 탄생을 역사적으로 설명해 보세요.
   (마 2:1, 유대인의 왕으로 주전 4년에 베들레헴에 탄생하셨음)
2. 성경의 예언 성취로 오신 그리스도를 설명하세요.
   (마 1:23; 사 7:14, 700년전 예언대로 동정녀 처녀의 몸에서 태어남)
3. 그리스도가 구유에 탄생하신 뜻이 무엇입니까?
   (눅 2:8~20, ① 주님의 겸손이심, ② 배척당실 것을 예표)

주간 경건의 시간 <58> · 날마다 말씀과 함께

요일 / 내용	주일/월(Mon)	화(Tue)	수(Wed)	목(Thu)	금(Fri)	토(Sat)
찬송	104동 / 105동	108 / 113	109 / 109	115/ 115	114 / 114	122 / 122
성경	마 1: / 2:	마 3:	마 4:	마 5:	마 6:	마 7:
적용	그리스도 계보 / 예수 탄생	세례 요한 천국 전파	마귀에게 시험	복 있는 사람	주의 기도	좁은 문

* 사랑과 같이 자유는 가정에서 시작되어야 한다. < J. R. 코우넌트 >

14단원 가정의례 공과

제59과 임종 예배

복된 야곱의 임종

찬송 / 606, 610, 608 / 통일 291, 289, 295
성경 / **창세기 47:27-31**
요절 / **창세기 47:31**

"야곱이 또 이르되 내게 맹세하라 하매 그가 맹세하니 이스라엘이 침상 머리에서 하나님께 경배 하니라."

목표 / **야곱의 임종 예배처럼 복된 임종을 맞도록 준비한다.**

한 인간의 죽음이 가까우면 본인과 가족들은 마음을 준비하고 임종예배를 드려야 합니다. 임종예배를 드리고 나서 다시 살아나는 경우가 있더라도 운명하시기 전에 임종예배를 드리는 것이 바람직합니다. 목회자가 없다하더라도 당황하지 말고 구역원이나 속회의 성도들을 불러서 간단한 예배를 드리는 것이 좋습니다. 임종예배에서는 죄의 고백과 예수 그리스도를 믿음으로 용서받았음을 확신하게 해야 합니다. 이때에는 부활신앙과 내세관을 통하여 죽음을 긍정적으로 받아들이도록 도와주는 것이 무엇보다 중요합니다.

시작하는 말

야곱이 애굽 땅 고센에 거한지 17년이 지났습니다. 야곱은 자신의 죽음이 가까웠음을 감지하고 요셉을 불러 유언을 하며, 임종을 준비하고 있음을 봅니다. 한 인간의 출생도 중요하지만 임종이야말로 그의 인생을 정리하는 귀중한 순간이기에 소홀히 할 수 없는 것입니다. 이런 면에서 야곱은 험난한 삶을 살아왔지만 말년에는 행복하고도 차분하게 임종을 준비하며 자손들을 불러 축복하는 모습이 참 아름답습니다.

오늘의 말씀

1. 야곱이 죽을 운명의 시간이 다가옵니다(창 47:27~29).

창세기 기자는 "이스라엘이 죽을 날이 가까우매"라고 기록하고 있습니다. 죽음이란 모든 인간 누구에게나 피할 수 없이 다가오는 것입니다.

야곱은 초년에 고생을 많이 했지만 만년에는 고센 땅에 이주하여 자식의 부양을 받으면서 잘 지냅니다. 그러나 병들어 임종이 가까운 줄 알고, 요셉에게서 낳은 두 아들 에브라임과 므낫세를 불러 내 것이라고 하면서 축복 합니다. 창 48:8-20절 사람이 한 번 죽는 것은 정한 것입니다. 히 9:27절

그럼에도 불구하고 사람들은 자신은 죽지 않고 영원히 살 수 있을 것이라는 착각 속에서 살아갑니다.

2. 야곱이 요셉에게 유언을 합니다(창 47:29~30).

야곱은 자신이 죽으면 애굽 땅에 장사하지 말고 반드시 가나안 땅, 조상들이 묻힌 곳에 묻어 달라고 요셉에게 간곡히 부탁을 합니다.

그러면서 요셉을 불러 그에게 이릅니다. "이제 내가 네게 은혜를 입었거든 청하노니 네 손을 내 허벅지 아래에 넣고 인애와 성실함으로 내게 행하여 애굽에 나를 장사하지 아니하도록 하라" 창 47:29절고 했습니다. 이렇게 지금 하고 있는 유언을 창세기 50장에서는 요셉이 죽을 때에 이스라엘 자손에게 요셉 자신이 유언遺言을 하는 모습을 봅니다.

"하나님이 반드시 당신들을 돌보시리니 당신들은 여기서 내 해골을 메고 올라 가겠다하라" 창 50:25절고 했습니다.

지금 요셉은 "내가 아버지의 말씀대로 행하리이다"라고 아버지 앞에서 부친 야곱의 유언을 성실히 이행하겠다고 대답했습니다.

3. 야곱은 자손들에게 유언을 하고 죽습니다(창 49:1~33절).

사람은 심은 대로 거둡니다. 선한 것을 심으면 선한 것을 거두고, 악한 것을 심으면 악한 것을 거두게 됩니다. 야곱의 예언적인 축복은 심은 대로 거둠창 49:1~28절 입니다.

야곱은 아들들을 차례로 불러 유언이라기보다는 예언적 축복을 하고 있는 것입니다.

야곱의 희망이었던 첫 아들 르우벤에게, 49:3~4절 그리고 시므온과 레위에게, 49:5~7절 야곱의 넷째 아들로 요셉과 함께 장자권을 나누어 받은 유다에게는창 49:8~12절, 대상 5:1~2절 형제의 찬송이 되고, 8~9절 그를 통해 메시야가 나올 것이라고 예언하고 축복을 합니다. 10~12절 스불론 에게, 13절 잇사갈에게, 14~15절 단에게, 16~17절 갓에게, 19절 아셀에게, 20절 납달리에게, 21절 장자 권에 따른 두 몫의 유업을 받은 요셉에게, 22~26절 마지막으로 베냐민에게, 27절 예언적인 축복을 합니다.

여기에서 사람은 그 사람의 말과 행동에 따라 자신의 인생을 수놓아 간다는 사실을 보게 됩니다. 그러므로 살아가면서 우리는 말이나 행동을 조심하고 제멋대로 해서는 안 됩니다.

그 사람의 말은, 곧 그 사람의 인격을 형성해가며 그 인격을 통해 사람을 만나고 가족들과 어울리고, 직장에서 제 몫을 감당합니다. 그러면서 한 인간의 일생의 역사가 형성되어지는 것입니다.

여러분! 하루하루를 살아가면서 특별히 말을 조심하시기 바랍니다. 야곱은 파란만장한 생애를 살아오면서 자식들을 통해 이스라엘 열두 지파를 통해 민족 형성사를 이뤄가고 있음에 유의하시기 바랍니다.

야곱이 '이들은 이스라엘 열두 지파라'고 칭하고 있음에 주목해야 합니다. 야곱은 그들 각 사람의 분량대로 축복했습니다. 49:28절

정리하는 말

사랑하는 성도 여러분! 야곱은 최종적으로 그의 아들들에 대한 예언적 축복이 이스라엘 역사를 형성해왔다는 사실은 참으로 놀랍습니다. 여러분들은 자녀들을 대할 때 어떤 마음으로 대합니까? 바로 여러분들의 족적足跡이 기록되고 있다는 사실을 명심하시기 바랍니다. 자녀들을 축복하며 임종을 맞을 수 있는 은총이 임하시기를 간절히 소원합니다.

평가와 결심

1. 야곱은 요셉 자손에게 어떤 예언적 축복을 합니까?
   (창 49:22~26, 에브라임과 베냐민에게 장자권 축복을 줌)
2. 야곱은 유다 자손에게 어떤 예언적 축복을 합니까?
   (창 49:8~12, 형제의 찬송이 되고, 그를 통해 메시아 오심의 축복)
3. 야곱이 요셉에게 한 유언의 핵심과 후속조치가 무엇입니까?
   (창 47:30, 나를 조상의 묘지에 장사하라는 유언과 이행 약속 확인)

주간 경건의 시간 <59> · 날마다 말씀과 함께

내용 \ 요일	주일/월(Mon)	화(Tue)	수(Wed)	목(Thu)	금(Fri)	토(Sat)
찬송	88동 / 83동	143 / 141	301 / 460	363 / 479	436 / 493	483 / 542
성경	창 43: / 44:	창 45:	창 46:	창 47:	창 48:	창 49:
적용	베냐민과 애굽으로 / 은잔	요셉임을 밝힘	야곱 애굽 이주	바로에게 축복	야곱이 축복함	야곱의 임종

* 지배하려는 의지만 가지면 결코 유혹되지 않고 정복할 수 있다.
<로버트 헤릭, 1591~1674, 영국 시인 >

14단원 가정의례 공과

제60과 입관 예배

영혼을 하나님께 부탁

찬송 / 480, 481, 483 / 통 293, 531, 532
성경 / 사도행전 7:51-60
요절 / 사도행전 7:59
"그들이 돌로 스데반을 치니 스데반이 부르짖어 이르되 주 예수여 내 영혼을 받으시옵소서하고"
목표 / 스데반의 순교 직전에 영혼을 하나님께 부탁하는 태도를 배운다.

옛날부터의 관습은 시신을 입관시킬 때까지의 절차를 염, 습, 전, 반함, 졸습, 소렴, 대렴 등이라 하여 그 과정이 복잡하고 까다로웠다. 그러나 간소하고 정중한 예식을 위해 장의사나 전문가의 도움을 받는 것도 좋다. 그 순서와 요령은 다음과 같다. ① 인도자의 지시에 따라 시신의 좌우에 두세 사람이 나누어 앉는다. ② 시신을 덮었던 홑이불을 벗기고 붕대나 백지 등을 제거한다. 버선을 벗기고 허리띠를 끌러낸다. ③ 죽은 이가 남자면 남자상주가 여자면 여자상주가 앞가리개(곤포)로 가리며 하의를 벗기고, ④ 상의를 벗긴다. ⑤ 알코올이나 향수를 깨끗한 수건에 적셔서 몸을 닦아낸 후, 다시 마른 수건으로 훔친다. ⑥ 빗으로 머리를 빗기고 긴 손톱은 자른다. 머리카락과 손톱은 주머니에 넣거나 종이에 싸서 쟁반에 담아 두었다가 입관 때 관 속에 함께 넣는다. ⑦ 다음은 수의를 입힌다. ⑧ 이상의 일들을 마치면 홑이불로 시신의 머리부터 수족에 이르기까지 전신을 덮는다.

시작하는 말

본문에는 초대교회의 별인 스데반 집사의 순교 장면이 나옵니다. 스데반은 참으로 하나님이 보기에도 아까운 분이었습니다. 그가 순교하면서 한 유언적인 말들은 꼭 예수님의 운명 전에 하셨던 모습들과 닮았습니다. 스데반 집사의 설교는 이스라엘 민족 역사를 들어 당시 종교 지도자들을 질책하고 있었습니다.

오늘의 말씀

1. 스데반 집사의 설교는 양심을 찌르는 설교였습니다(행 7:51~54).

"목이 곧고 마음과 귀에 할례를 받지 못한 사람들아! 너희도 너희 조상과 같이 항상 성령을 거스르는도다." 행 7:51절 "52 너희 조상들이 선지자들 중의 누구를 박해하지 아니하였느냐? 의인이 오시리라 예고한 자들을 그들이 죽였고, 이제 너희는 그 의인을 잡아 준 자요 살인한 자가 되나니 53 너희는 천사가 전한 율법을 받고도 지키지 아니하였도다"라고 했습니다. 행 7:52~53절 그들은 이 말을 듣고 '이를 갈았다'고 했습니다.

· 함께 읽어요 : 행 7장 54절
"그들이 이 말을 듣고 마음에 찔려 그를 향하여 이를 갈거늘"

2. 설교하는 도중 하늘 문이 열린 것을 보았습니다(행 7:55~56).

스데반이 은혜와 권능이 충만하여 큰 기사와 표적을 행했습니다. 구레네, 알렉산드리아, 길리기아, 아시아에서 온 사람 중에 어떤 이들은 스데반과 논쟁을 했지만 능히 당해 내지 못했습니다.

이제 사람들을 매수하여 거짓 증인들을 세워 "이 거룩한 곳과 율법을 거슬러 말했고, 성전을 헐고, 모세의 규례를 고치겠다 함을 들었도다"고 위증을 하게 하여 스데반을 공회 앞에 세웠습니다. 자리에 앉은 사람들이 스데반을 주목해 보니 그 얼굴을 보니 '천사의 얼굴 같더라'고 했습니다. 대제사장과 공회 앞에서 기다릴 필요도 없이 설교를 합니다.

· 함께 읽어요 : 행 7장 56절
"그들이 큰 소리를 지르며 귀를 막고 일제히 그에게 달려들어"

3. 스데반 집사의 설교의 반응과 결과입니다(행 7:54~60).

성령이 충만한 가운데 말씀을 전하는 스데반 집사의 설교 말씀을 듣던 이들은 '이를 갈면서' 들었고, 하늘에서는 주님이 서서 지켜보고 계셨습니다.

56절과 57절을 함께 읽겠습니다. "[56] 스데반이 성령이 충만하여 하늘을 우러러 주목하여 하나님의 영광과 및 예수께서 하나님 우편에 서신 것을 보고 [57] 말하되 보라 하늘이 열리고 인자가 하나님 우편에 서신 것을 보노라 한대" 행 7:55~56절

그들은 더 이상 양심이 찔려 그 설교를 들을 수 없었습니다. 스데반 집사의 오만방자한 행동을 더 이상 지켜볼 수 없었습니다. 그들은 큰 소리를 지르며 귀를 막고 '일제히' 그에게 달려들어 돌로 쳤습니다. 스데반의 얼굴에는 유혈이 낭자했을 것입니다. 여기서 '일제히'라는 말에서 얼마나 강퍅함이 단결된 힘으로 나타났는가 하는 것을 볼 수 있습니다. 돌로 칠 때 스데반은 부르짖었습니다. "주 예수여! 내 영혼을 받으시옵소서." 무릎을 꿇고 크게 주님을 부릅니다. "주여 이 죄를 그들에게 돌리지 마옵소서." 이러한 기도는 인간이 할 수 있는 기도 중에 가장 위대한 기도입니다. 정말 주님의 '사랑 밭'에서 싹터 자라난 위대한 생명의 기도입니다.

사랑하는 성도 여러분! 설교를 듣고 이를 부득부득 가는 저들과 비교되는 하나님의 아들 예수 그리스도의 심장을 지닌 사람의 기도인 것입니다. 역사 이래로 이러한 기도를 드린 분이 또 어디 있겠습니까? "오! 십자가의 보혈 사랑을 우리에게도 주옵소서"라고 우리도 기도해야 할 것입니다. 사랑의 사자 스데반은 이제 막 잠이 들었습니다.

· 함께 읽어요 : 사도행전 7장 60절

"무릎을 꿇고 크게 불러 이르되 주여 이 죄를 그들에게 돌리지 마옵소서. 이 말을 하고 자니라."

정리하는 말

사랑하는 성도 여러분! 지금도 주님은 여러분들을 하늘 보좌에서 지켜보고 계십니다. 여러분들이 주님의 복음 선교를 하다가 위급하고 비상적인 때에는 주님은 보좌에서 일어서서 지켜보십니다. "주 예수여! 내 영혼을 받으시옵소서." 주님을 부릅니다. "주여! 이 죄를 그들에게 돌리지 마옵소서." 스데반의 기도를 따라 하며 영혼을 하나님께 부탁하시면서 주님의 은총을 사모하시기 바랍니다.

평가와 결심

1. 스데반의 설교는 어떤 설교였습니까?
   (행 7:54, 듣는 자들의 폐부를 찌르는 설교였습니다)
2. 스데반이 설교하는 도중 어떤 일이 벌어졌습니까?
   (행 7:56, 하늘 문이 열리고 하나님 우편에 서신 주를 봄)
3. 스데반의 설교의 반응은 어떠했습니까?
   (행 7:57, 소리 지르며 귀를 막고, 달려들어 돌로 쳤습니다)

주간 경건의 시간 <60> · 날마다 말씀과 함께

요일 / 내용	주일/월(Mon)	화(Tue)	수(Wed)	목(Thu)	금(Fri)	토(Sat)
찬송	146동 / 93동	283 / 183	182 / 169	184 / 173	198 / 284	197 / 178
성경	행 1: / 2:	행 3:	행 4:	행 5:	행 6:	행 7:
적용	성령세례 / 성령 강림	베드로 설교	성령 충만	남녀의 큰 무리	일곱 일꾼	스데반 설교

* 셰익스피어는 시대가 없다. < 사무엘 테일러 코울리지, 1772-1834, 영국 시인, 비평가 >

14단원 가정의례 공과

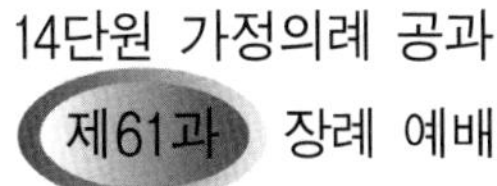

장례 예배

죽음 후 영원한 세상으로

찬송 / 606, 607, 608 / 통 291, 292, 295

성경 / 데살로니가전서 4:13-18

요질 / 데살로니가전서 4:13

"형제들아 자는 자들에 관하여는 너희가 알지 못함을 우리가 원하지 아니하노니 이는 소망 없는 다른 이와 같이 슬퍼하지 않게 하려 함이라."

목표 / 영원한 세상 부활신앙으로 살아가는 믿음의 태도를 가진다.

* 장례 치름을 '치장'이라 일컫는다. 치장은 3일 만에 행함이 보통이다. 만약 상주가 먼 곳에 있어 미처 사흘 안에 돌아오지 못하는 가족을 위해서는 4일장 또는 5일장으로 해도 좋다. 장례 방법은 토장, 수장, 화장 등이 있다. 토장은 우리나라에서 예로부터 시행해 오고 있는 방법으로 지장地葬이라고도 한다. 토장의 방법은 보통 다음 순서로 진행 한다.

① 장지葬地: 선산이나 공원묘지는 집안에 노인이 계시면 미리 준비해야 차질이 없다.

② 상을 당하면 호주나 동거 가족 또는 동거인이 서둘러 사망신고, 매장신고를 해야 한다.

③ 사망신고는 주민등록지의 주민 센터나 시, 군, 구청 등 본적지의 공무원을 찾아가면 안내해 준다. 구비서류는 사망 진단서 2부(본적지 아닌 곳이면 3부), 의사의 진단서나, 시체 검안서(사고로 사망한 경우) 등을 첨부해야 한다. ④ 매장화장 신고는 주소지, 사망지, 매장지, 납골당 소재지의 관할 읍, 면, 동장에게 신고할 때 요사이는 인터넷에서 다운 받아 서류를 작성해 구비서류(사망진단서 또는 시체 검안서, 사설묘지의 경우는 묘지사용 승낙서, 성인인 경우 주민등록증 휴대)를 첨부 주민 센터에 신고해 신고증을 교부받는다

* 영결식 진행순서는 ① 개식사 ② 찬송 ③ 기도 ④ 성경봉독 ⑤ 설교 ⑥ 기도 ⑦ 고인 약력보고 ⑧ 조사나 조가 ⑨ 분향 또는 헌화 ⑩ 광고 ⑪ 찬송 ⑫ 축도 순으로 진행한다. 가능하면 장례식순을 만들어서 함께 나누어 보면서 예식을 진행하면 전도에도 도움이 된다.

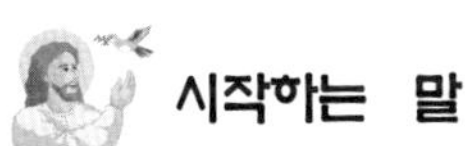

시작하는 말

인생 그 누구가 죽음의 요단강을 건너지 않을 자 있겠습니까? 영웅호

걸 장수도 제왕도 어부나 농부에 이르기까지 다 이 길을 가야합니다. 장례를 치러야 합니다. 죽음이란 인류에게 가장 무서운 형벌임에 틀림없습니다. 그러나 죽음 이후에 부활과 재림이란 사건이 기다리고 있습니다. 신자나 불신자나 부활하는 것은 맞습니다. 그러나 요한의 가르침처럼 '생명의 부활'이냐? '심판의 부활'이냐의 차이점이 있을 뿐입니다. 여러분! '생명의 부활'을 맞으시기를 소원합니다.

오늘의 말씀

1. 죽음이란 성도들에게도 의구심이 많은 것입니다(살전 4:13~14).

데살로니가 교인들의 의구심은 예수께서 재림하신다면 살아남은 자들은 예수와 함께 승천하실 것이지만 죽어서 썩어지고 화장火葬까지 한 육체들은 어떻게 될 것이냐는 것입니다. 이러한 죽음 이후의 일들은 우리 현대를 살아가는 우리 성도들에게도 관심이 클 수밖에 없습니다. 그렇지 않습니까? 인간이 세상에 살다가 죽음이 끝이라면 얼마나 허망하겠습니까? 그러나 인생들의 연약함을 아시는 하나님께서 장래에 어떻게 되어질 것인가를 성경을 통해 자세히 가르쳐 주셨습니다.

산 사람의 문제보다 죽은 사람의 문제가 더 복잡하고 신비한 것입니다. 한번 죽는 것은 정하신 법이지만 죽음 이후의 우리의 육체와 영혼에 대한 문제까지 소홀히 할 수는 없는 것입니다.

여기서 바울은 교인들의 질문에 대한 대답으로, 먼저 가신 분들이나 그때 남은 이들이나 하나님이 그와 함께 데리고 오시리라고 하셨습니다.

· 함께 읽어요 : 데살로니가전서 4장 14절
"우리가 예수께서 죽으셨다가 다시 살아나심을 믿을진대 이와 같이 예수 안에서 자는 자들도 하나님이 그와 함께 데리고 오시리라."

2. 주님의 재림은 영광과 위엄으로 임할 것입니다(살전 4:16~17).

주 예수 그리스도께서 첫 번째 오셨을 때에는 말구유에 아기로 조용하고 겸손하게 오셨습니다. 동방 박사들의 예루살렘 방문으로, 기득권층인 당시 헤롯 왕과 제사장, 서기관 등 성경을 안다는 사람들은 초비상이 걸렸습니다. 그러나 그것도 극소수요, 대부분 사람들은 알지 못하기에 평온했을 것입니다. 오히려 들에서 양을 지키던 목자들의 소박한 성탄 축하가 어울렸을 것입니다.

그러나 주님이 다시 오시는 재림 때의 광경은 상상을 초월할 만큼 놀라운 영광과 위엄으로 다가 오실 것입니다. 그 광경은 놀라울 것입니다.

· 함께 읽어요 : 데살로니가전서 4장 16절

"주께서 호령과 천사장의 소리와 하나님의 나팔 소리로 친히 하늘로부터 강림하시리니 그리스도 안에서 죽은 자들이 먼저 일어나고"

3. 재림 후 영원한 세상이 준비되어 있습니다(살전 4:7, 고전 15:51~52).

사도 바울은 이 광경을 고린도전서 15장에서 이야기 하면서 '비밀'을 말한다고 했습니다. 믿는 자의 몸은 썩고 죽게 될 것입니다. 그러나 새로 부활한 몸은 썩지도, 죽지도 아니 할 것입니다. 하나님과 함께 살려면 그의 몸이 변하여 새로운 형체를 입어야 하기 때문입니다.

사랑하는 성도 여러분! 우리는 지금 고인이 돌아가신 장면을 목격했지만 다시 살아나실 것입니다. 죽은 자들의 부활의 첫 열매가 되신 예수 그리스도처럼 부활할 그때에, 부활의 산 증인이 될 것입니다.

· 함께 읽어요 : 고린도전서 15장 54절

"이 썩을 것이 썩지 아니 함을 입고 이 죽을 것이 죽지 아니함을 입을 때에는 사망을 삼키고 이기리라고 기록된 말씀이 이루어지리라."

정리하는 말

지혜자는 "초상집에 가는 것이 잔치 집에 가는 것보다 낫다"고전 7:2절 했습니다. 왜 그렇습니까? 잔치 집에서는 먹으면 끝납니다. 그러나 초상집에는 죽음 이후의 영적인 문제를 생각할 수 있기 때문일 것입니다.

여러분! 장례식에 참석하여 예배드리면서 인생 철학을 공부하시어서 복된 인생을 잘 준비하는 은총을 받으시기 간절히 축복합니다.

평가와 결심

1. 데살로니가 교인들의 의구심이 무엇입니까?
   (살전 4:13~14, 재림 시에 예수 안에서 죽은 자들의 거처문제)
2. 그리스도의 재림 때의 모습은 어떠할 것입니까?
   (살전 4:16, 위엄과 영광 가운데 재림할 것임)
3. 성도의 죽음과 부활 과정이 꼭 있어야 합니까?
   (살전 4:17, 죽음과 부활을 통해 새로운 형체를 입어야 함)

주간 경건의 시간 <61> · 날마다 말씀과 함께

요일 내용	주일/월(Mon)	화(Tue)	수(Wed)	목(Thu)	금(Fri)	토(Sat)
찬송	88동/ 74동	219 / 279	255 / 187	195/ 175	191/ 427	240 /231
성경	살전 1: / 2:	살전 3:	살전 4:	살전 5:	살후 1:	살후 2:
적용	믿음의 역사/ 복음을 위탁	사랑의 기쁜 소식	일하기 힘쓰라	영과 혼 과 몸	은혜와 평강	미혹의 역사

* 위대함이란 흔히 위대한 성공과 공손한 동의어로 통한다.

< 필렙 게달라, 189-1944, 영국 사학자, 수필가 >

14단원 가정의례 공과

제62과 안장(하관) 예배

편안하게 안장된 요셉

찬송 / 483, 488, 492 / 통 532, 539, 544

성경 / 창세기 50:22-26

요절 / 창세기 50:26

"요셉이 백십 세에 죽으매 그들이 그의 몸에 향 재료를 넣고 애굽에서 입관하였더라."

목표 / 요셉의 안장安葬 과정을 살펴보며 기독교의 장례 조례를 이해한다.

시작하는 말

여러분들이 만약 요셉의 안장 예배에 참석할 수 있었다면 어떻게 했겠습니까? 본문은 애굽의 국무총리인 요셉의 입관에 대한 말씀이지만 이제부터 40년간의 광야 생활에 들어가면서 그들이 요셉의 유언을 어떻게 실천했던가를 상상하면서 말씀을 들으시기 바랍니다. 광야 생활 동안 수많은 장례가 있었을 것입니다. 20세 이상은 다 모래 속에 묻었습니다. 여러분들의 장례와 안장安葬이 최고의 안식을 얻기 바랍니다.

오늘의 말씀

1. 요셉이 임종 후 애굽에서 입관했습니다(창 50:26).

사람이 죽으면 대사를 치른다고 합니다. 그만큼 낳을 때보다 훨씬 큰 일입니다. 그런데요 정말 행복한 죽음은 주위의 사람들이 모른채 하늘

나라에 갈 준비를 미리 다 하는 것입니다. 어떤 분은 자기가 들어갈 자리를 미리 파놓고 운명할 시간이 되자 거기까지 기어 올라가서 죽었습니다. 그래서 그대로 묻어주었답니다. 정말 행복한 죽음입니다. 문제는 죽음이란 하나님이 땅의 흙으로 사람을 지으시고 그 코에 생기를 불어넣으셔서 생령living Soul이 된 것입니다. 그 영Soul이 떠난 육체를 온 곳인 땅에 묻어주어 흙이 되게 하는 것이 육의 편안한 안식인 것입니다.

· 함께 읽어요 : 창세기 2장 7절
"여호와 하나님이 땅의 흙으로 사람을 지으시고 그 코에 생기를 불어넣으시니 사람이 생령이 된지라."

2. '하관下官예배'란 용어를 '안장安葬예배'로 바꿔야 합니다(창 23:1~18).

사람이 임종하면 '임종 예배'를 드립니다. 영혼이 본향으로 돌아갈 수 있도록 예배드리면서 말씀을 통해 천국으로 인도함을 도와주는 것입니다. 대부분 요즈음은 입관만 하면 화장장火葬場에 가서 고인의 시신을 태워서 유골함에 담습니다. 그 유골함을 가족 묘지나 공원 묘지에 미리 준비한 곳에 모시는 것입니다. 자연장自然葬의 경우에도 반드시 유골함에 담아가도록 규제하고 있습니다. 그러면 '하관'이란 입관했던 관과 시신을 함께 매장할 때 '하관'이라고 합니다. 그런데 유골함에 담아 옮기면서 '하관예배'라고 할 수도 있겠으나 '안장예배'安葬禮拜라고 하는 것이 좋겠습니다. 아브라함도 매장지로 산 막벨라 굴에 사라를 안장했습니다.

· 함께 읽어요 : 창세기 23장 19~20절
"19 그 후에 아브라함이 그 아내 사라를 가나안땅 마므레 앞 막벨라 밭 굴에 장
사하였더라(마므레는 곧 헤브론이라) 20 이와 같이 그 밭과 거기에 속한 굴이 헷 족
속으로부터 아브라함이 매장할 소유지로 확정하였더라."

3. 아브라함이 마련한 '안장 예배'安葬禮拜입니다(창 23:3~18).

아브라함은 아내 사라를 먼저 보냈습니다. 죽은 아내를 위해서 매장지를 구해 안장하는 사건을 보면서 그의 고상한 신앙 인격을 보게 됩니다.

첫째로, 헷 족속에게 가서 구했습니다.창 23:3~4절

그는 사라의 시신을 끌어안고 곡하기만 하지 않았습니다. 오래 동안 애통해 하지 않고 자기의 할 일을 했다는 것입니다. 죽음은 슬픈 일이기는 하지만 장래의 소망이 있는 성도에게는 거기에 너무 사로잡혀 있어서는 안 됩니다. 아브라함이 헷 족속의 땅을 매장지로 정한 이유는 그 땅을 헷 족속이 아직은 점령하고 있지만 이미 하나님이 아브라함에게 주시기로 약속한 땅이었기 때문입니다.

둘째로, 겸손하게 구했습니다. 당시 아브라함은 방백으로 명성이 높았습니다.창 23:6 그럼에도 불구하고 그는 자신을 '나그네'라고 낮추었고,4절 헷 족속과 대화할 때에도 몸을 굽혀 정중함과 겸손한 태도7절; 12절를 가지고 대했습니다.

셋째로, 대가를 지불하고 구했습니다.16절 헷 족속은 거저 주겠다고 했습니다.6절, 11절, 15절 그런 호의를 거절하고 아브라함은 은 400세겔을 지불하고 매장지를 구입했습니다.창 23:16절

아브라함은 이렇게 대가를 정당하게 주고 매장지를 구입하여 거기에 가족 묘지를 삼은 것입니다. 여러분! 가족 묘지이든 공원 묘지이든 정당한 대가를 주고 미리 구입하여 두고 영원한 천국을 바라보며 가족을 위한 안장安葬 준비를 하시기를 바랍니다.

· 함께 읽어요 : 창세기 23장 16절

"아브라함이 에브론의 말을 따라 에브론이 헷 족속이 듣는 데서 말한 대로 상인이 통용하는 은 사백 세겔을 달아 에브론에게 주었더니"

정리하는 말

오늘날 우리나라는 기독교인 인구가 22.5%로 우리나라 종교인구 우위를 차지하고 있습니다. 그러나 상조 문화는 일정한 규정이 없이 진행되어지고 있습니다. 이러한 때에 기독교 상조 문화를 바르게 세워가야 할 것입니다. 여러분의 가정과 교회에 아브라함 같이 '건전한 기독교 상조 문화'를 만들어가기 위해서 바람직한 투자에 힘쓰시기를 바랍니다.

평가와 결심

1. 요셉이 임종 후 어떻게 했습니까?
   (창 50:24~26, 요셉의 입관한 유골을 가나안 땅에 안장시키기로 약속)
2. 아브라함이 사라의 장례를 위해 어떻게 했습니까?
   (창 23:16~20, ① 헷 족속에게 구함 ② 대가 지불 후 ③장례 치름)
3. 건전한 '기독교 상조 문화'를 위해 무엇을 해야 하겠습니까?
   (창 23:13~20, ①상조문화 개선 ②치밀한 계획수립 ③투자해야 함)

주간 경건의 시간 <62> · 날마다 말씀과 함께

요일 / 내용	주일/월(Mon)	화(Tue)	수(Wed)	목(Thu)	금(Fri)	토(Sat)
찬송	89동 / 93동	209 / 247	210 / 245	265/ 199	305 / 405	489 / 541
성경	창 37: / 38:	창 39:	창 40:	창 41:	창 42:	창 50:
적용	요셉 형제들/ 유다와 다말	요셉과 보디발아내	관원장 꿈 해석	바로왕 꿈 해석	요셉 형들 애굽행	야곱 장례식

* 세상은 가장 위대한 사람들에 의해 변화되고 발전되며, 그들에 의해 죽고 멸망당하기도 한다. <헨리 테일러 경, 1806-1886, 영국 시인, 극작가, 정치사회학자 >

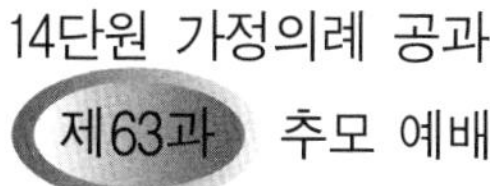

추모 예배

여호와를 경외하는 복

찬송 / 493, 492, 325 / 통 545, 544, 359
성경 / 시편 128:1-6
요절 / 시편 128:1-2
"1 여호와를 경외하며 그의 길을 걷는 자마다 복이 있도다. 2 네가 네 손이 수고한 대로 먹을 것이라 네가 복되고 형통하리로다."
목표 / 온 가족이 함께 여호와를 경외하며 살아가는 태도를 기른다.

◆ 추모(追慕) 예배의 의의 ◆

추모追慕라는 용어가 바람직합니다. 추도追悼라는 용어는 죽은 이를 생각하며 슬퍼해 한다는 뜻입니다. 이 말속에는 다분히 불신자적인 인상이 짙습니다. 추모追慕라는 용어의 뜻은 죽은 사람을 기억하고 그리워함입니다. 이렇게 보면 기독교에서 사용되어야 하는 바른 용어는 추모追慕가 되어야 할 것입니다.

시작하는 말

하나님께서는 우리 가족 한 사람 한 사람을 극진히 사랑하십니다. 시편은 하나님을 경외하는 인생이 누리는 복에 대하여 노래하고 있습니다. 시인은 개인생활, 가정생활, 그리고 하나님의 백성 전체에 미치는 하나님의 축복을 서로 연관 지으면서 하나님을 경외하는 것이 진정한 인생의 복이 되고, 기쁨이 된다는 것을 교훈하고 있습니다.

오늘의 말씀

1. 하나님을 경외하는 사람이 복된 사람입니다(시 128:1).

시인은 하나님을 경외하는 태도와 일상생활에서의 행위, 그리고 하나님께로부터 받는 복이 연관이 되어 있다고 가르칩니다. 인생은 하나님께서 흙으로 빚어 코에 생기를 불어 넣어 생령living Soul으로 창조되었습니다. 그러므로 인생은 하나님을 경외하며 그 분의 길道 도에 따라 걷고, 순종하며 살아야 할 존재들인 것입니다. 여호와 하나님을 경외하며 그의 길을 걷는 자가 진정한 복된 사람입니다.

· 함께 읽어요 : 시편 128편 1절
"여호와를 경외하며 그의 길을 걷는 자마다 복이 있도다."

2. 하나님을 경외하는 가정이 복된 가정입니다(시 128:2~4).

시인은 가족을 아름답게 묘사했습니다. 아내는 결실한 포도나무 같고, 상에 둘러앉은 자식은 어린 감람나무 같다고 했습니다. 이렇게 한 나무처럼 앞서 가신 분이나 지금 여기에 남은 가족이 함께 모여 천상에서 드려질 예배를 함께 드릴 수 있다는 것은 복 중에 복인 것입니다.

여호와를 경외하고 그의 계명을 이 땅에서 지키면서 즐거워하는 자는 복된 자들입니다. 이러한 가족의 후손은 땅에서도 강성하며 평안을 누릴 것입니다. 하나님의 말씀을 순종하여 예배하면서 정직한 자 되어 그의 말씀을 실천하며 살아가는 여러분 되시기를 바랍니다.

하나님을 경외하면, 부요함과 하나님의 복福이 그 집에 머물게 될 것입니다. 또 하나님의 의義가 있게 되고, 많은 사람들에게 정의롭게 살아갈 방향을 제시하는 어진 사람이 될 것입니다. 은혜를 베풀고 풍족한 자가 되어 그 말씀의 복음을 온 땅에 전파하며 아름다운 삶의 열매와 결실을 맺을 것입니다.

· 함께 읽어요 : 시편 128장 2-3절
"[2] 네가 네 손이 수고한 대로 먹을 것이라. 네가 복되고 형통하리로다. [3] 네 집 안에 있는 네 아내는 결실한 포도나무 같으며, 네 식탁에 둘러앉은 자식들은 어린 감람나무 같으리로다."

3. 하나님을 경외하는 인생에게 풍성한 복이 임합니다(시 128:5~6).

사람들은 이 세상에서의 삶이 마지막이라고 생각합니다. 그러나 그렇지 않습니다. 여호와를 경외하는 자에게 임할 복을 노래한 시인은 결국 하나님께서 인생의 삶의 모든 영역을 좌우하시는 분이시며, 주인이시라는 사실을 강조합니다. 여기서 우리 인생의 생사화복을 주관하시는 분이 여호와 하나님이시라는 사실이 무엇보다 중요합니다.

결론적으로 하나님을 경외하는 삶에 축복이 임할 것이라고 선포합니다. 시인은 여기서 노동현장과 가정생활보다 더 가치 있는 세계로 관심을 갖게 합니다. 하나님을 경외하는 것이 한 개인의 문제만이 아니라, 신앙공동체에 속한 중대한 것임을 보여주고 있습니다. 가정도 언젠가는 사라지고, 사람의 일도 생애도 결국에는 사라질 것입니다. 그러나 하나님을 경외하는 백성들의 모임은 영원히 계속될 것입니다. 그러므로 하나님을 경외하는 백성들의 모임은 '예배'라는 의식을 통해 영혼이 서로 교제하면서 자연스럽게 만나게 되는 것입니다.

시인은 믿음의 성소를 하나님의 백성들의 복의 중심지로 생각하도록 이끌었습니다. 이스라엘 백성들은 절기 때마다 자신의 삶과 가정을 위해 '시온'에 올라 하나님께 경배 드리고, 은혜를 간구했습니다. 이러한 간구의 중심에는 개개인의 삶과 가정과 개인의 문제만이 아니라, 사회와 국가를 위해, 하나님의 성소인 '시온', 즉 '예루살렘'을 위해 간구했습니다. 성소와 나라가 견고하고, 번영할 때 하나님의 복된 은혜가 개개인과 가정에도 넘치게 될 것이기 때문입니다.

가정과 개인의 구심점은 시온이요, 예루살렘이란 것입니다. 그러므로 하나님의 교회가 평안할 때, 가정도 국가도 평안한 것임을 명심해야 할 것입니다.

· 함께 읽어요 : 시편 128편 5~6절

"5 여호와께서 시온에서 네게 복을 주실 지어다 너는 평생에 예루살렘의 번영을 보며, 6 네 자식의 자식을 볼지어다. 이스라엘에게 평강이 있을 지로다."

정리하는 말

사랑하는 성도 여러분! 개개인의 행복도 중요하고 가정과 나라의 축복도 중요합니다. 이 모든 복을 여호와께서 시온에서 주시겠다고 말씀하셨습니다, 여러분! 우리에게 허락하신 영과 육신과 혈통의 생명이 하나님의 전권에 좌우된다는 사실을 명심하시기 바랍니다. 여호와 하나님은 우리의 산성이시요, 우리 축복의 근원이십니다. 온 가정이 여호와 하나님을 경외하는 영광된 예배를 통하여 귀한 은총을 받고 복된 가문을 이루어 가시기를 소원합니다.

평가와 결심

1. 이 공과에서 시인은 첫째 어떤 사람이 복되다고 합니까?
   (시 128:1~2, 여호와를 경외하는 개인)
2. 이 공과에서 시인은 둘째 어디에서 복되다고 합니까?
   (시 128:3~4, 가정과 일상의 삶에서)
3. 이 공과에서 시인은 셋째 어디까지 복되다고 합니까?
   (시 128:1~2, 가정에서 사회 국가 공동체로 확대)

주간 경건의 시간 <63> · 날마다 말씀과 함께

요일 / 내용	주일/월(Mon)	화(Tue)	수(Wed)	목(Thu)	금(Fri)	토(Sat)
찬송	144동 / 93동	273 / 331	342/ 395	268/ 202	442 / 490	559 / 305
성경	시 122: / 123:	시 124:	시 125:	시 126:	시 127:	시 128:
적용	성안에 평안 / 주께 향함	우리 편에 계신 주	마음 정직한 자	기쁨으로 단 가지고	잠을 주심	자식의 자식을 봄

* 당신의 입 안에 들어 있는 한, 말은 당신의 노예이지만 만일 입 밖에 나오게 되면 당신의 주인이 된다. < 유태인>

하나님의 은총이 임하는 구역

구역부흥은 교회부흥

제 1 학기 출석부

번호	성 명	1월					2월					3월					계	
		1	2	3	4	5	1	2	3	4	5	1	2	3	4	5		
1																		
2																		
3																		
4																		
5																		
6																		
7																		
8																		
9																		
10																		
11																		
12																		
13																		
14																		
15																		
16																		
17																		
18																		
19																		
20																		

* **출석부 표기법** • 출석 / • 네모칸 왼쪽 : 주간, 주일 출석 참여 회수
• 네모칸 오른쪽 : 새벽예배 출석 참여 회수 - 각 교회 지침대로 기록하세요.

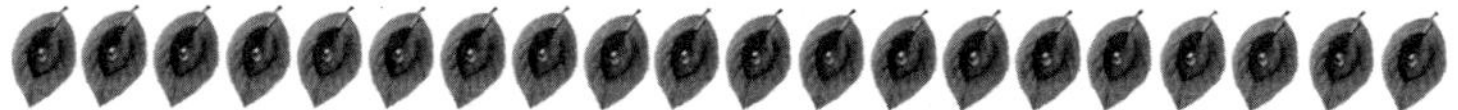

M/E/M/O 구역부흥은 교회부흥 M/E/M/O

제 2 학기 출석부

번호	성 명	4월					5월					6월					계	
		1	2	3	4	5	1	2	3	4	5	1	2	3	4	5		
1																		
2																		
3																		
4																		
5																		
6																		
7																		
8																		
9																		
10																		
11																		
12																		
13																		
14																		
15																		
16																		
17																		
18																		
19																		
20																		

* **출석부 표기법** •출석 / •네모칸 왼쪽 : 주간, 주일 출석 참여 회수
•네모칸 오른쪽 : 새벽예배 출석 참여 회수 - 각 교회 지침대로 기록하세요.

M/E/M/O 구역부흥은 교회부흥 M/E/M/O

제 3 학기 출석부

번호	성 명	7월					8월					9월					계	
		1	2	3	4	5	1	2	3	4	5	1	2	3	4	5		
1																		
2																		
3																		
4																		
5																		
6																		
7																		
8																		
9																		
10																		
11																		
12																		
13																		
14																		
15																		
16																		
17																		
18																		
19																		
20																		

* **출석부 표기법** • 출석 / • 네모칸 왼쪽 : 주간, 주일 출석 참여 회수
• 네모칸 오른쪽 : 새벽예배 출석 참여 회수 - 각 교회 지침대로 기록하세요.

제 4 학기 출석부

번호	성 명	10월					11월					12월					계	
		1	2	3	4	5	1	2	3	4	5	1	2	3	4	5		
1																		
2																		
3																		
4																		
5																		
6																		
7																		
8																		
9																		
10																		
11																		
12																		
13																		
14																		
15																		
16																		
17																		
18																		
19																		
20																		

* **출석부 표기법** •출석 / •네모칸 왼쪽 : 주간, 주일 출석 참여 회수
•네모칸 오른쪽 : 새벽예배 출석 참여 회수 - 각 교회 지침대로 기록하세요.

M/E/M/O 구역부흥은 교회부흥 M/E/M/O

창세기와 출애굽기

"모든 성경은 하나님의 감동으로 된 것으로 교훈과 책망과 바르게함과"(딤후 3;16)

JongSuk Kim, 1978.
rev. Shin, So-seop, 2012

BIBLE CONTENTS: 13.10.13.12.8.12.11.10
Shin, So-seop, 1978

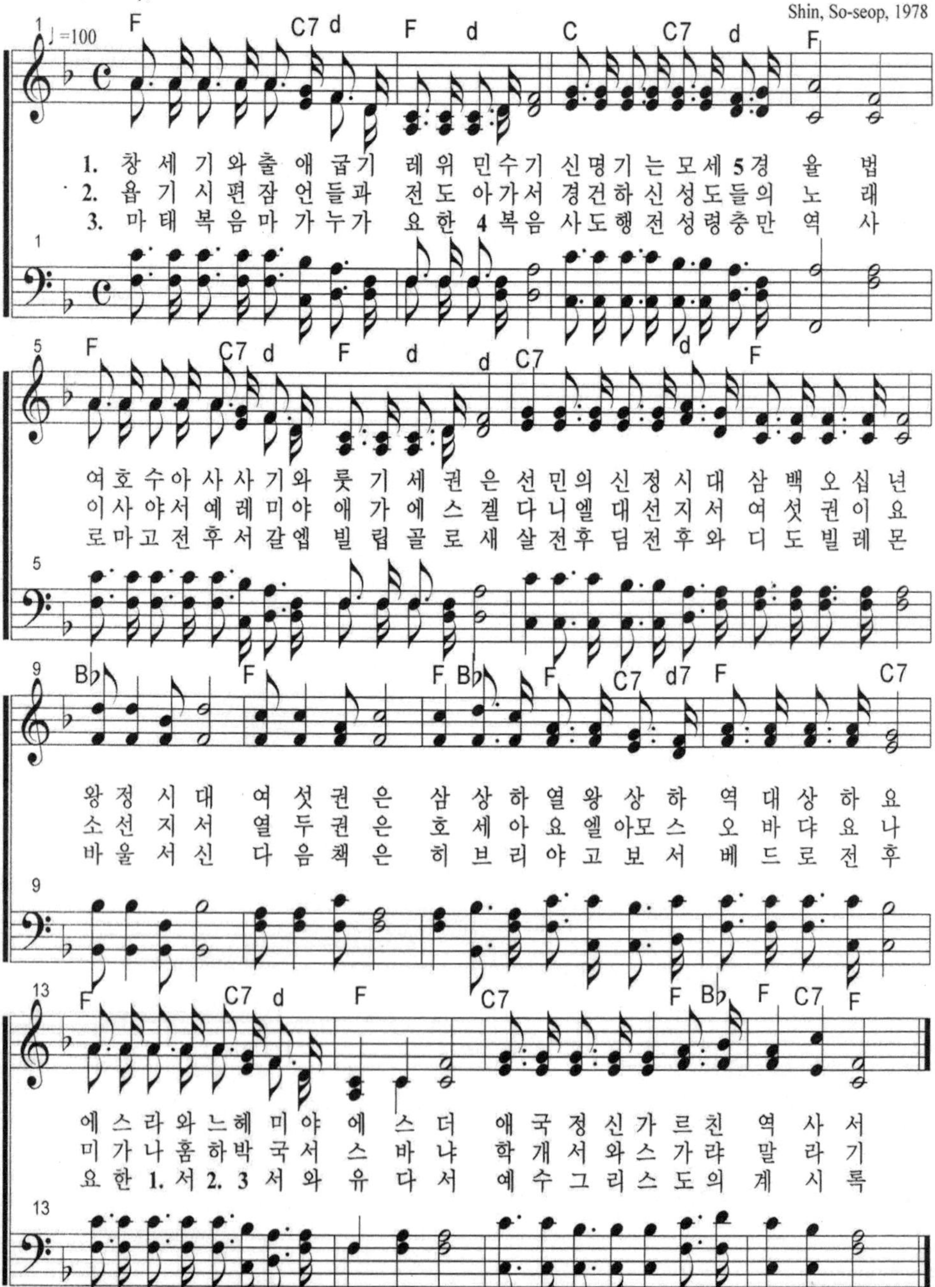
♩=100
F C7 d F d C C7 d F
1. 창 세 기 와 출 애 굽 기 레 위 민 수 기 신 명 기 는 모 세 5 경 율 법
2. 욥 기 시 편 잠 언 들 과 전 도 아 가 서 경 건 하 신 성 도 들 의 노 래
3. 마 태 복 음 마 가 누 가 요 한 4 복 음 사 도 행 전 성 령 충 만 역 사
F C7 d F d d C7 d F
여 호 수 아 사 사 기 와 룻 기 세 권 은 선 민 의 신 정 시 대 삼 백 오 십 년
이 사 야 서 예 레 미 야 애 가 에 스 겔 다 니 엘 대 선 지 서 여 섯 권 이 요
로 마 고 전 후 서 갈 엡 빌 립 골 로 새 살 전 후 딤 전 후 와 디 도 빌 레 몬
B♭ F F B♭ F C7 d7 F C7
왕 정 시 대 여 섯 권 은 삼 상 하 열 왕 상 하 역 대 상 하 요
소 선 지 서 열 두 권 은 호 세 아 요 엘 아 모 스 오 바 댜 요 나
바 울 서 신 다 음 책 은 히 브 리 야 고 보 서 베 드 로 전 후
F C7 d F C7 F B♭ F C7 F
에 스 라 와 느 헤 미 야 에 스 더 애 국 정 신 가 르 친 역 사 서
미 가 나 훔 하 박 국 서 스 바 냐 학 개 서 와 스 가 랴 말 라 기
요 한 1. 서 2. 3 서 와 유 다 서 예 수 그 리 스 도 의 계 시 록

• 설문지 : 독자 앙케이트 •

구역공과를 다루고서

〈각 교회에서 설문지를 그대로 보내주셔도 좋겠고, 통계치만 보내셔도 됩니다 〉

절

취

선

1. 구역공과를 다루고 나서 어떤 방법이 가장 좋았는가?

( ) 1 기존의 방법대로 구역장이 혼자 가르치는 것이 좋겠다.
( ) 2 문답지를 나누어주고 미리 풀어 오도록 하여 토론하는 것이 좋겠다.
( ) 3 성경 문제지를 나누어주고 그날 함께 풀어 가는 방법이 좋겠다.
( ) 4 문답지를 나누어주고 구역장이 설명해 가는 방법이 좋겠다.

2. 성경 공부 문제지를 다루는데 그 정도가 어떠했는가?

( ) 1 문제가 어려워서 손대기가 어려웠다.
( ) 2 문제지는 그런대로 쉬웠으나 묵상과 적용이 잘 안되었다.
( ) 3 문제지도 어려웠고 묵상과 적용도 어려웠다.
( ) 4 문제지는 보통이고 묵상과 적용도 할만했다.

3. 성경 공부 문제의 양이 어떠했는가?

( ) 1 문제가 너무 많았다.
( ) 2 문제가 너무 적었다.
( ) 3 문제가 적당했다.

4. 성경공부 진행 및 내용의 배열은 어떻게 하는 것이 좋겠는가?

( ) 1 시작하는 말, 오늘의 말씀, 정리하는 말, 평가와 결심의 순서대로가 좋겠다.
( ) 2 오늘의 말씀, 정리하는 말, 평가와 결심으로 줄였으면 좋겠다.
( ) 3 성경본문을 읽고 각자가 느낀 점을 이야기하고 적용하는 방식이 좋겠다.
( ) 4 성경 본문만 읽고 중보(합심)기도를 길게 하는 것이 좋겠다.

5. 구역 모임시간에 대하여 어떻게 했으면 좋겠는가?

( ) 1 찬송을 많이 불렀으면 좋겠다.
( ) 2 성경 공부에 중점을 두었으면 좋겠다.
( ) 3 합심기도에 시간을 많이 할애했으면 좋겠다.
( ) 4 구역원들 간에 이야기하는 시간을 많이 두어야 좋겠다.

6. 성도의 교제 시간 운영 방안에 좋은 방법은 무엇인가?

( ) 1 민속놀이를 했으면 좋겠다(윷놀이 등).
( ) 2 음식 나누어 먹기가 좋겠다.
( ) 3 가정을 위해 특별기도를 해주는 것이 좋겠다.
( ) 4 성경 퀴즈를 했으면 좋겠다.

* 보기에 없으면 적 으시오( )

7. 구역공과교재나 교재출판위원회에 하고 싶은 이야기를 적으시오.

〈 보내주시는 교회 선물을 받으실 분 〉 (우편번호) 주소는 정확하게, 담임목회자 명	〈 보내 주실 곳〉 156- 094 서울 동작구 사당4동 254-9 도서출판 아가페문화사 교재편찬위원회 앞

부흥하는 구역
생동하는 구역
전진하는 구역
결실하는 구역
파송하는 구역
건강한 구역
구역공과 편찬위원회
대표 신소섭 목사

판 권
소 유

세상을 변화시키는 52주 구역공과

하나님의 은총이 임하는 구역

2015. 11. 15 초판 인쇄
2015. 11. 20 초판 펴냄

지은이 교재편찬위원회
발행인 김영무

발행처 도서출판 아가페문화사
07010 서울 동작구 사당4동 254-9
전화 3472-7252, 7253 팩스 523-7254
등록 제3-133호(1987. 12. 11)

보급처 : 아가페문화사
07010 서울 동작구 사당4동 254-9
전화 3472-7252, 7253 팩스 523-7254
우 체 국 011791-02-004204 (김영무)

값 6,500원

ISBN 978-89-8424-142-8 03230